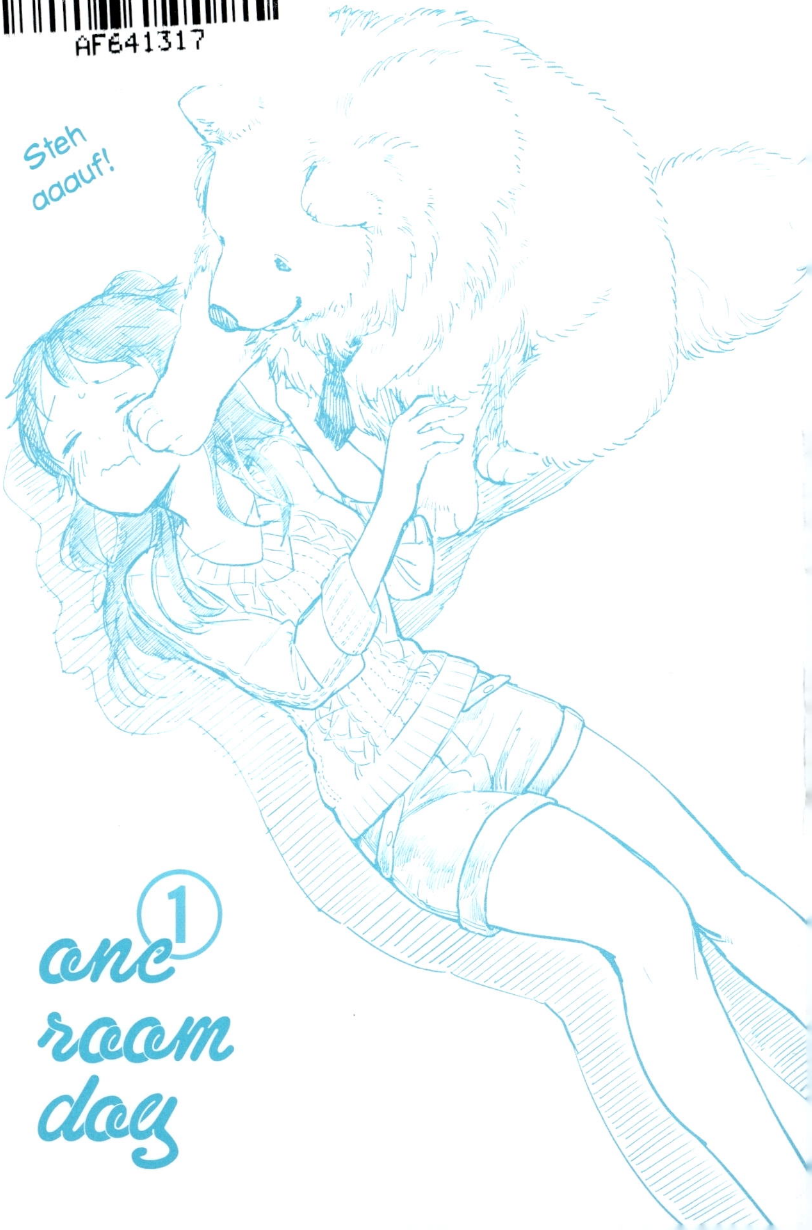

1

one room dog

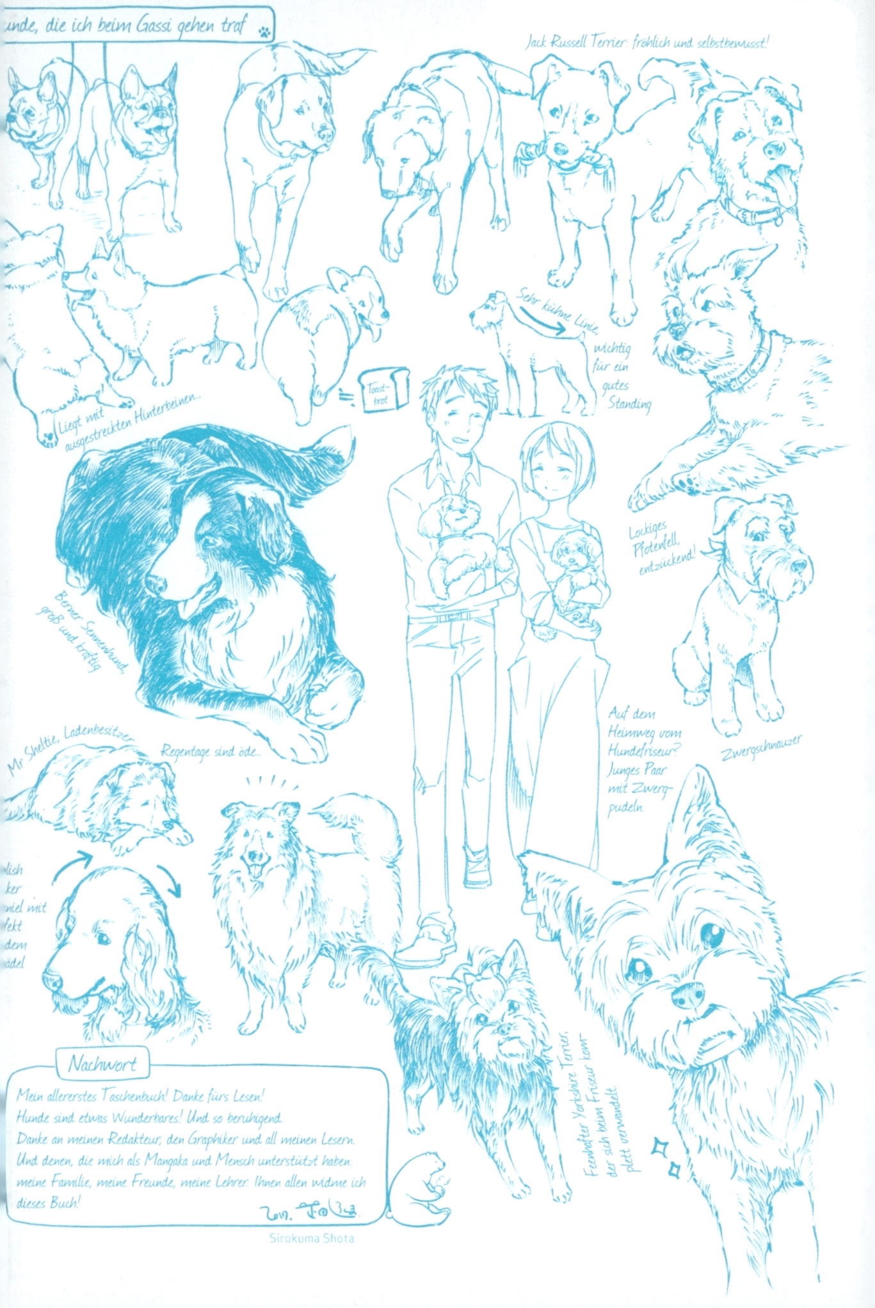

Nachwort

Mein allererstes Taschenbuch! Danke fürs Lesen!
Hunde sind etwas Wunderbares! Und so beruhigend.
Danke an meinen Redakteur, den Graphiker und all meinen Lesern.
Und denen, die mich als Mangaka und Mensch unterstützt haben:
meine Familie, meine Freunde, meine Lehrer. Ihnen allen widme ich
dieses Buch!

Sirokuma Shota

①
one room dog
ハイツ犬養

INHALT

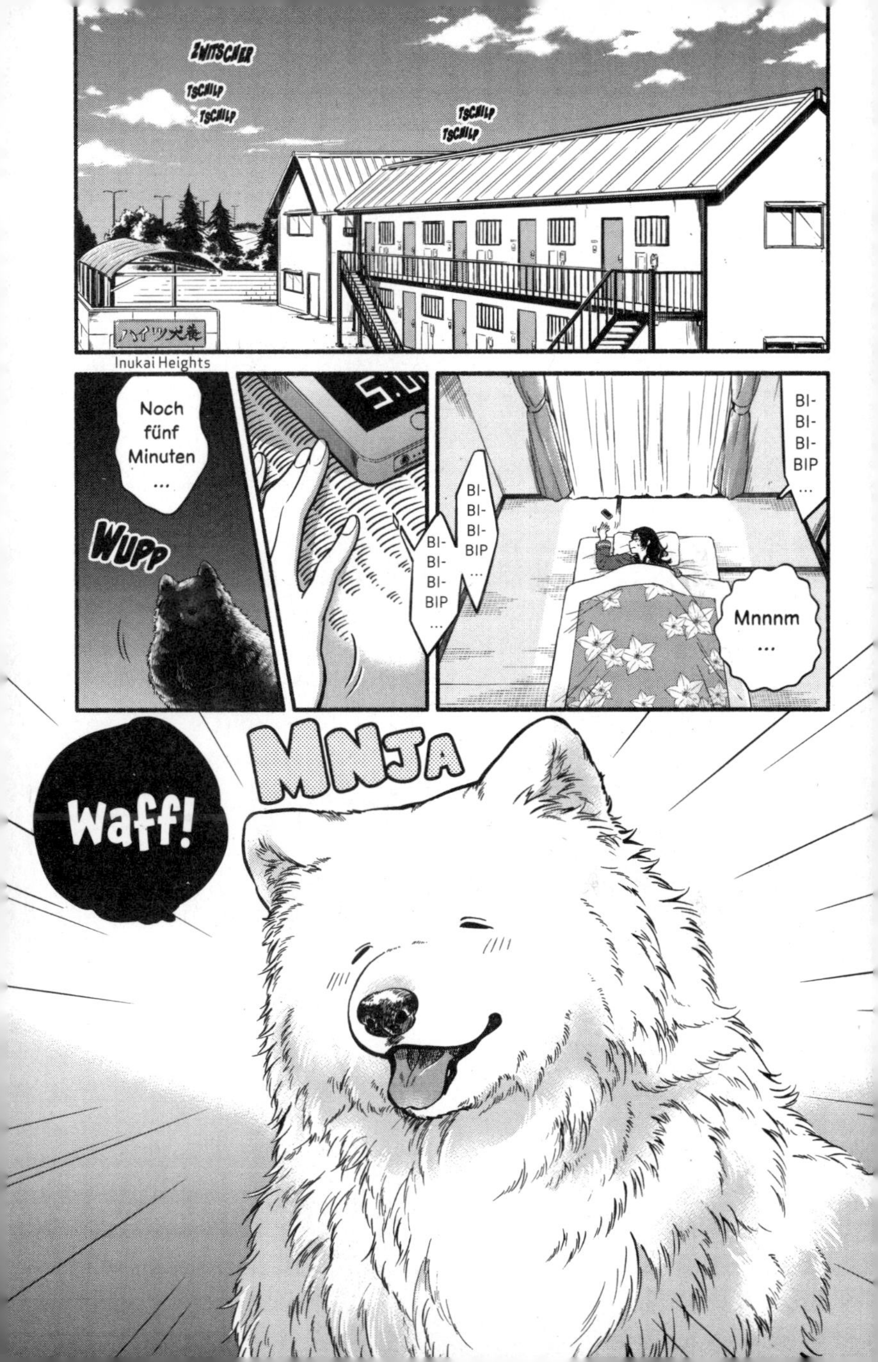
ZWITSCHER
TSCHILP
TSCHILP
TSCHILP
TSCHILP
ハイツ犬養
Inukai Heights
BI-
BI-
BI-
BIP
…
Mnnnm
…
BI-
BI-
BI-
BIP
…
BI-
BI-
BI-
BIP
…
Noch
fünf
Minuten
…
WUPP
MNJA
Waff!

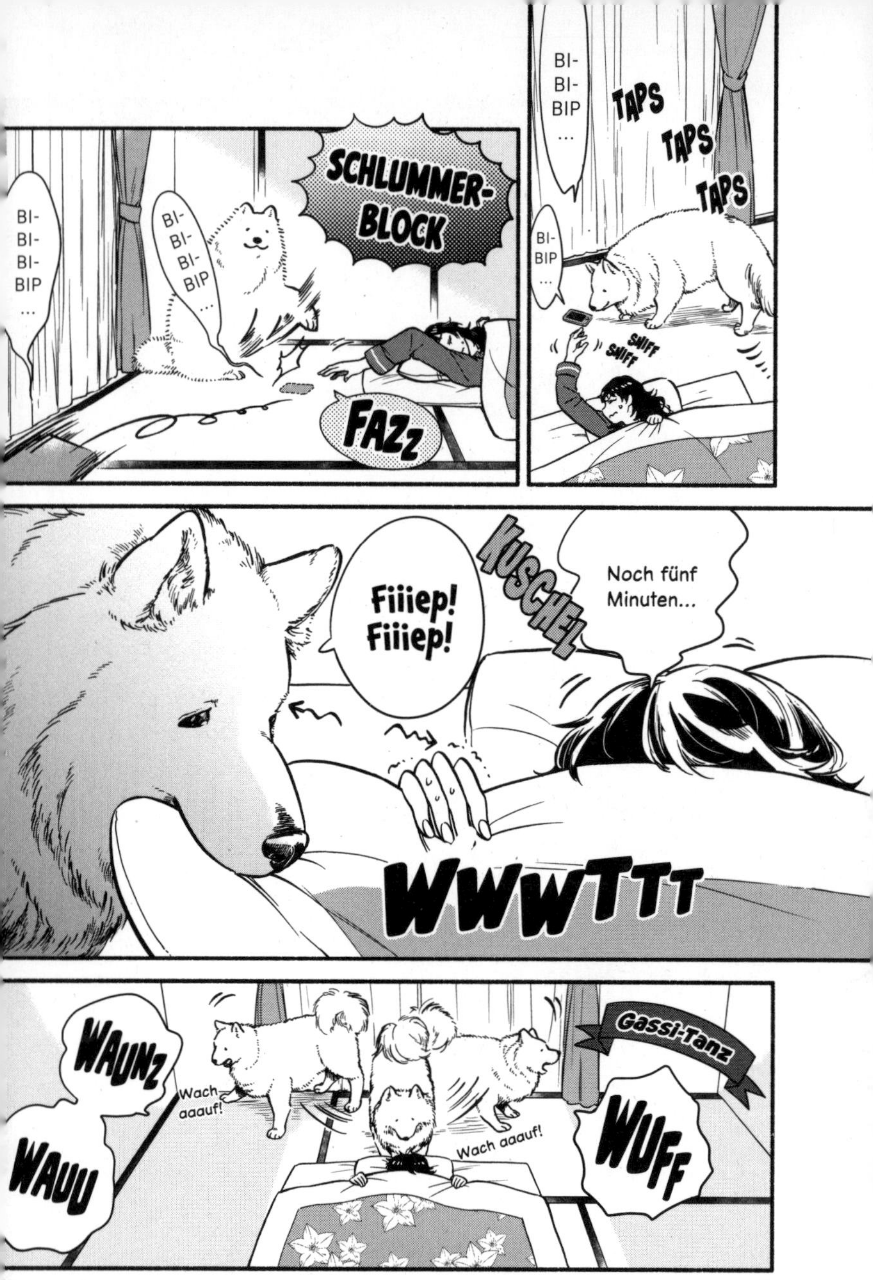
BI-
BI-
BIP
…
TAPS
TAPS
TAPS
BI-
BIP
…
SNIFF
SNIFF
BI-
BI-
BI-
BIP
…
BI-
BI-
BI-
BIP
…
SCHLUMMER-
BLOCK
FAZZ
Noch fünf
Minuten…
KUSCHEL
Fiiiep!
Fiiiep!
WWWTTT
Gassi-Tanz
WUFF
Wach aaauf!
WAUNZ
Wach
aaauf!
WAUU

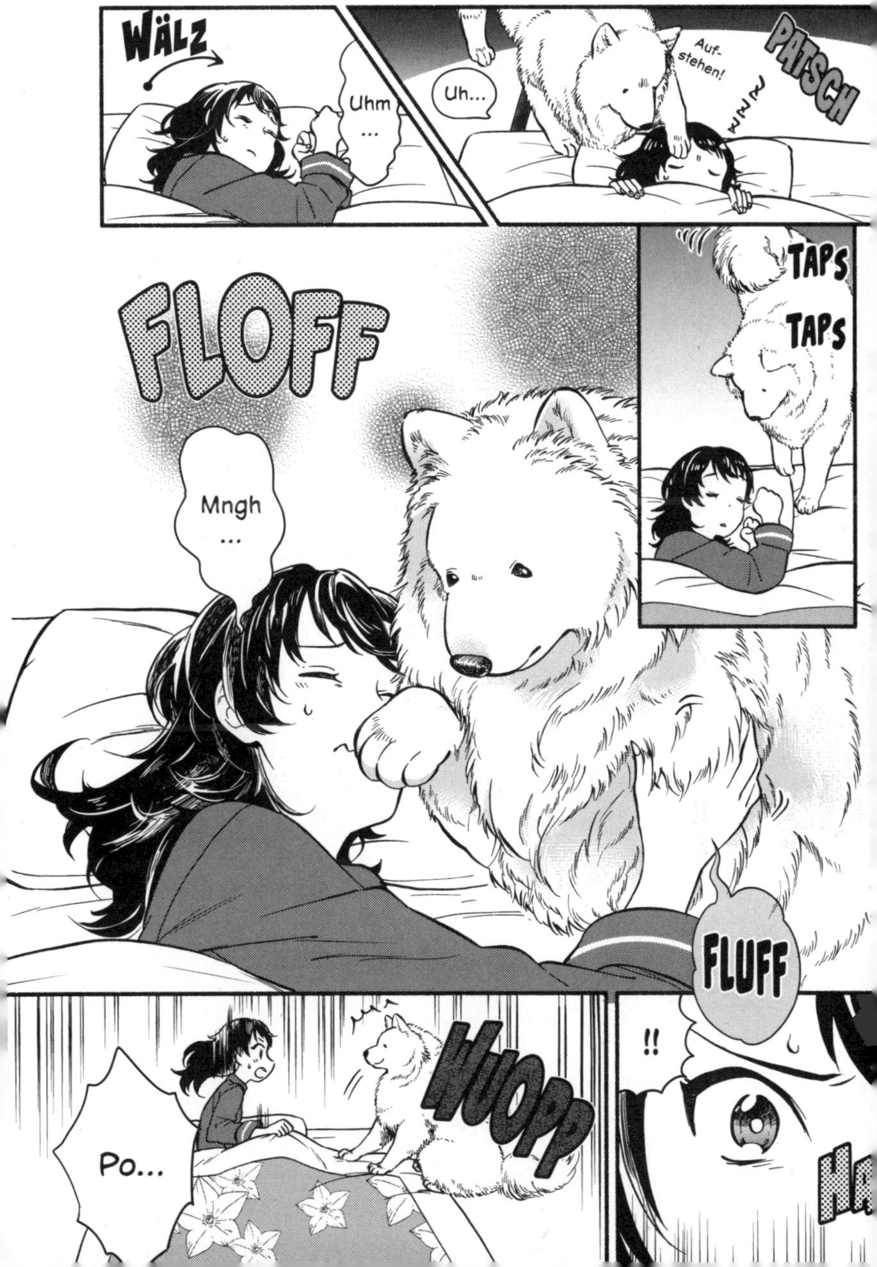

PATSCH
Auf-
stehen!
Uh...
WÄLZ
Uhm
...
TAPS
TAPS
FLOFF
Mngh
...
FLUFF
!!
WUPP
Po...

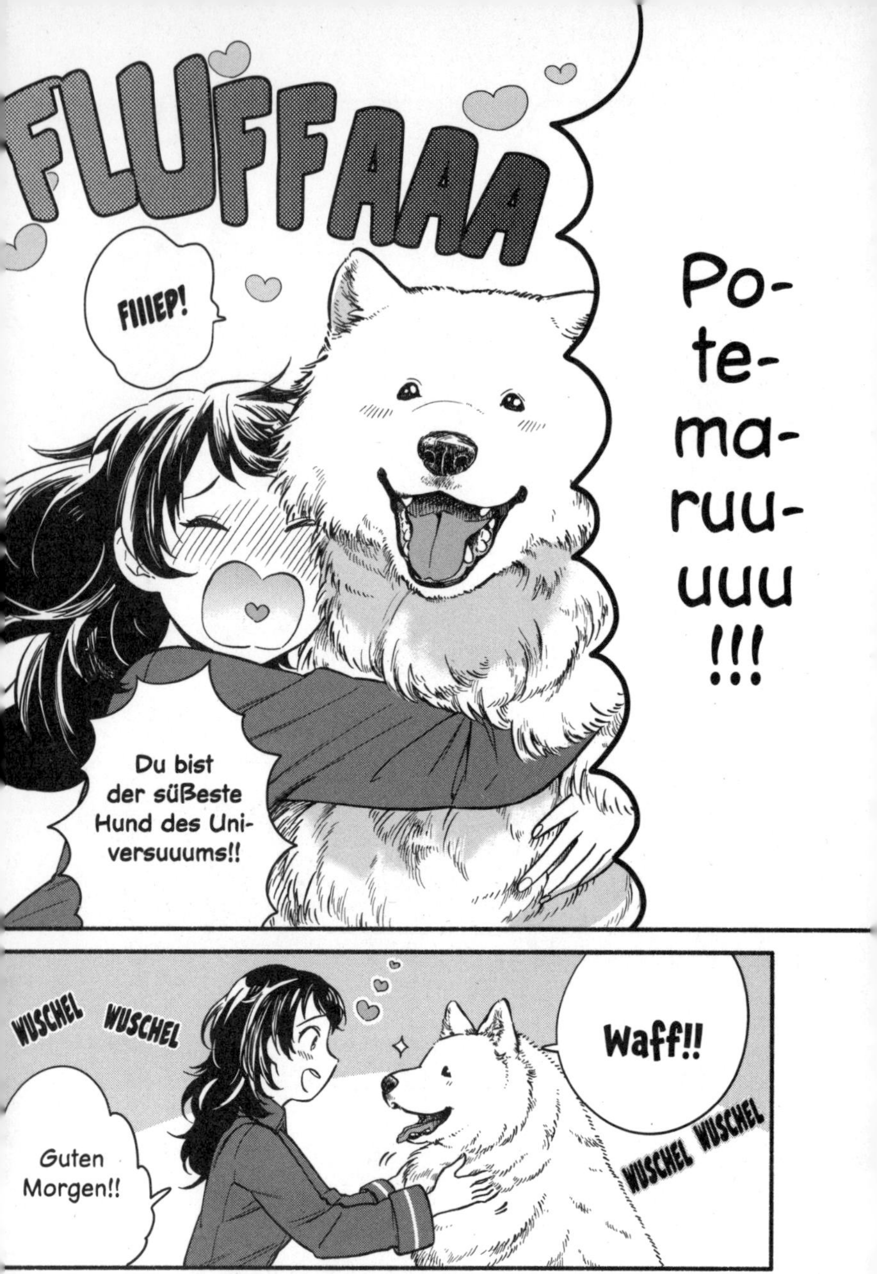

FLUFFAAA
Po-te-ma-ruuu-uuu!!!
FIIIEP!
Du bist der süßeste Hund des Universuuums!!
Waff!!
WUSCHEL WUSCHEL
Guten Morgen!!
WUSCHEL WUSCHEL

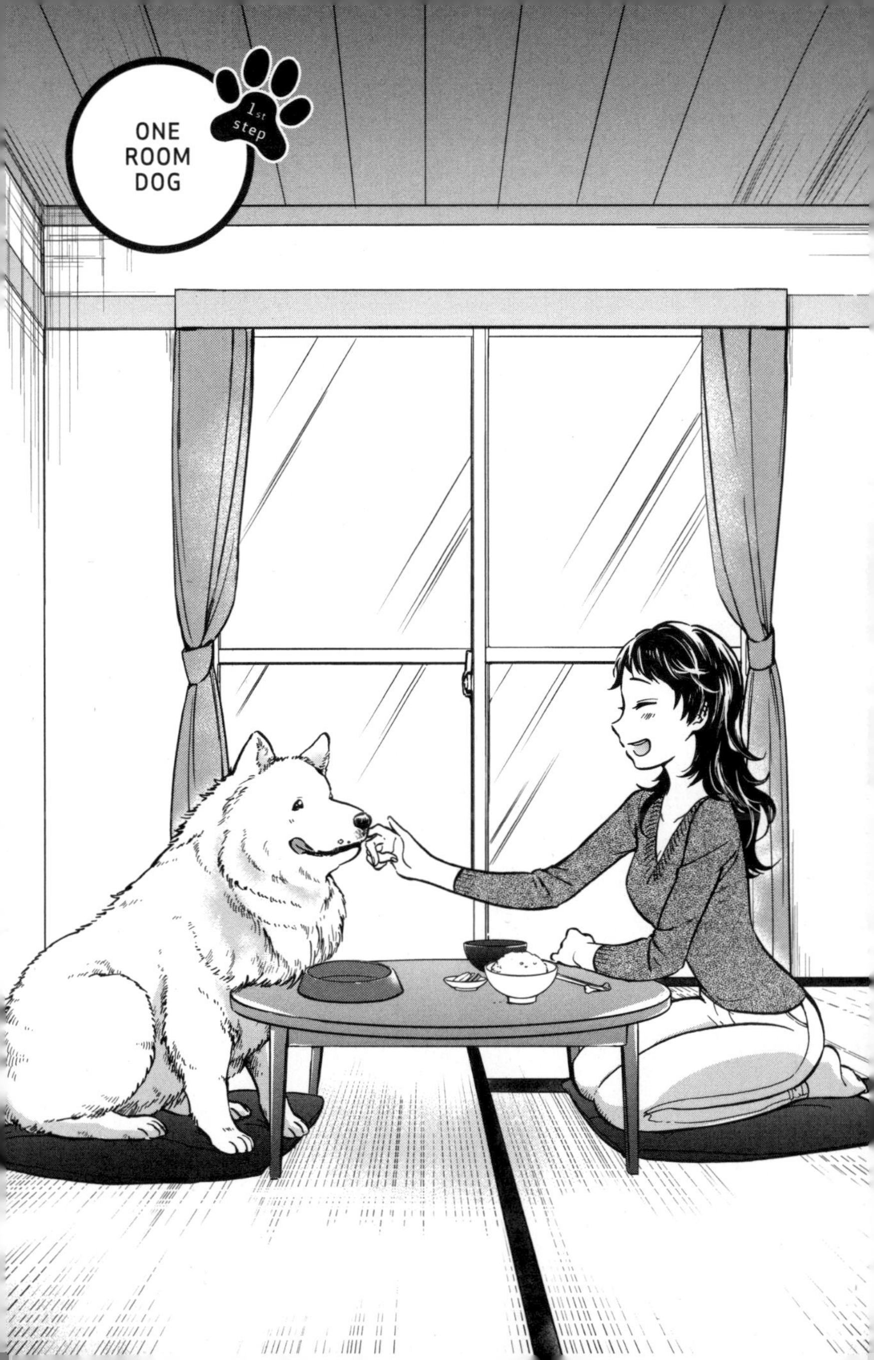
ONE
ROOM
DOG
1st
step

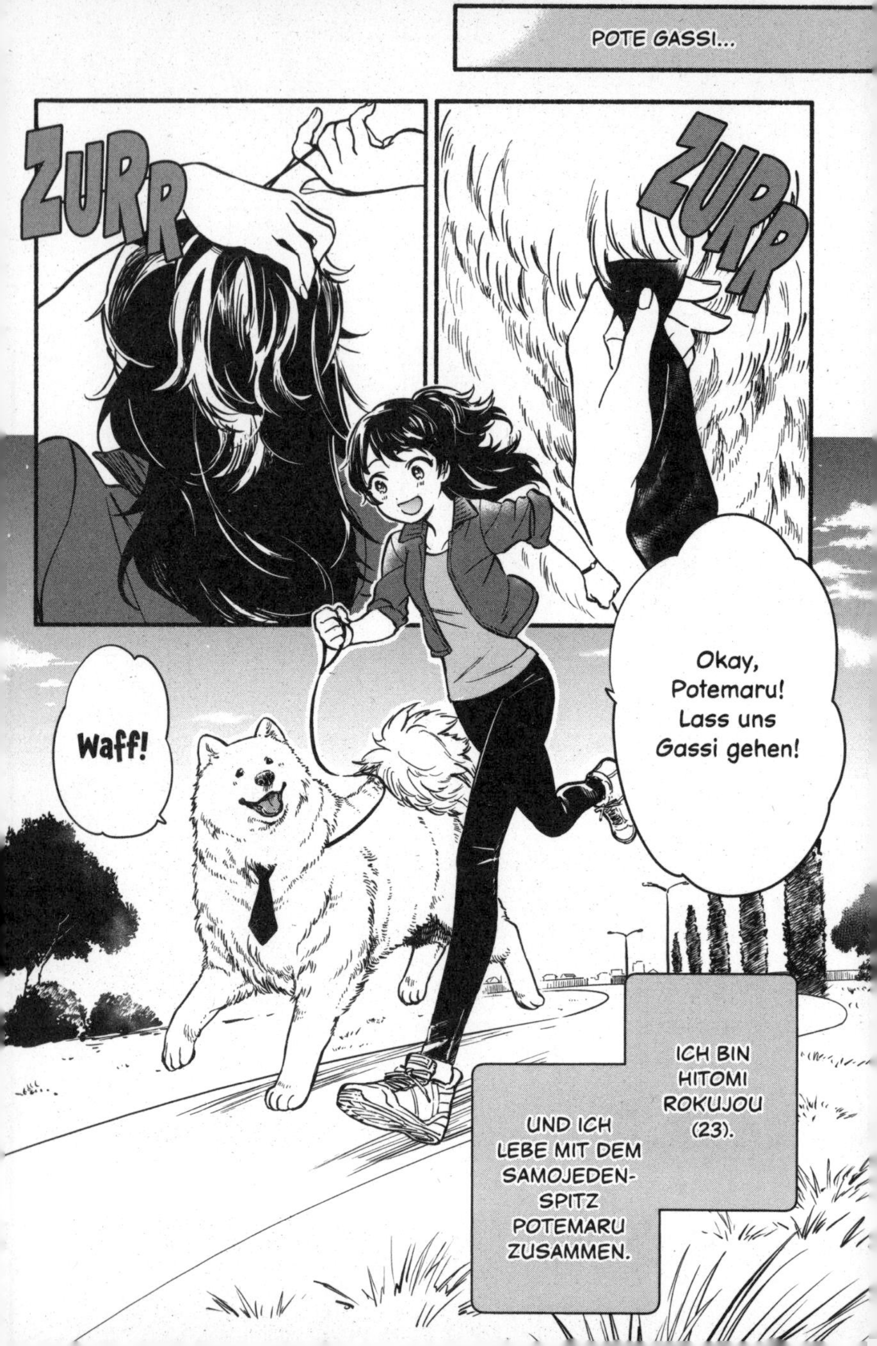
POTE GASSI...
ZURR
ZURR
Okay, Potemaru! Lass uns Gassi gehen!
Waff!
ICH BIN HITOMI ROKUJOU (23).
UND ICH LEBE MIT DEM SAMOJEDEN-SPITZ POTEMARU ZUSAMMEN.

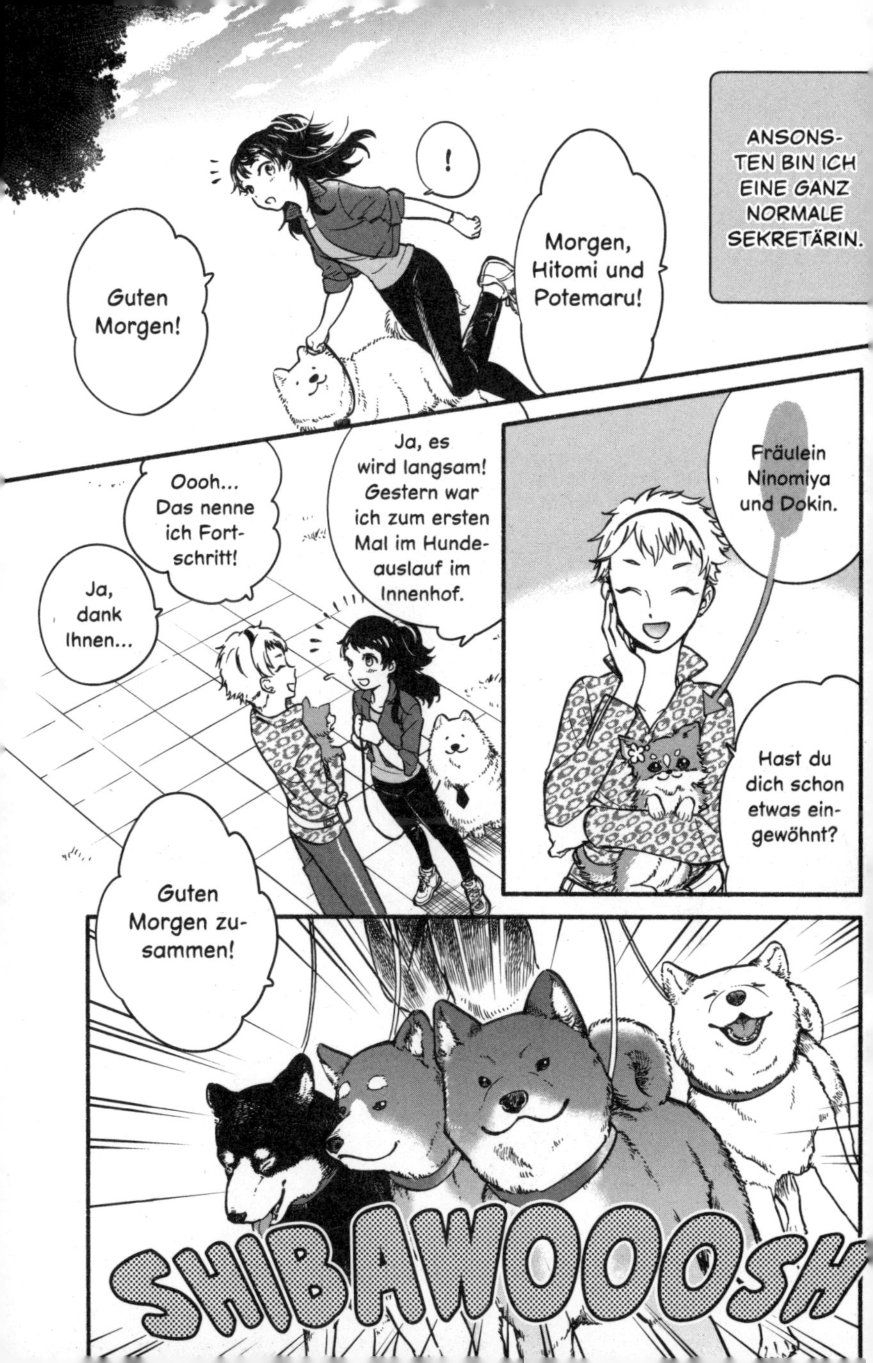
ANSONSTEN BIN ICH EINE GANZ NORMALE SEKRETÄRIN.
!
Morgen, Hitomi und Potemaru!
Guten Morgen!
Fräulein Ninomiya und Dokin.
Hast du dich schon etwas eingewöhnt?
Ja, es wird langsam! Gestern war ich zum ersten Mal im Hundeauslauf im Innenhof.
Oooh... Das nenne ich Fortschritt!
Ja, dank Ihnen...
Guten Morgen zusammen!
SHIBAWOOOSH

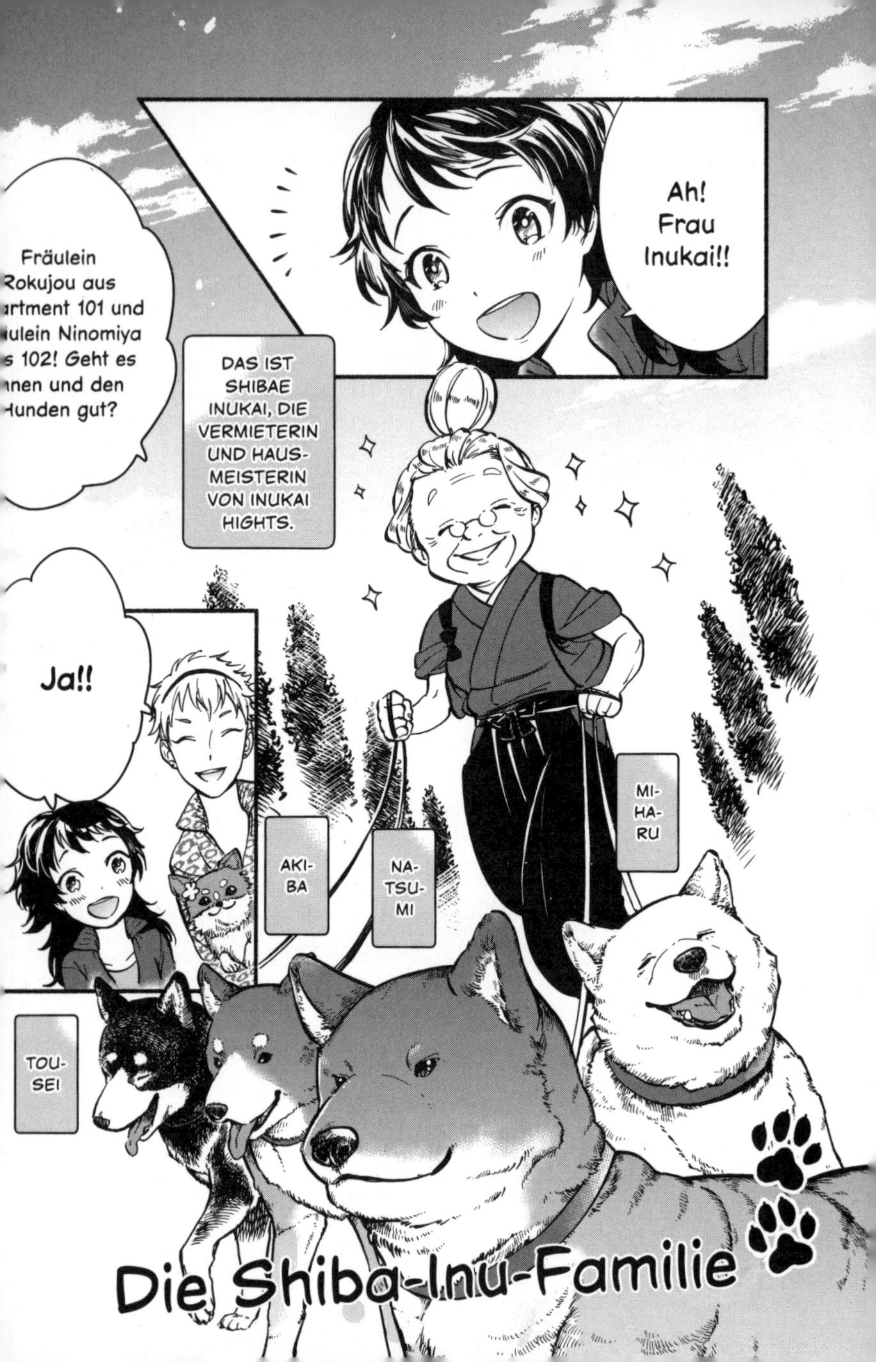
Ah! Frau Inukai!!
Fräulein Rokujou aus ...rtment 101 und ...ulein Ninomiya ...s 102! Geht es ...nen und den Hunden gut?
DAS IST SHIBAE INUKAI, DIE VERMIETERIN UND HAUS-MEISTERIN VON INUKAI HIGHTS.
Ja!!
MI-HA-RU
NA-TSU-MI
AKI-BA
TOU-SEI
Die Shiba-Inu-Familie

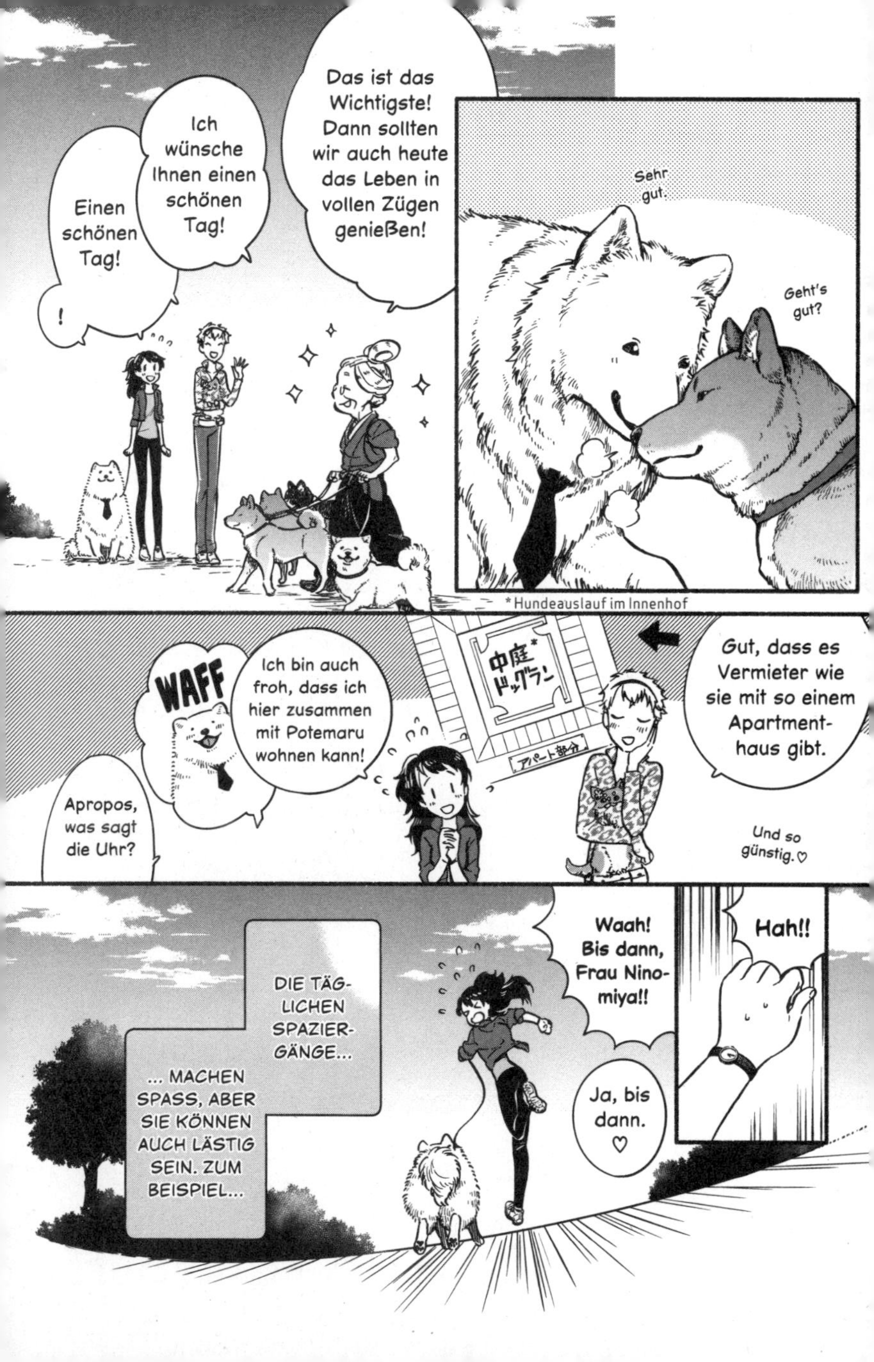
Geht's gut?
Sehr gut.
Das ist das Wichtigste! Dann sollten wir auch heute das Leben in vollen Zügen genießen!
Ich wünsche Ihnen einen schönen Tag!
Einen schönen Tag!
!
*Hundeauslauf im Innenhof
Gut, dass es Vermieter wie sie mit so einem Apartment-haus gibt.
Und so günstig.♡
中庭* ドッグラン
アパート部分
Ich bin auch froh, dass ich hier zusammen mit Potemaru wohnen kann!
WAFF
Apropos, was sagt die Uhr?
Hah!!
Waah! Bis dann, Frau Nino-miya!!
Ja, bis dann. ♡
DIE TÄG-LICHEN SPAZIER-GÄNGE...
... MACHEN SPASS, ABER SIE KÖNNEN AUCH LÄSTIG SEIN. ZUM BEISPIEL...

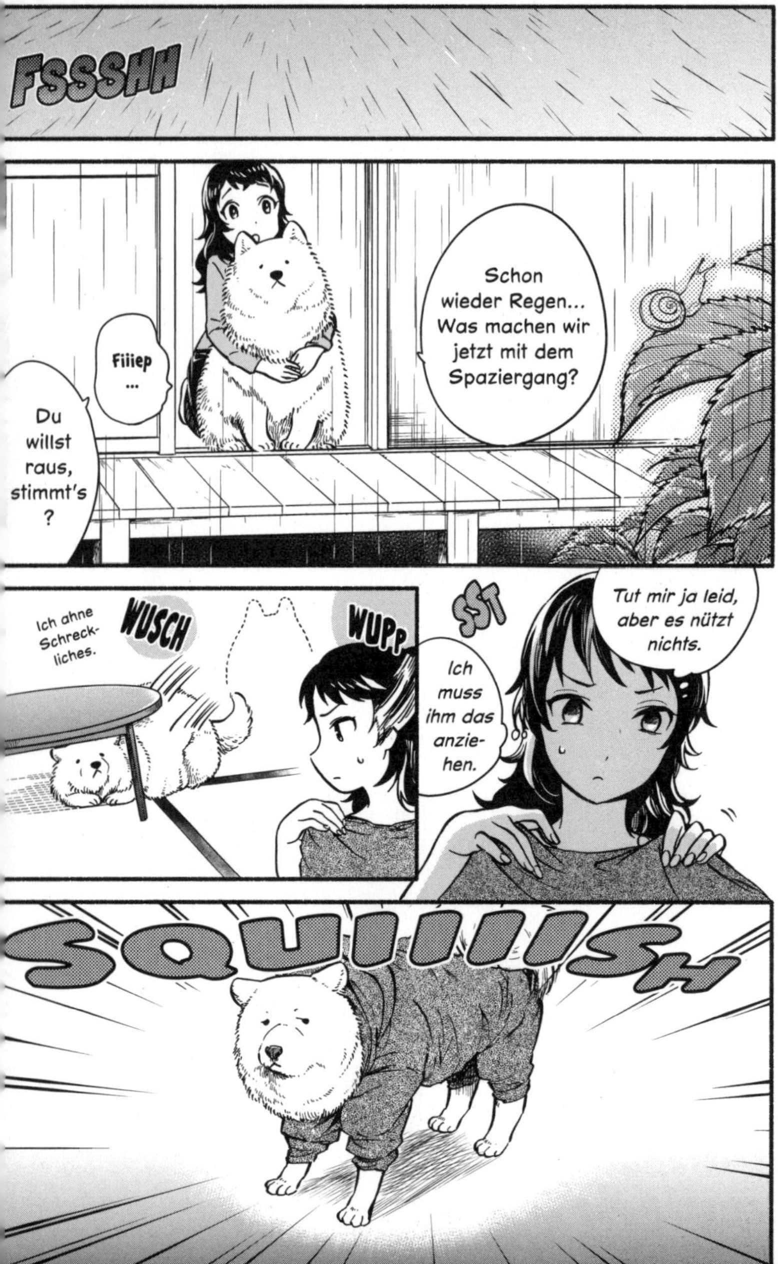
FSSSHH
Schon wieder Regen... Was machen wir jetzt mit dem Spaziergang?
Fiiiep ...
Du willst raus, stimmt's ?
SST
Tut mir ja leid, aber es nützt nichts.
Ich muss ihm das anzie-hen.
WUPP
WUSCH
Ich ahne Schreck-liches.
SQUIIIISH

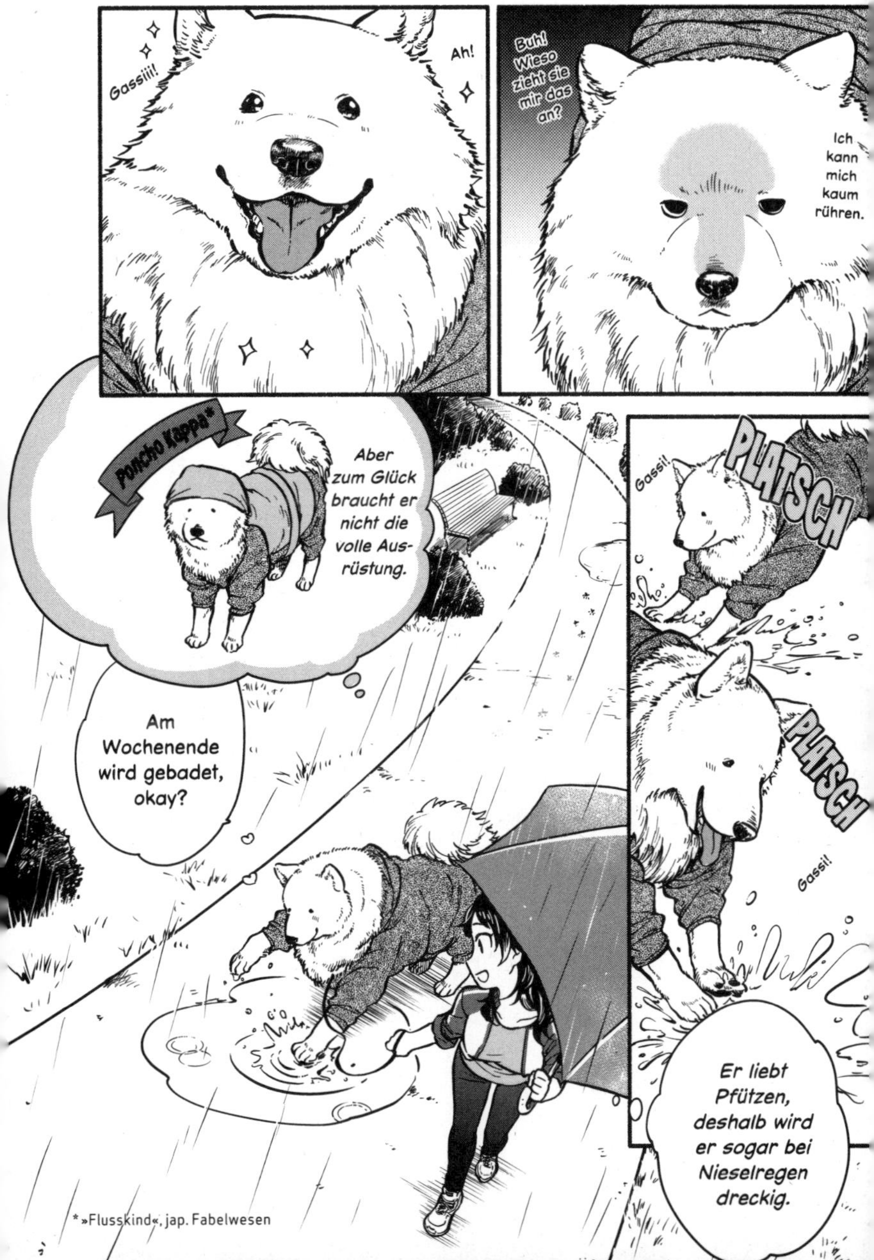

* »Flusskind«, jap. Fabelwesen

NACH DEM REGEN SCHÄFCHENWOLKEN

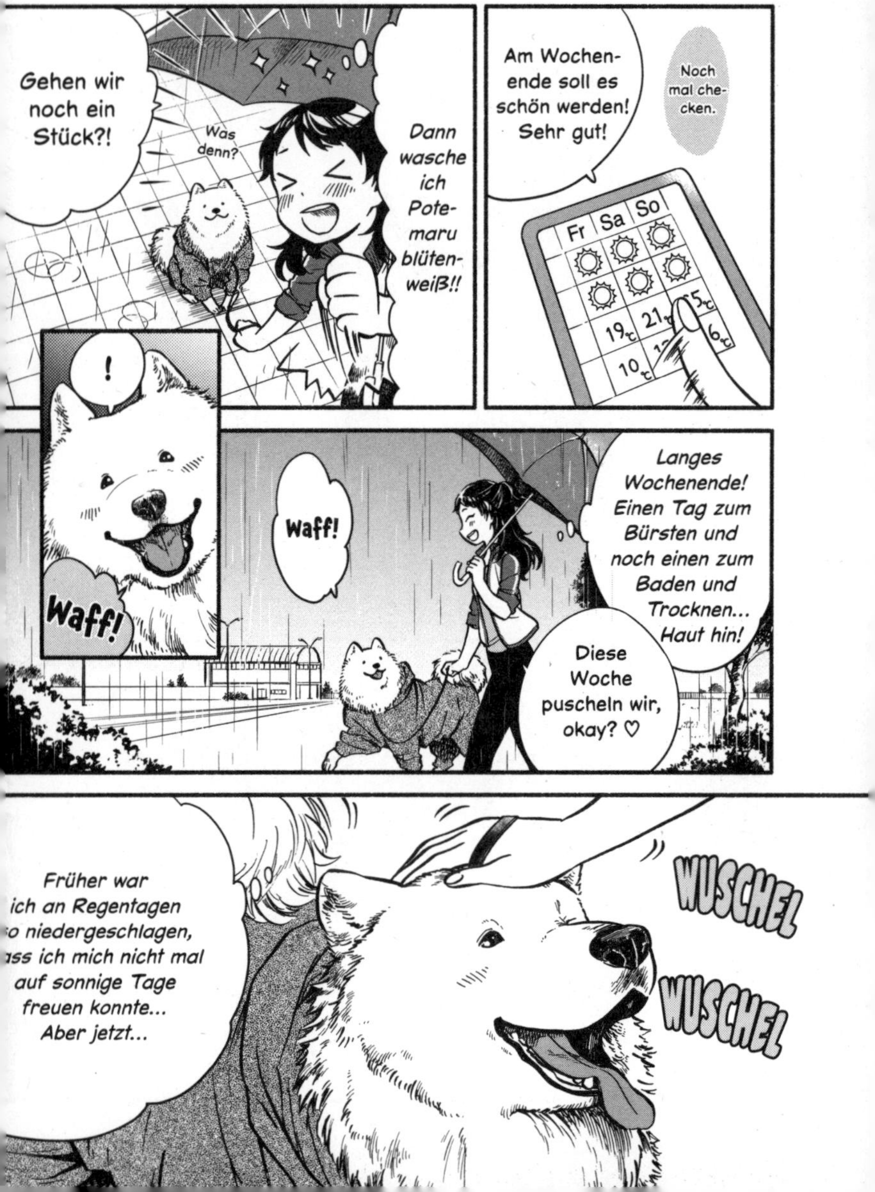

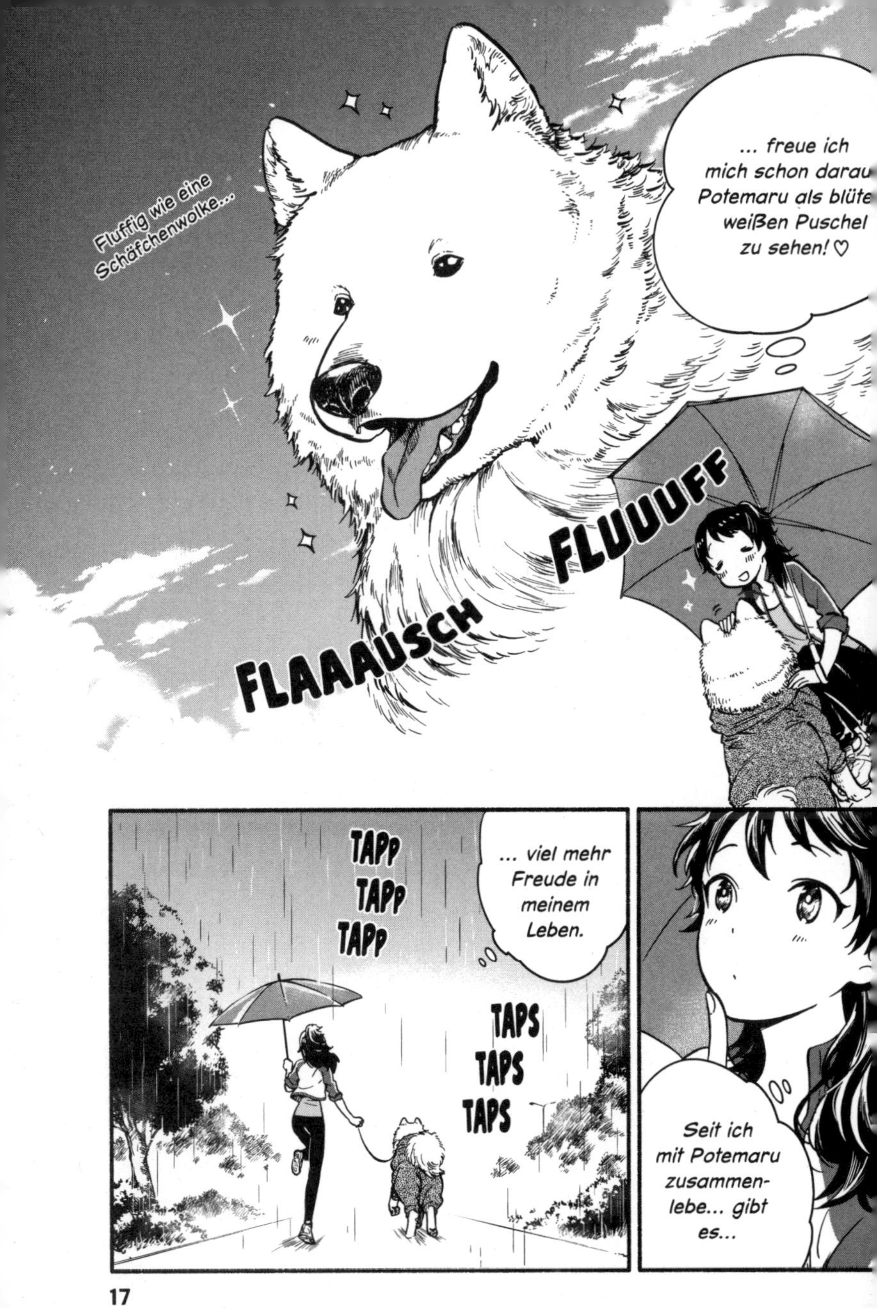
... freue ich mich schon darau Potemaru als blüte weißen Puschel zu sehen! ♡
Fluffig wie eine Schäfchenwolke...
FLUUUFF
FLAAAUSCH
Seit ich mit Potemaru zusammen-lebe... gibt es...
... viel mehr Freude in meinem Leben.
TAPP TAPP TAPP
TAPS TAPS TAPS

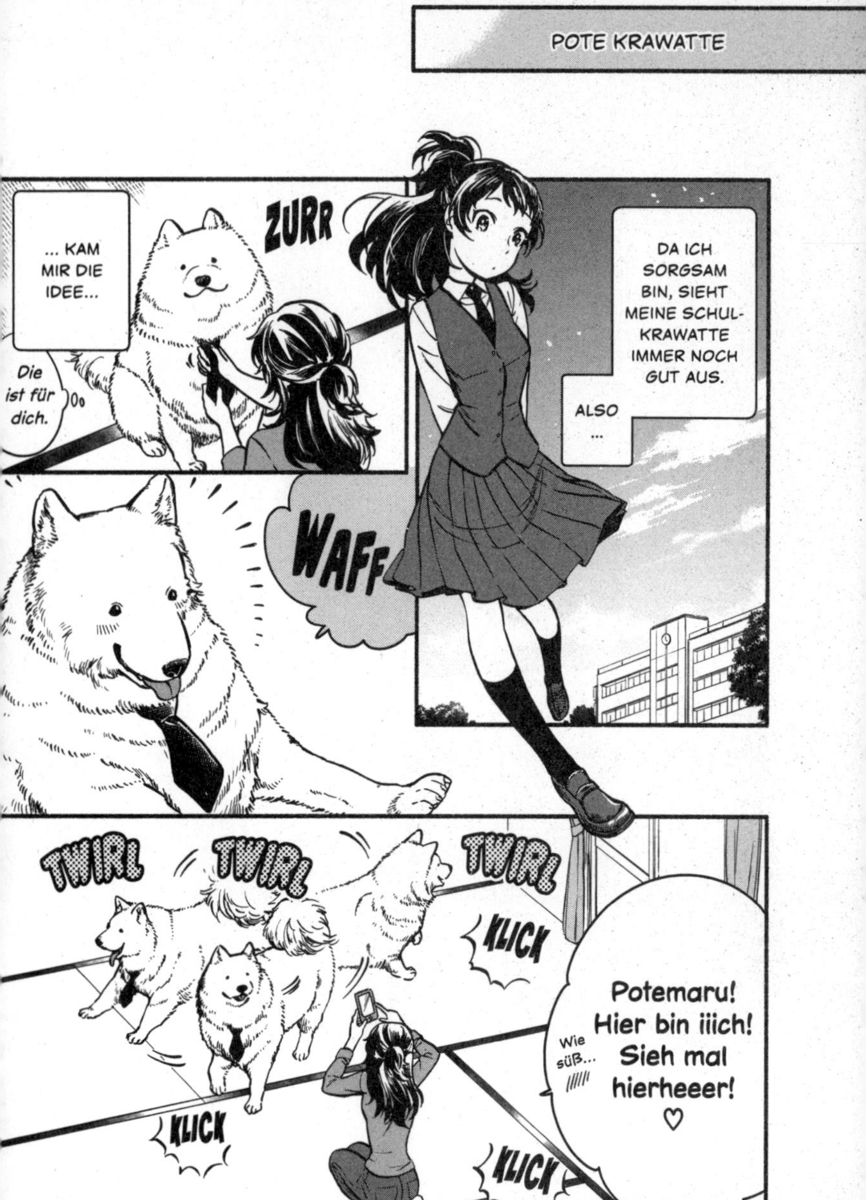
POTE KRAWATTE
DA ICH SORGSAM BIN, SIEHT MEINE SCHUL-KRAWATTE IMMER NOCH GUT AUS.
ALSO ...
... KAM MIR DIE IDEE...
ZURR
Die ist für dich.
WAFF
TWIRL
TWIRL
TWIRL
KLICK
Potemaru! Hier bin iiich! Sieh mal hierheeer! ♡
Wie süß...
KLICK
KLICK

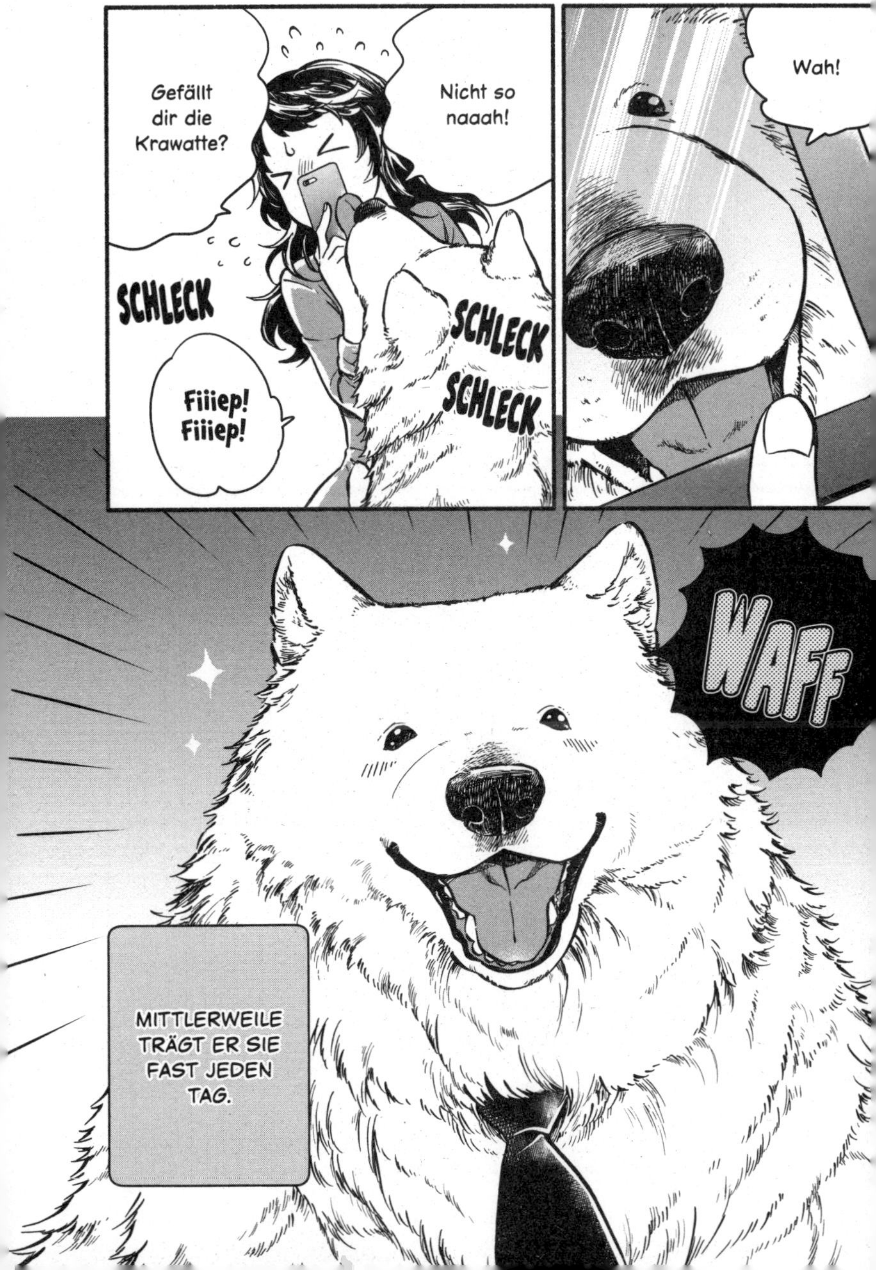
Wah!
Nicht so naaah!
Gefällt dir die Krawatte?
SCHLECK
SCHLECK
SCHLECK
Fiiiep! Fiiiep!
WAFF
MITTLERWEILE TRÄGT ER SIE FAST JEDEN TAG.

POTE PUTZEN

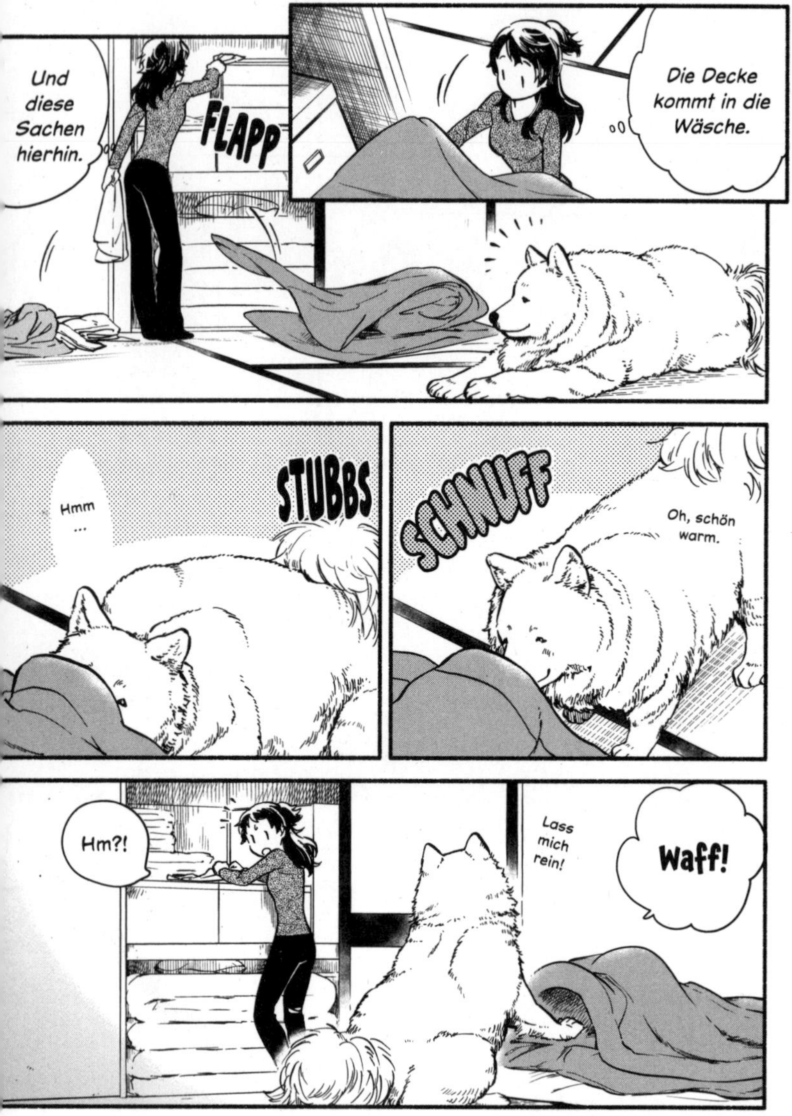
Die Decke kommt in die Wäsche.
Und diese Sachen hierhin.
FLAPP
SCHNUFF
Oh, schön warm.
STUBBS
Hmm ...
Waff!
Lass mich rein!
Hm?!

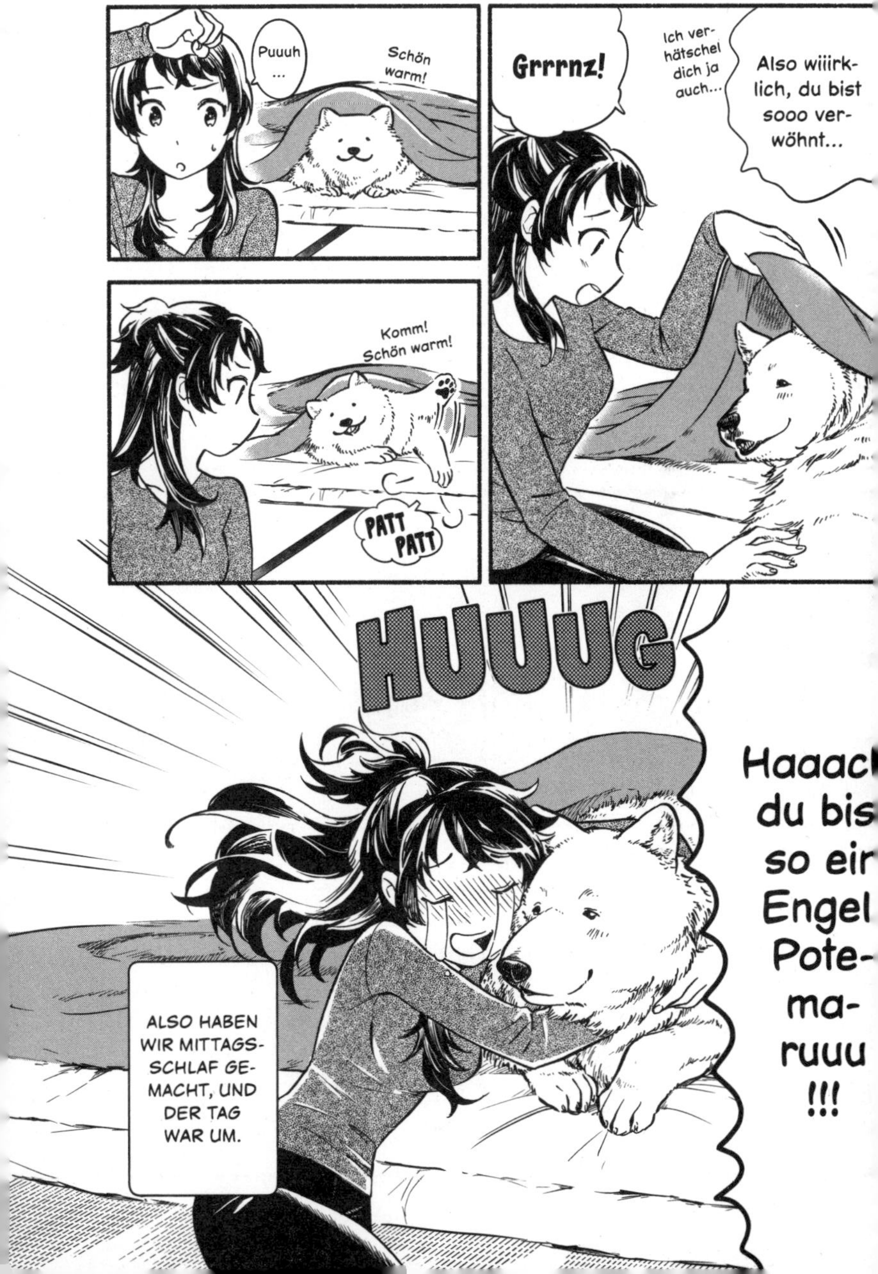
Also wiiirklich, du bist sooo verwöhnt...
Ich verhätschel dich ja auch...
Grrrnz!
Schön warm!
Puuuh ...
Komm! Schön warm!
PATT PATT
HUUUG
Haaac du bis so eir Engel Potemaruuu !!!
ALSO HABEN WIR MITTAGSSCHLAF GEMACHT, UND DER TAG WAR UM.

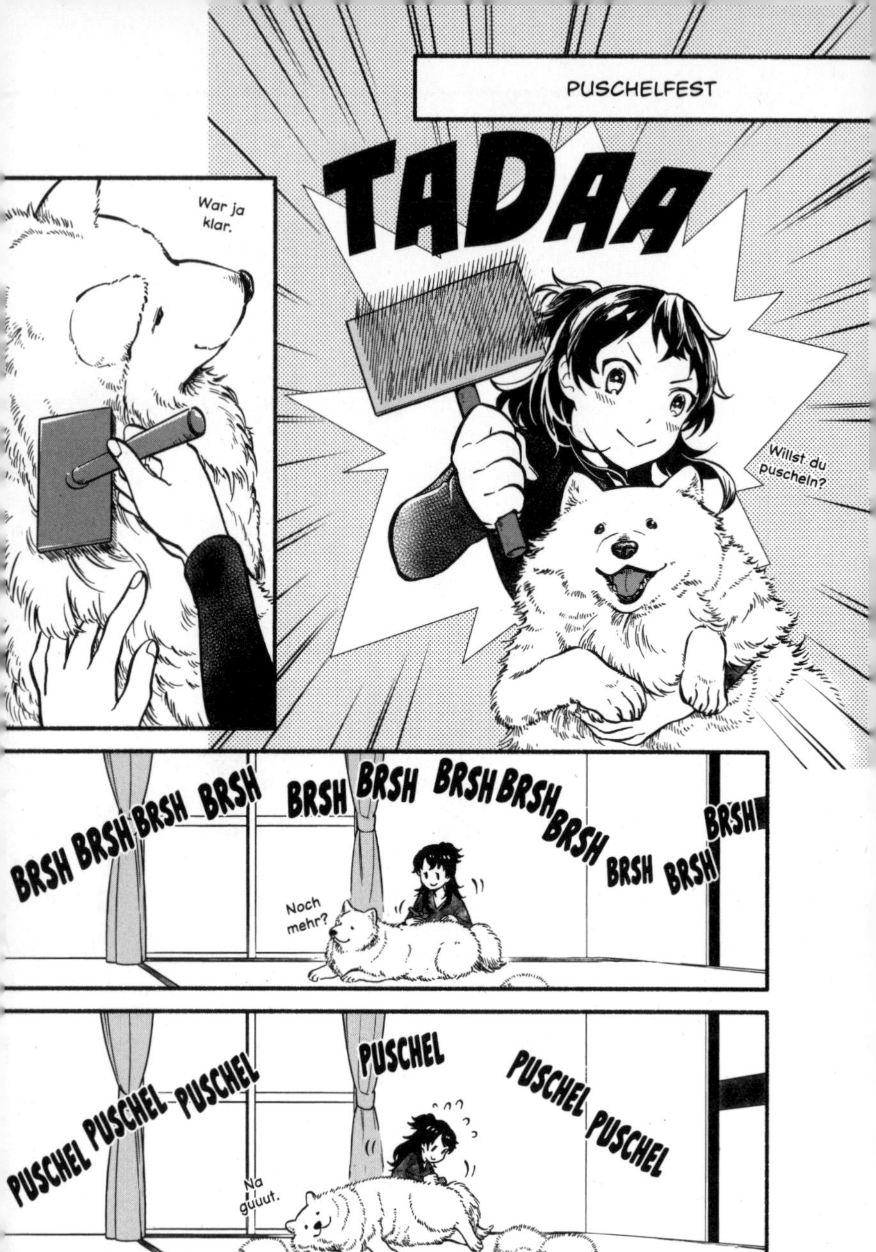
PUSCHELFEST
TADAA
Willst du puscheln?
War ja klar.
BRSH BRSH BRSH BRSH BRSH BRSH BRSH BRSH BRSH BRSH BRSH BRSH
Noch mehr?
PUSCHEL PUSCHEL PUSCHEL PUSCHEL PUSCHEL PUSCHEL
Na guuut.

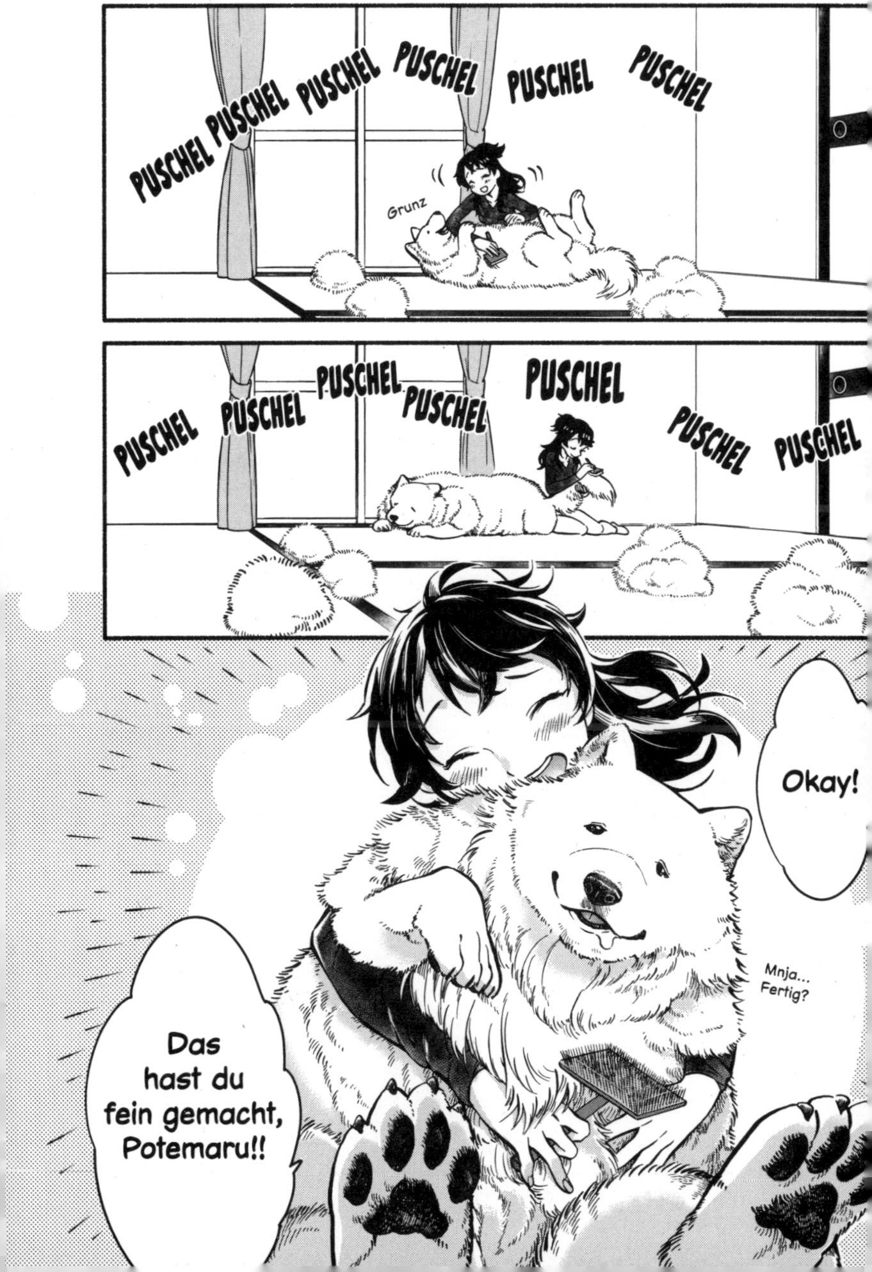

PUSCHEL
PUSCHEL
PUSCHEL
PUSCHEL
PUSCHEL
PUSCHEL
Grunz
PUSCHEL
PUSCHEL
PUSCHEL
PUSCHEL
PUSCHEL
PUSCHEL
PUSCHEL
Okay!
Mnja... Fertig?
Das hast du fein gemacht, Potemaru!!

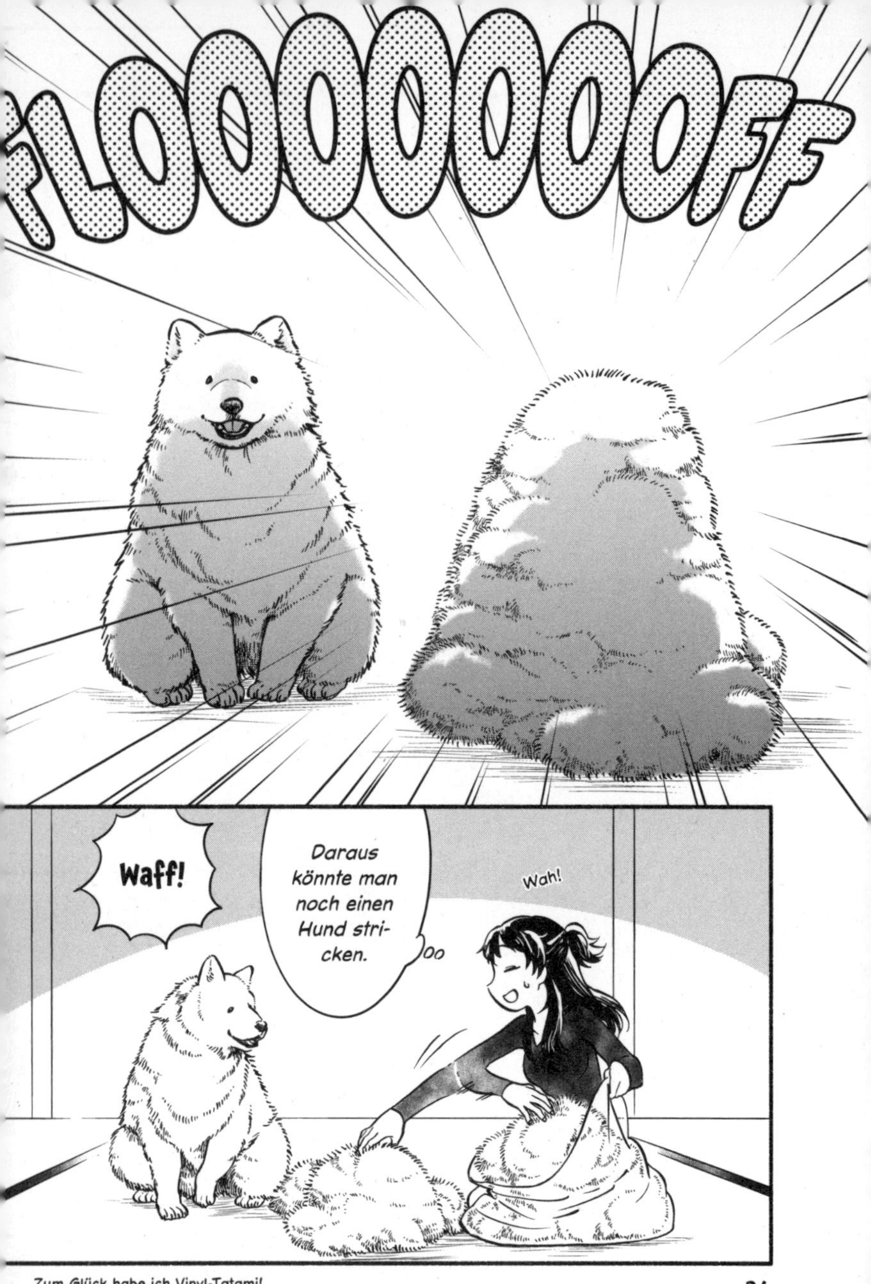

Zum Glück habe ich Vinyl-Tatami!

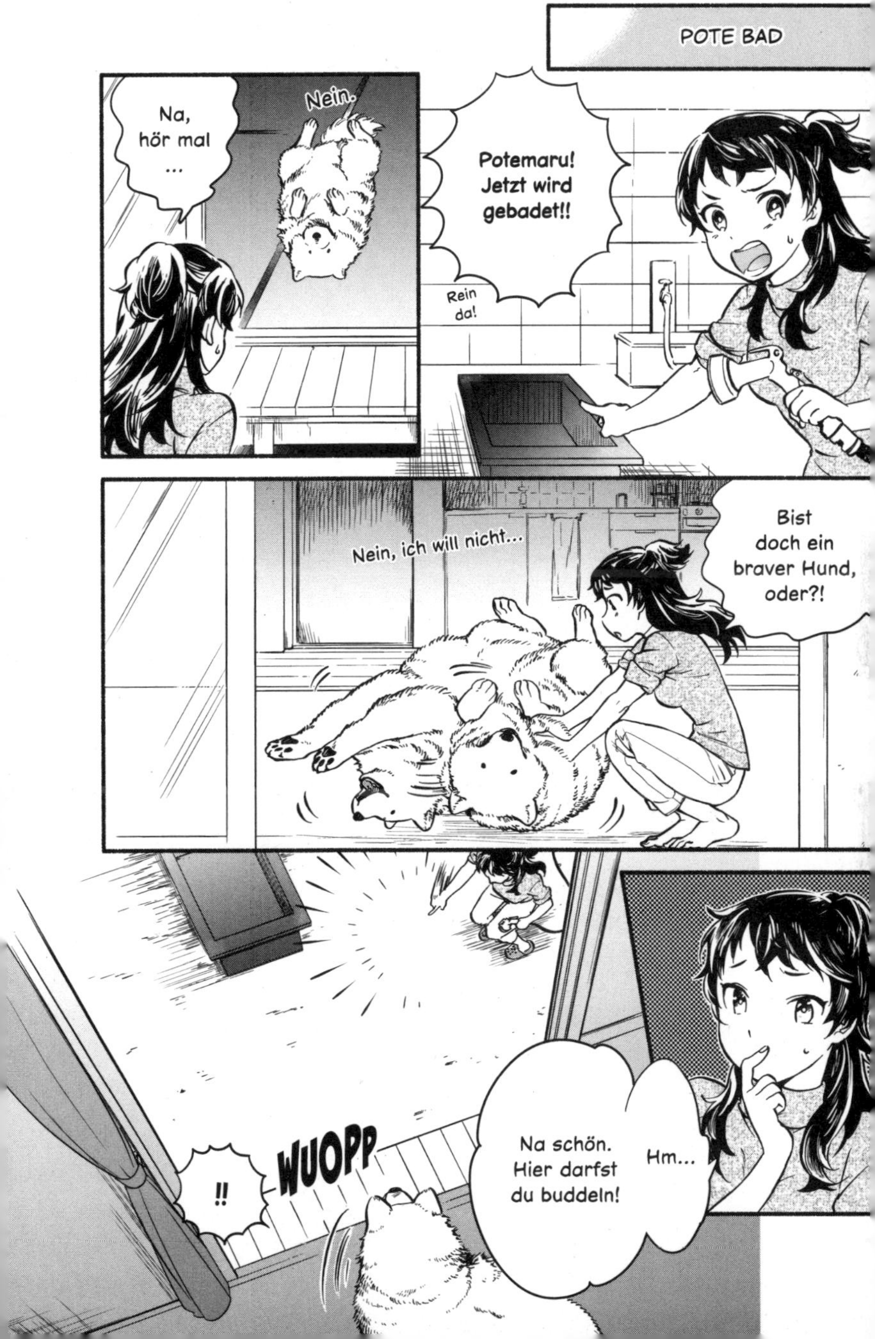
POTE BAD
Potemaru! Jetzt wird gebadet!!
Rein da!
Nein.
Na, hör mal ...
Bist doch ein braver Hund, oder?!
Nein, ich will nicht...
Hm...
Na schön. Hier darfst du buddeln!
WUOPP
!!

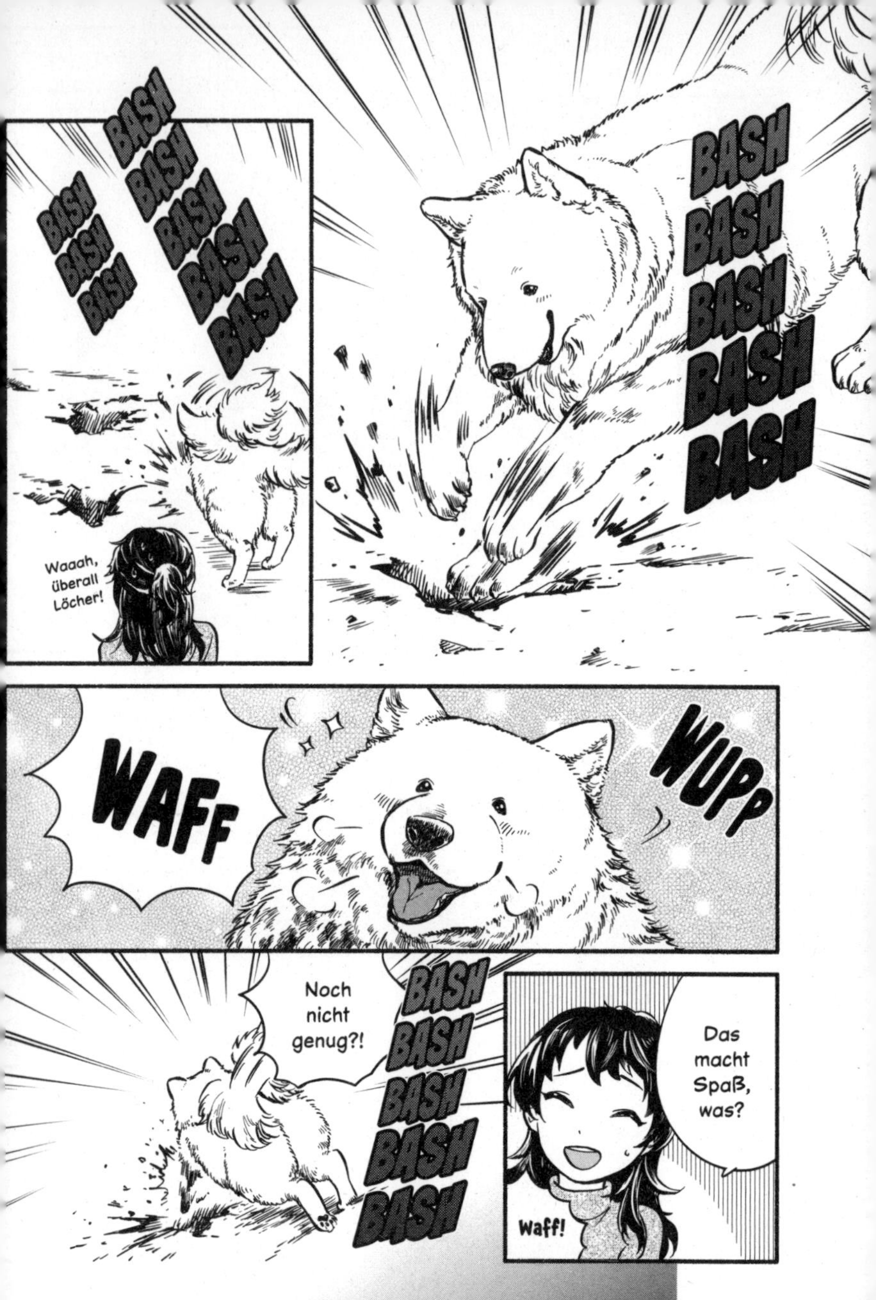
BASH BASH BASH BASH BASH
BASH BASH BASH
BASH BASH BASH BASH BASH BASH
Waaah, überall Löcher!
WUPP
WAFF
Das macht Spaß, was?
Waff!
Noch nicht genug?!
BASH BASH BASH BASH BASH

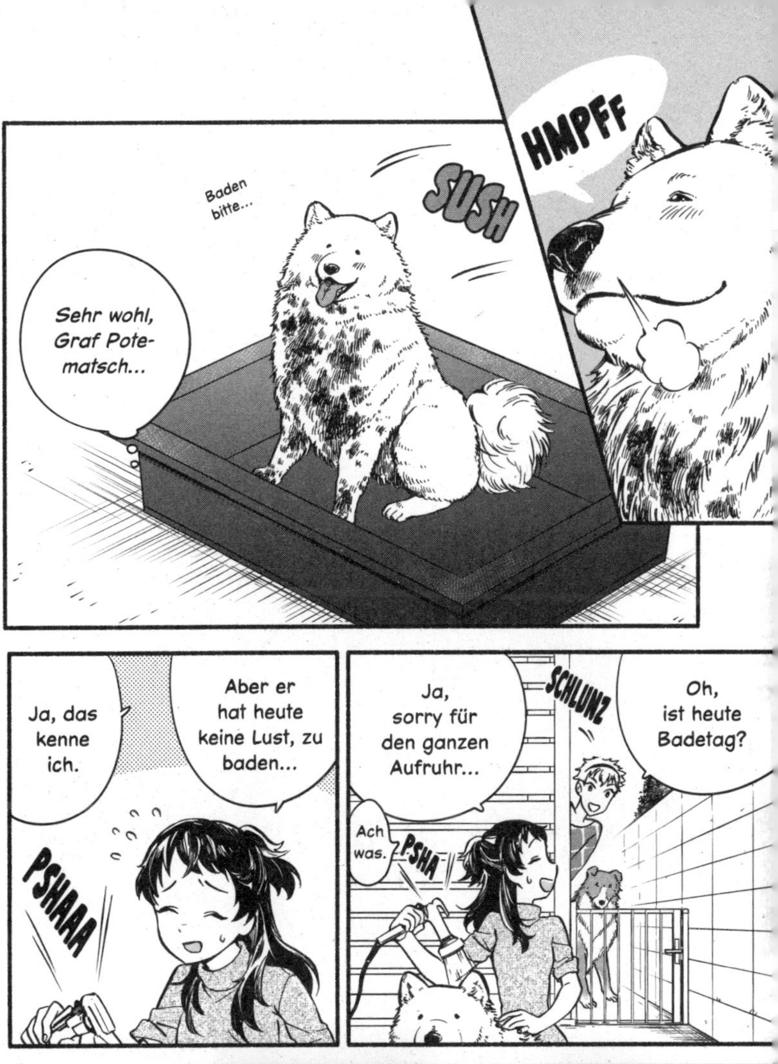
Baden bitte...
Sehr wohl, Graf Potematsch...
SUSH
HMPFF
Oh, ist heute Badetag?
SCHLUNZ
Ja, sorry für den ganzen Aufruhr...
Ach was.
PSHA
Aber er hat heute keine Lust, zu baden...
Ja, das kenne ich.
PSHAAA
Aber sag mal, bist du sicher...
... dass das da Potemaru ist??

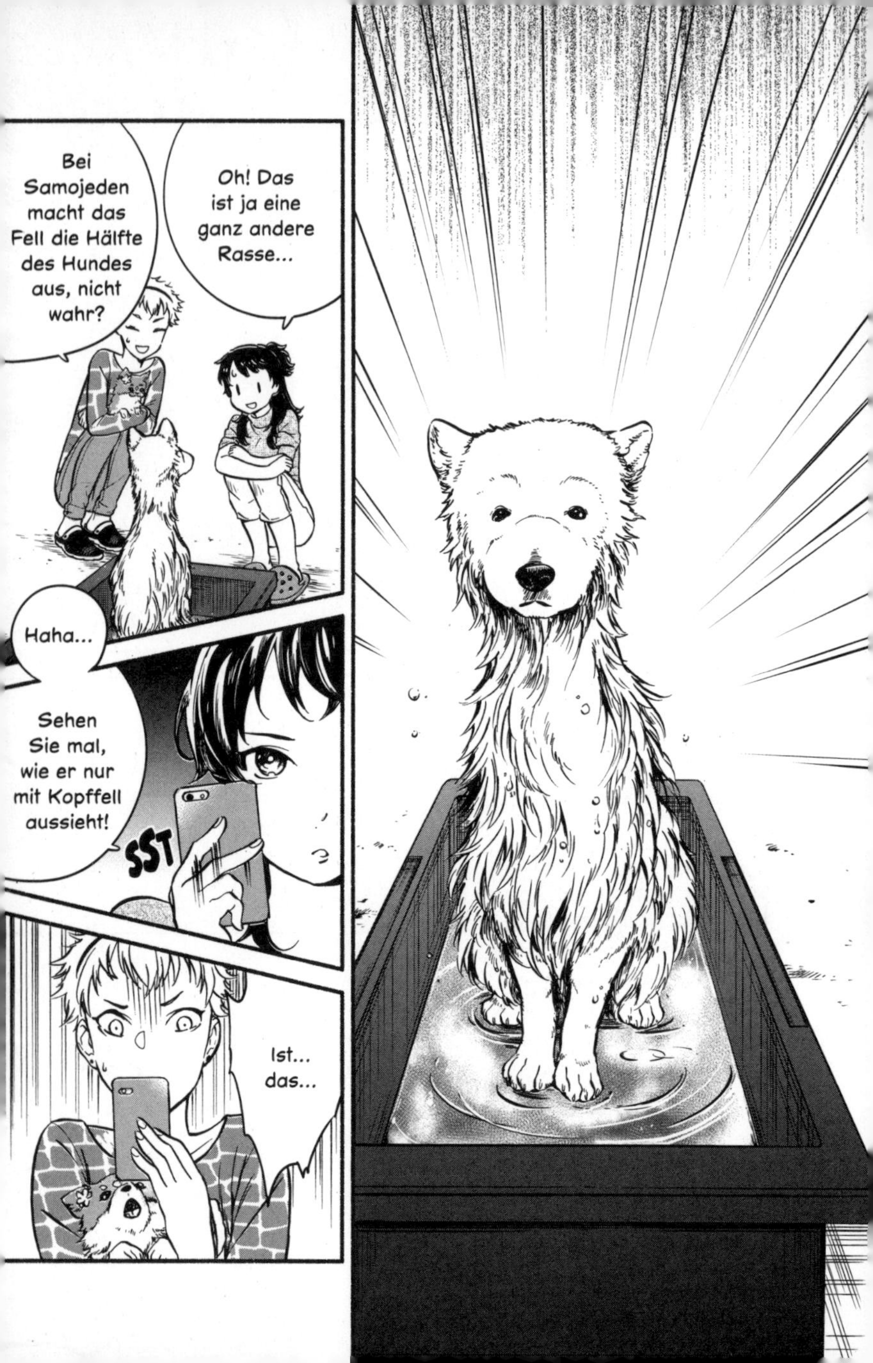
Oh! Das ist ja eine ganz andere Rasse...
Bei Samojeden macht das Fell die Hälfte des Hundes aus, nicht wahr?
Haha...
Sehen Sie mal, wie er nur mit Kopffell aussieht!
SST
Ist... das...

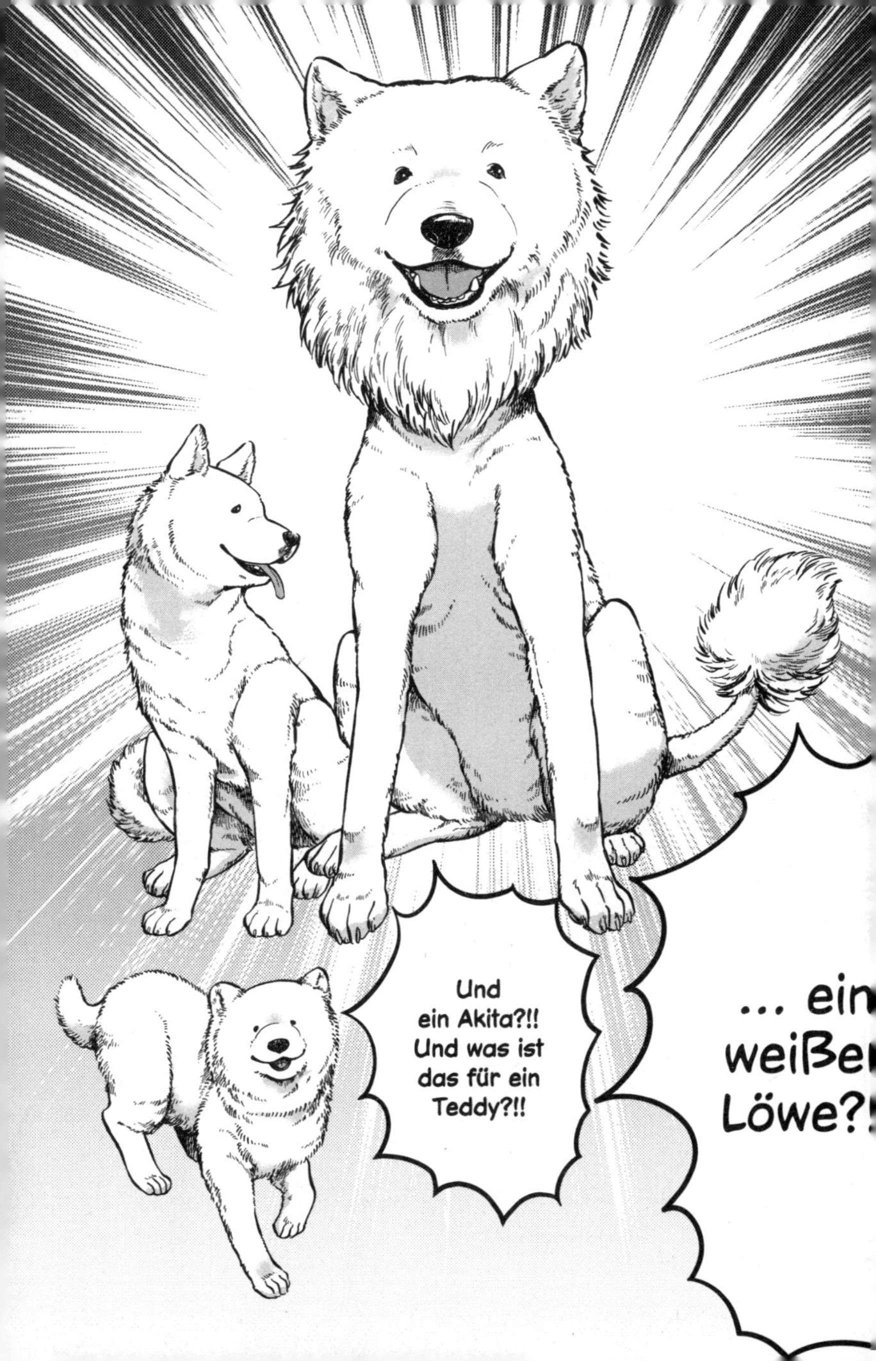
... ein weißer Löwe?!
Und ein Akita?!! Und was ist das für ein Teddy?!!

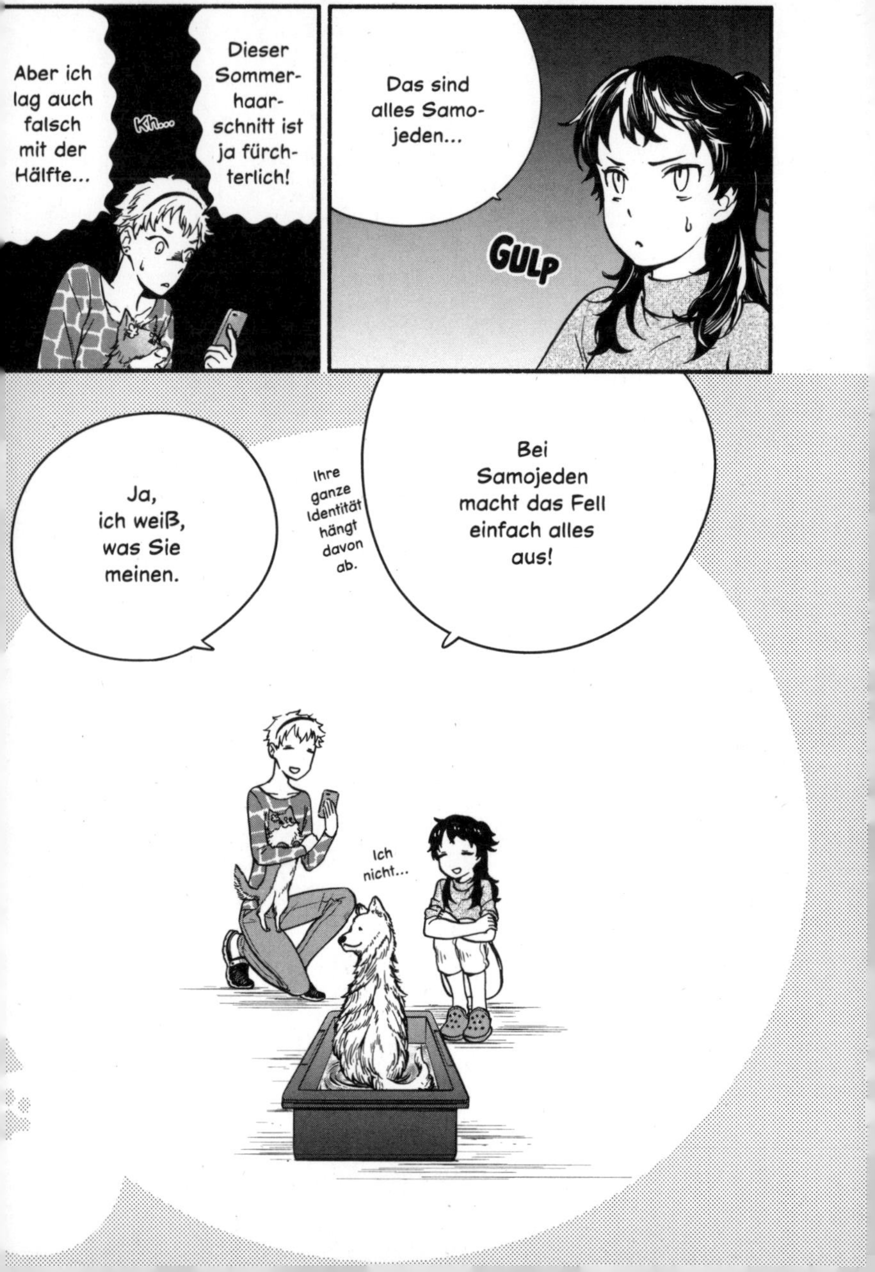
Das sind alles Samojeden...
GULP
Dieser Sommerhaarschnitt ist ja fürchterlich!
Kh...
Aber ich lag auch falsch mit der Hälfte...
Bei Samojeden macht das Fell einfach alles aus!
Ihre ganze Identität hängt davon ab.
Ja, ich weiß, was Sie meinen.
Ich nicht...

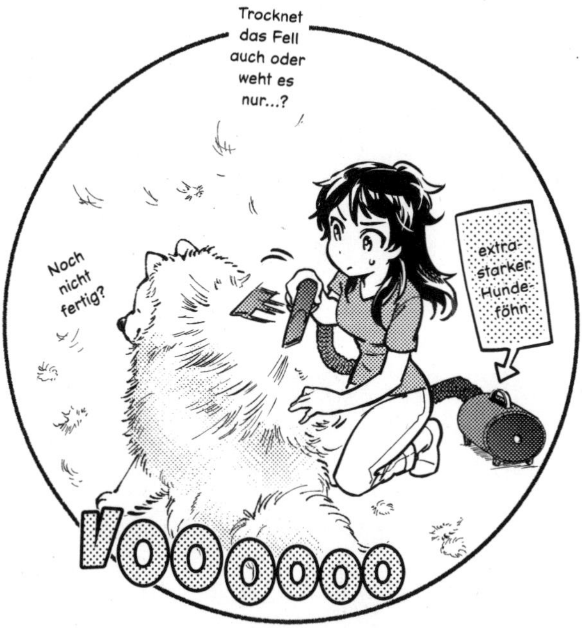
Trocknet das Fell auch oder weht es nur...?
extra-starker Hunde-föhn
Noch nicht fertig?
VOOOOOO

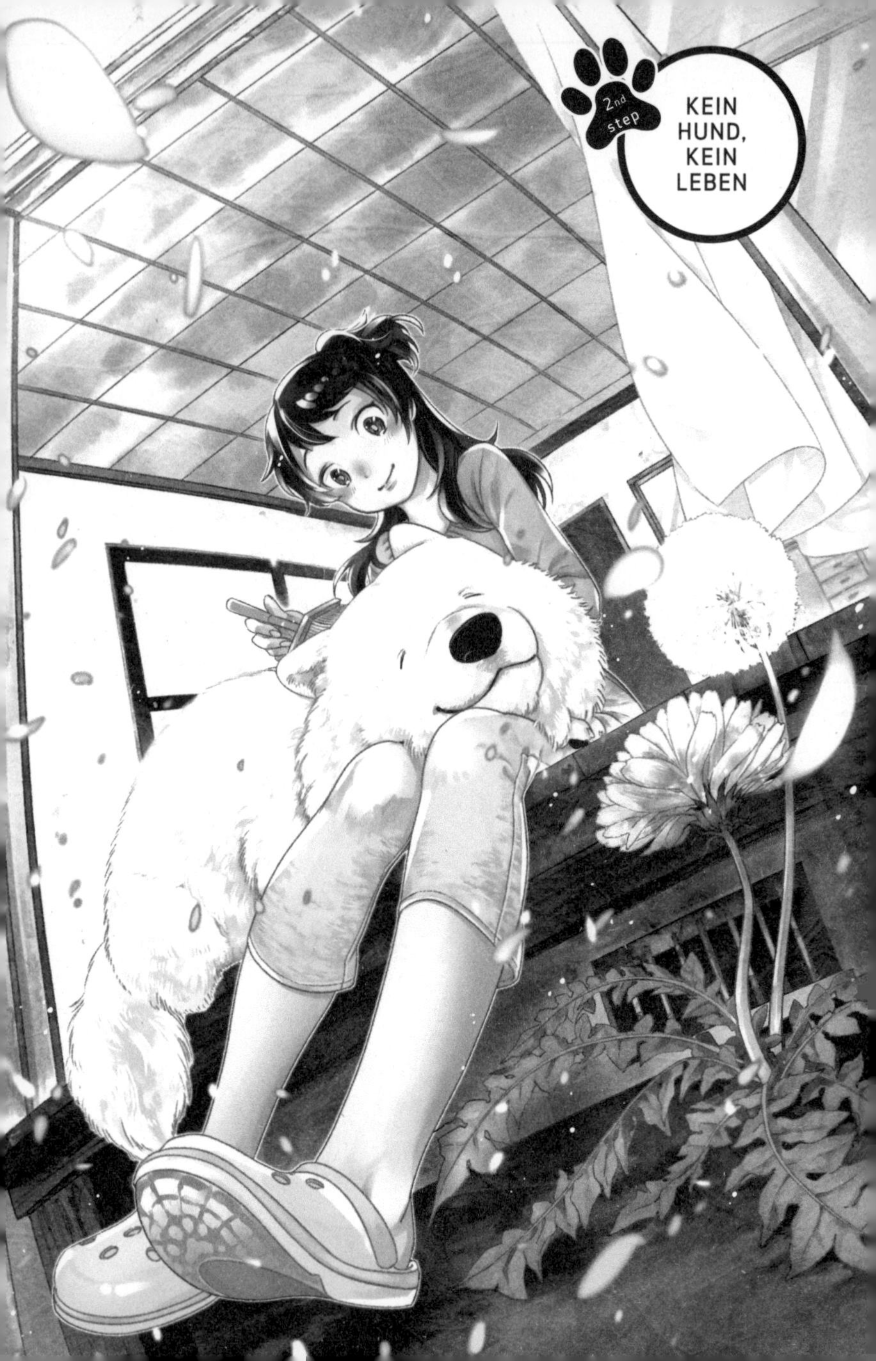
2nd step
KEIN HUND, KEIN LEBEN

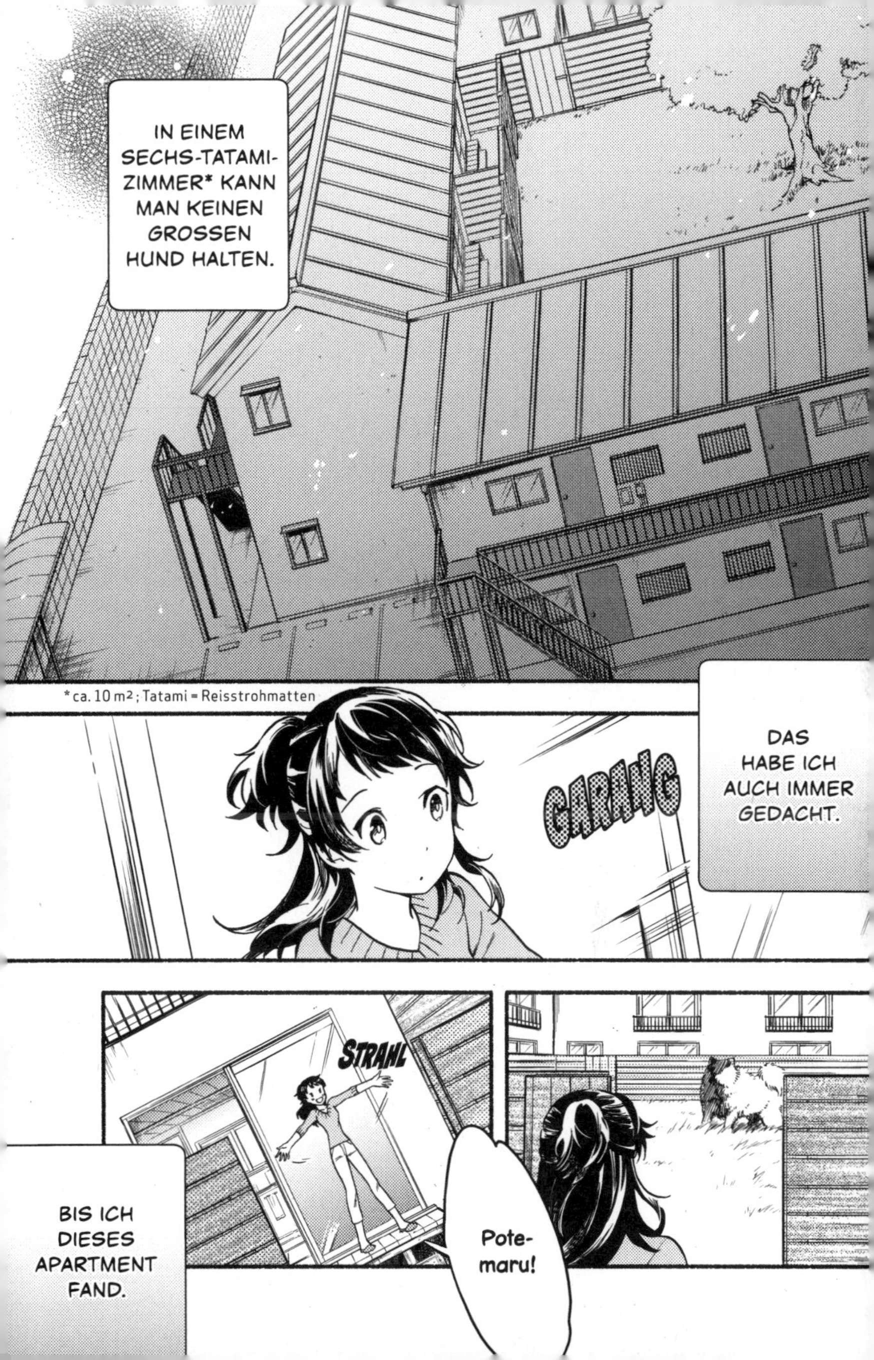
IN EINEM SECHS-TATAMI-ZIMMER* KANN MAN KEINEN GROSSEN HUND HALTEN.
* ca. 10 m²; Tatami = Reisstrohmatten
DAS HABE ICH AUCH IMMER GEDACHT.
CARANG
STRAHL
BIS ICH DIESES APARTMENT FAND.
Pote-maru!

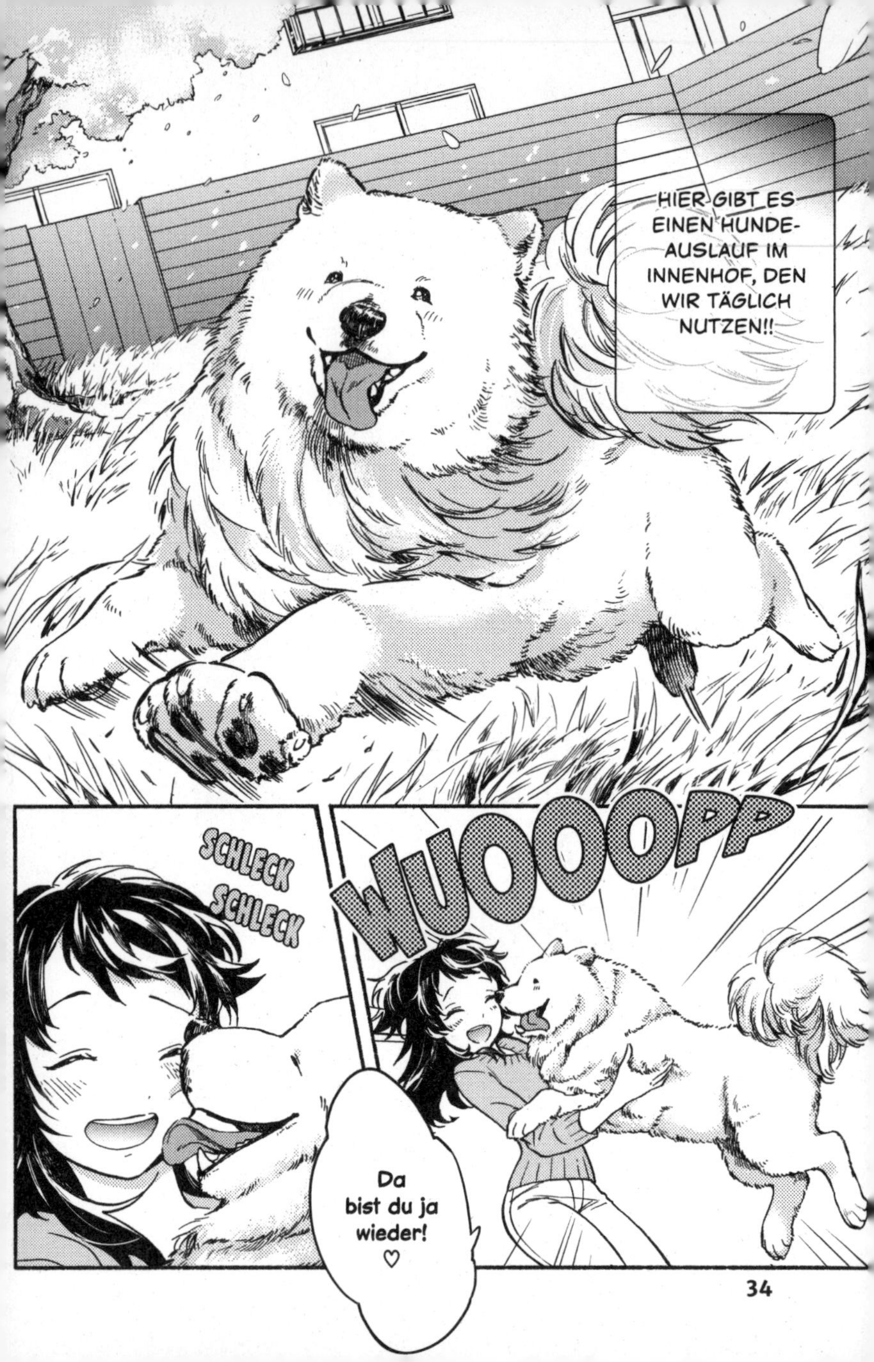
HIER GIBT ES EINEN HUNDE-AUSLAUF IM INNENHOF, DEN WIR TÄGLICH NUTZEN!!
WUOOOPP
SCHLECK SCHLECK
Da bist du ja wieder! ♡

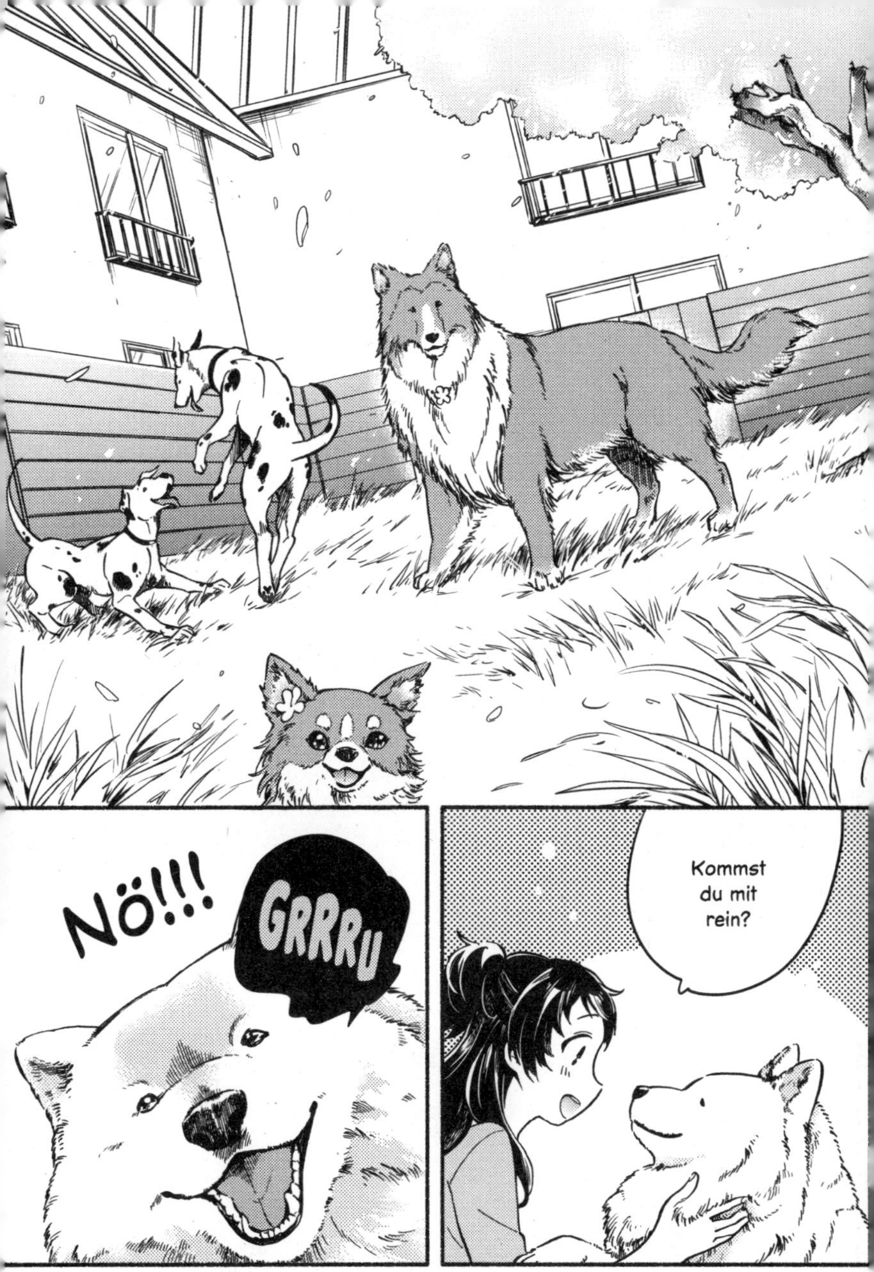
Kommst du mit rein?
Nö!!!
GRRRU

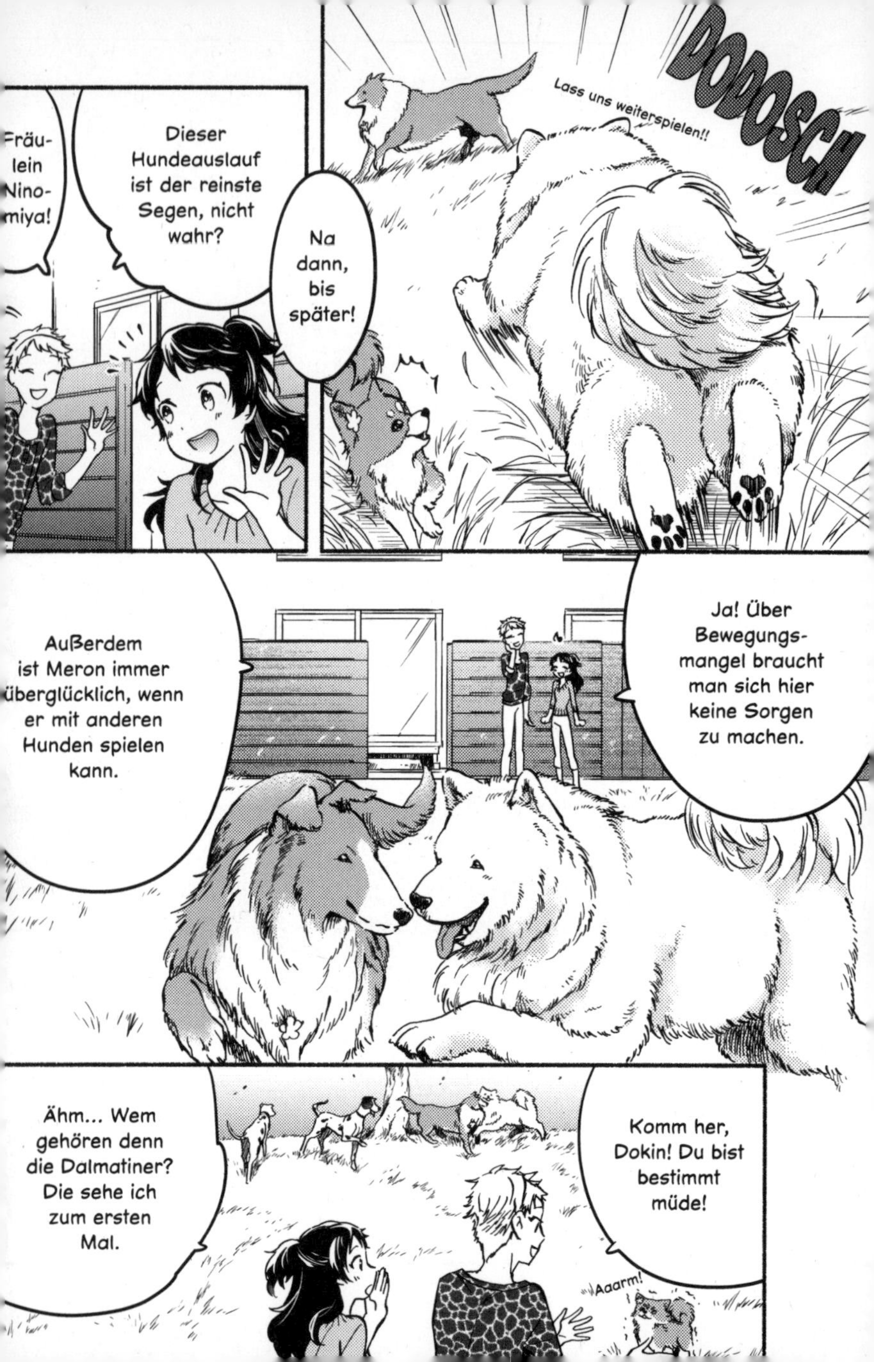

DODOSCH
Lass uns weiterspielen!!
Na dann, bis später!
Dieser Hundeauslauf ist der reinste Segen, nicht wahr?
Fräulein Ninomiya!
Ja! Über Bewegungsmangel braucht man sich hier keine Sorgen zu machen.
Außerdem ist Meron immer überglücklich, wenn er mit anderen Hunden spielen kann.
Komm her, Dokin! Du bist bestimmt müde!
Aaarm!
Ähm... Wem gehören denn die Dalmatiner? Die sehe ich zum ersten Mal.

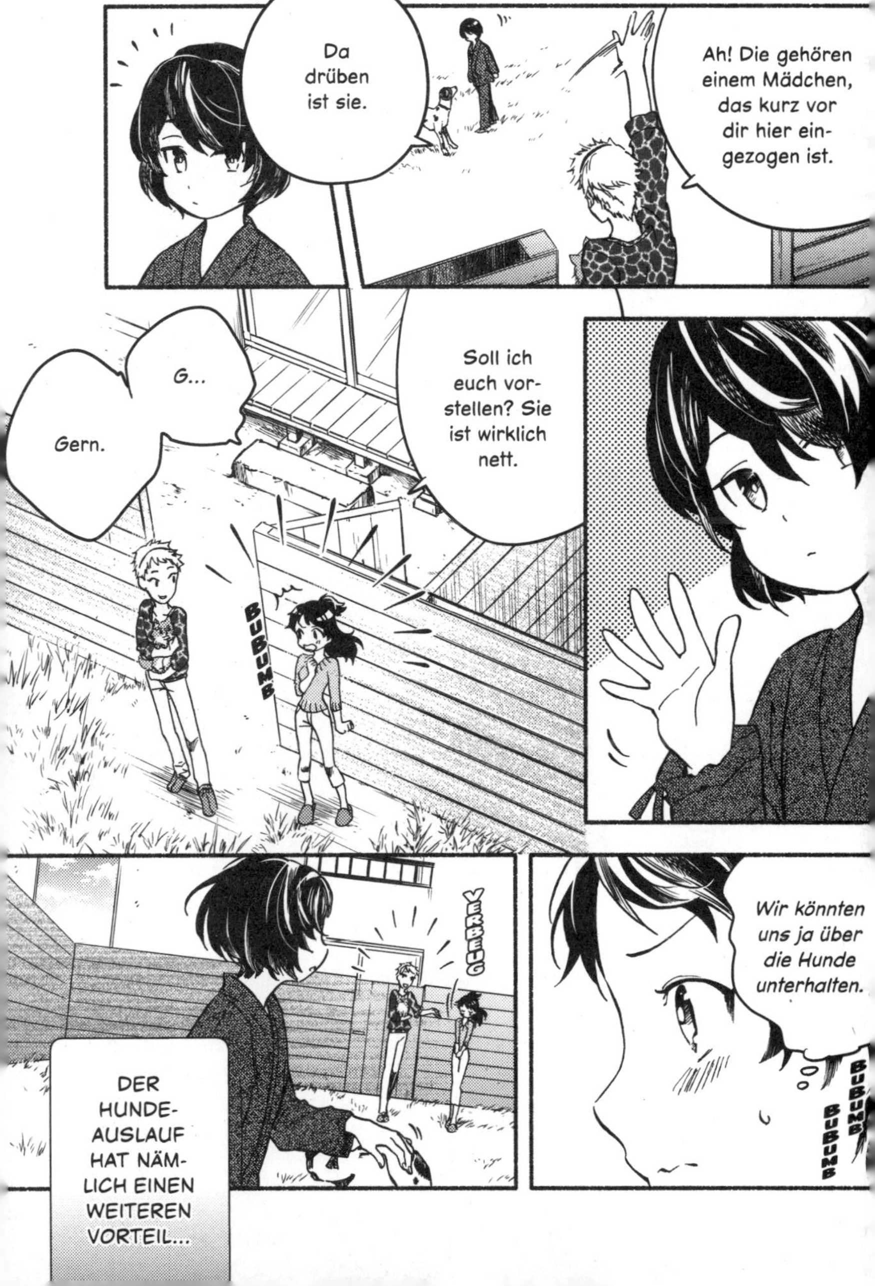
Ah! Die gehören einem Mädchen, das kurz vor dir hier ein-gezogen ist.
Da drüben ist sie.
Soll ich euch vor-stellen? Sie ist wirklich nett.
G...
Gern.
BUBUMB
Wir könnten uns ja über die Hunde unterhalten.
BUBUMB
BUBUMB
VERBEUG
DER HUNDE-AUSLAUF HAT NÄM-LICH EINEN WEITEREN VORTEIL...

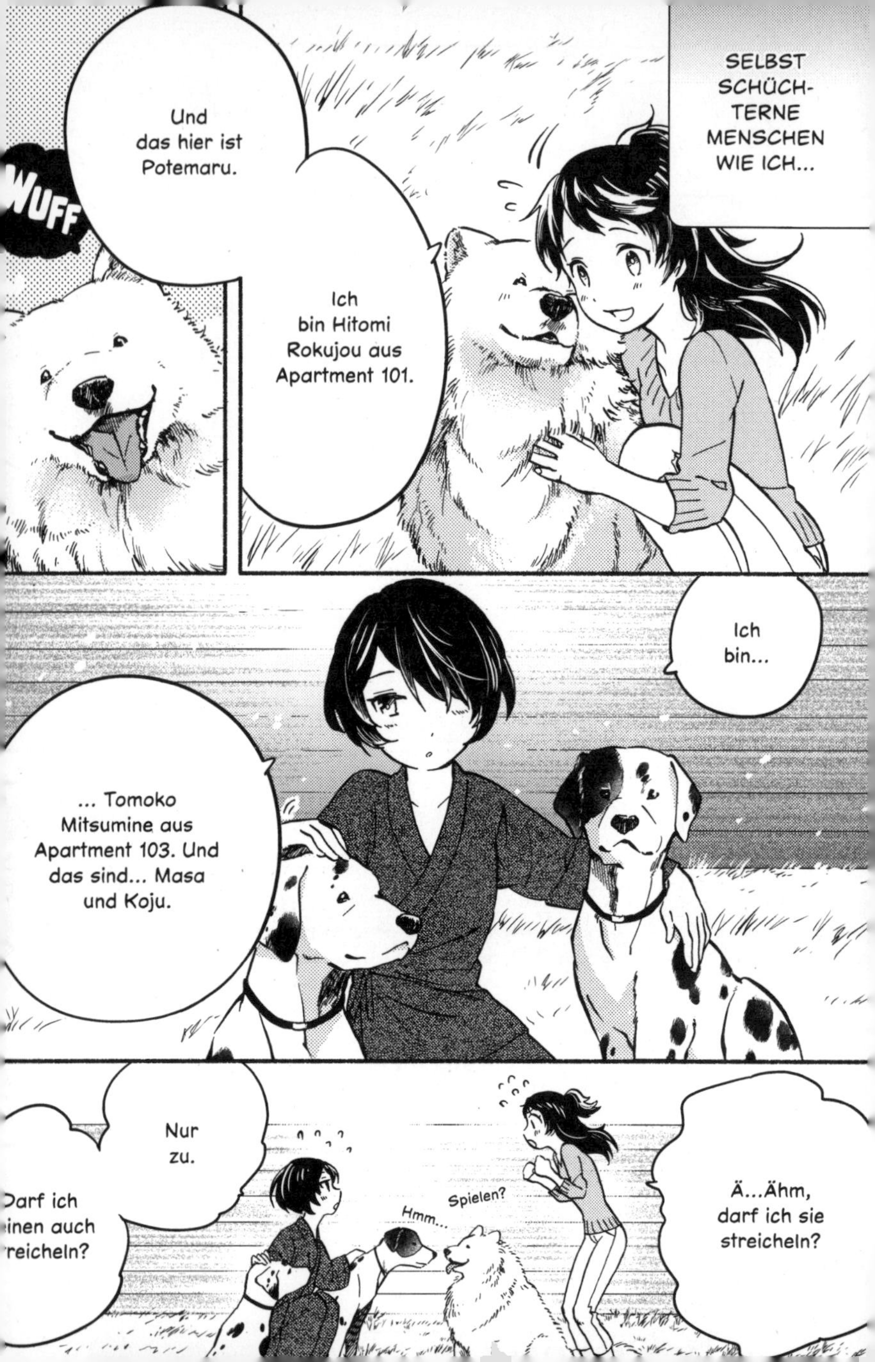
SELBST SCHÜCHTERNE MENSCHEN WIE ICH...
Ich bin Hitomi Rokujou aus Apartment 101.
Und das hier ist Potemaru.
WUFF
Ich bin...
... Tomoko Mitsumine aus Apartment 103. Und das sind... Masa und Koju.
Ä...Ähm, darf ich sie streicheln?
Spielen?
Hmm...
Nur zu.
arf ich inen auch reicheln?

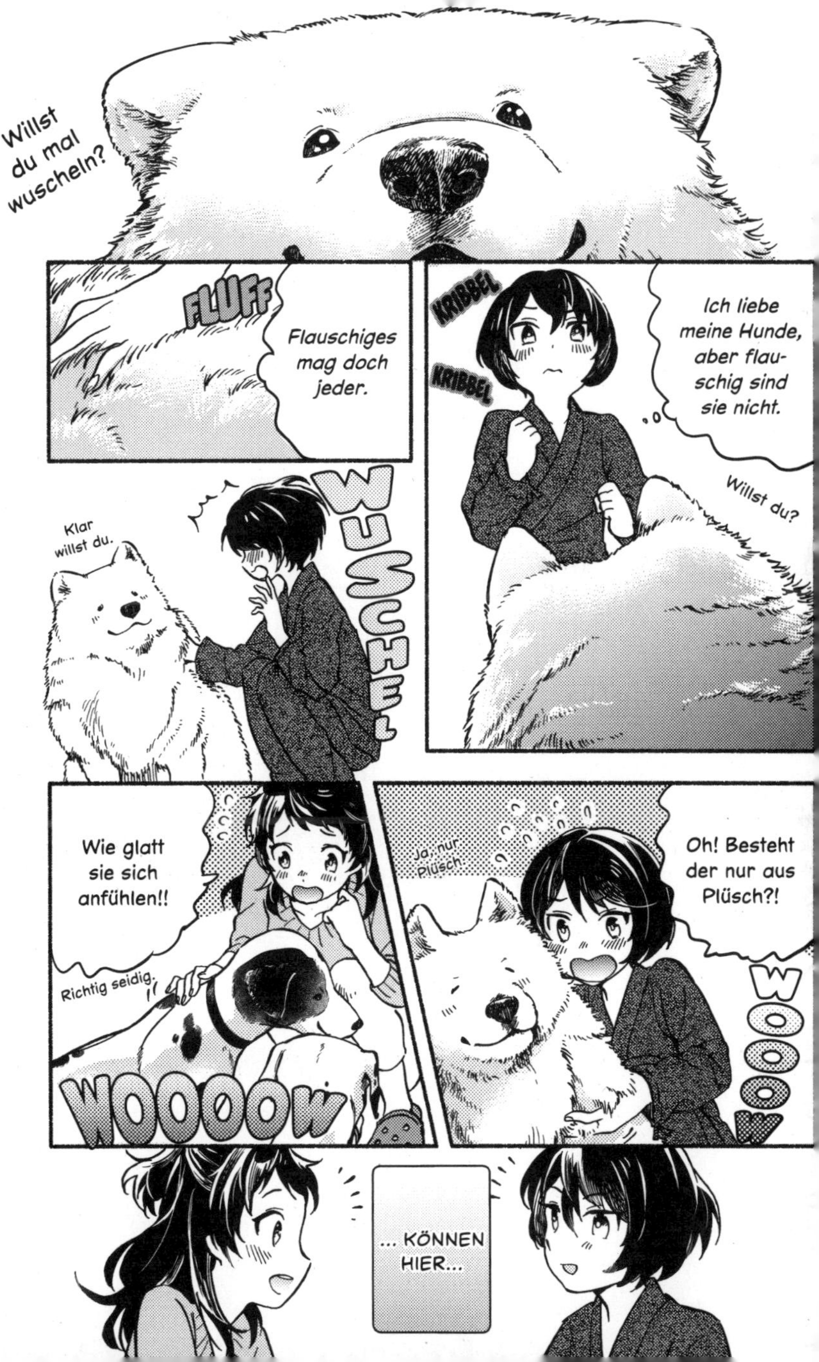
Willst du mal wuscheln?
FLUFF
Flauschiges mag doch jeder.
KRIBBEL
KRIBBEL
Ich liebe meine Hunde, aber flauschig sind sie nicht.
Willst du?
WUSCHEL
Klar willst du.
Oh! Besteht der nur aus Plüsch?!
Ja, nur Plüsch.
WOOOOW
Wie glatt sie sich anfühlen!!
Richtig seidig.
WOOOOW
... KÖNNEN HIER...

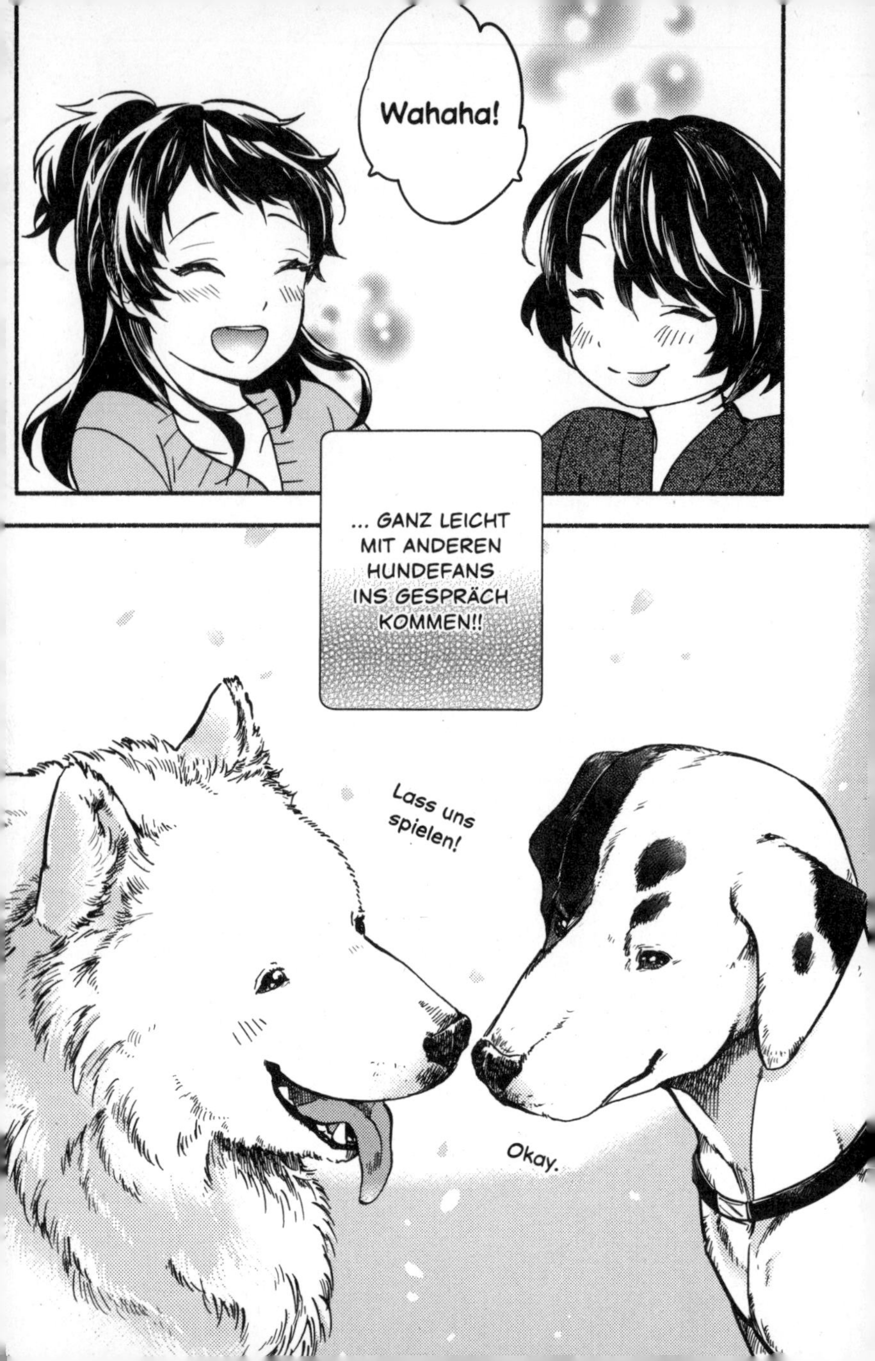
Wahaha!
... GANZ LEICHT MIT ANDEREN HUNDEFANS INS GESPRÄCH KOMMEN!!
Lass uns spielen!
Okay.

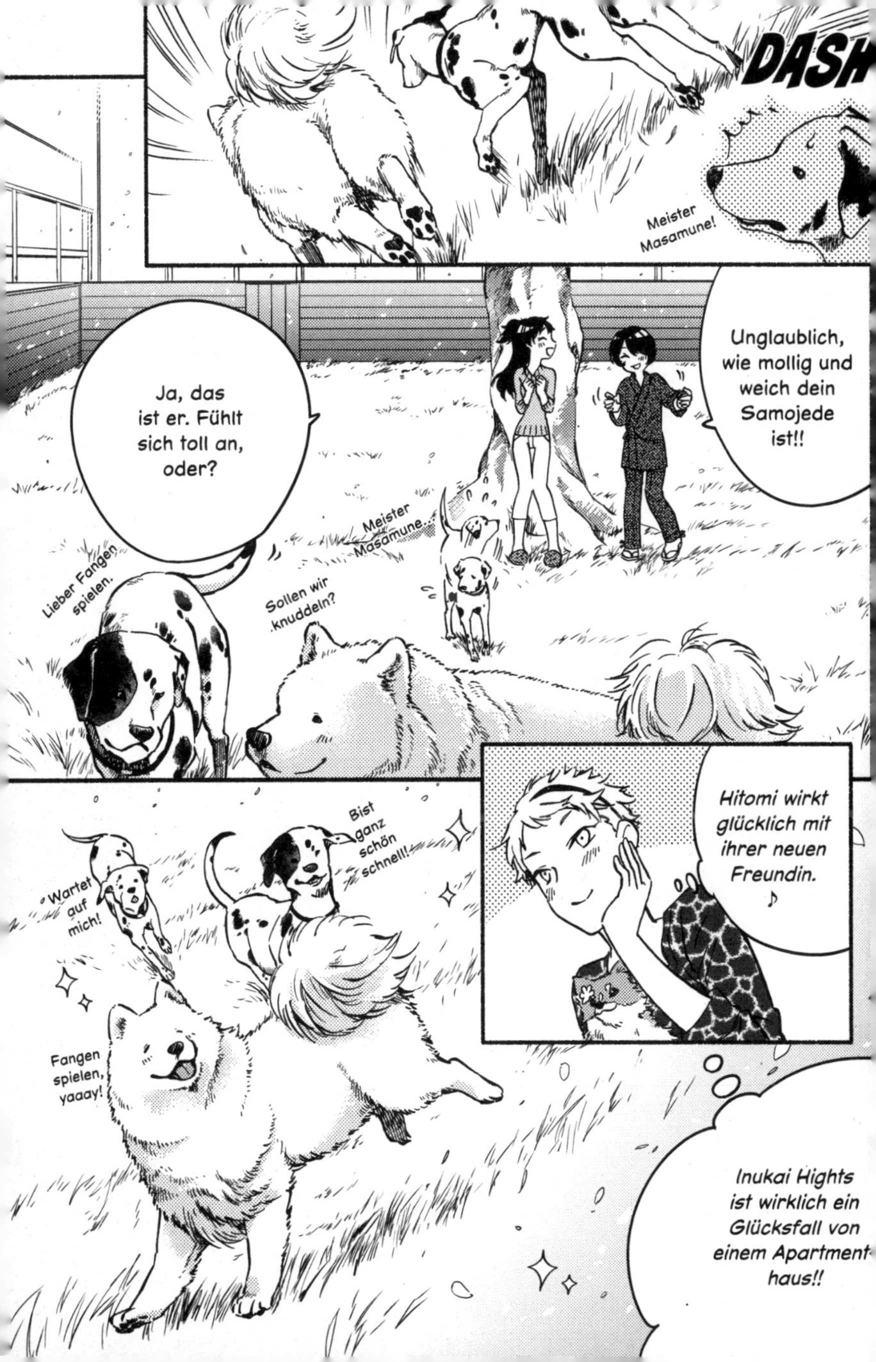
DASH
Meister Masamune!
Unglaublich, wie mollig und weich dein Samojede ist!!
Ja, das ist er. Fühlt sich toll an, oder?
Meister Masamune...
Sollen wir knuddeln?
Lieber Fangen spielen.
Hitomi wirkt glücklich mit ihrer neuen Freundin. ♪
Bist ganz schön schnell!!
Wartet auf mich!
Fangen spielen, yaaay!
Inukai Hights ist wirklich ein Glücksfall von einem Apartmenthaus!!

VIELE HUNDE, VIELE GESCHMÄCKER

* berühmte Namen jap. Samurai

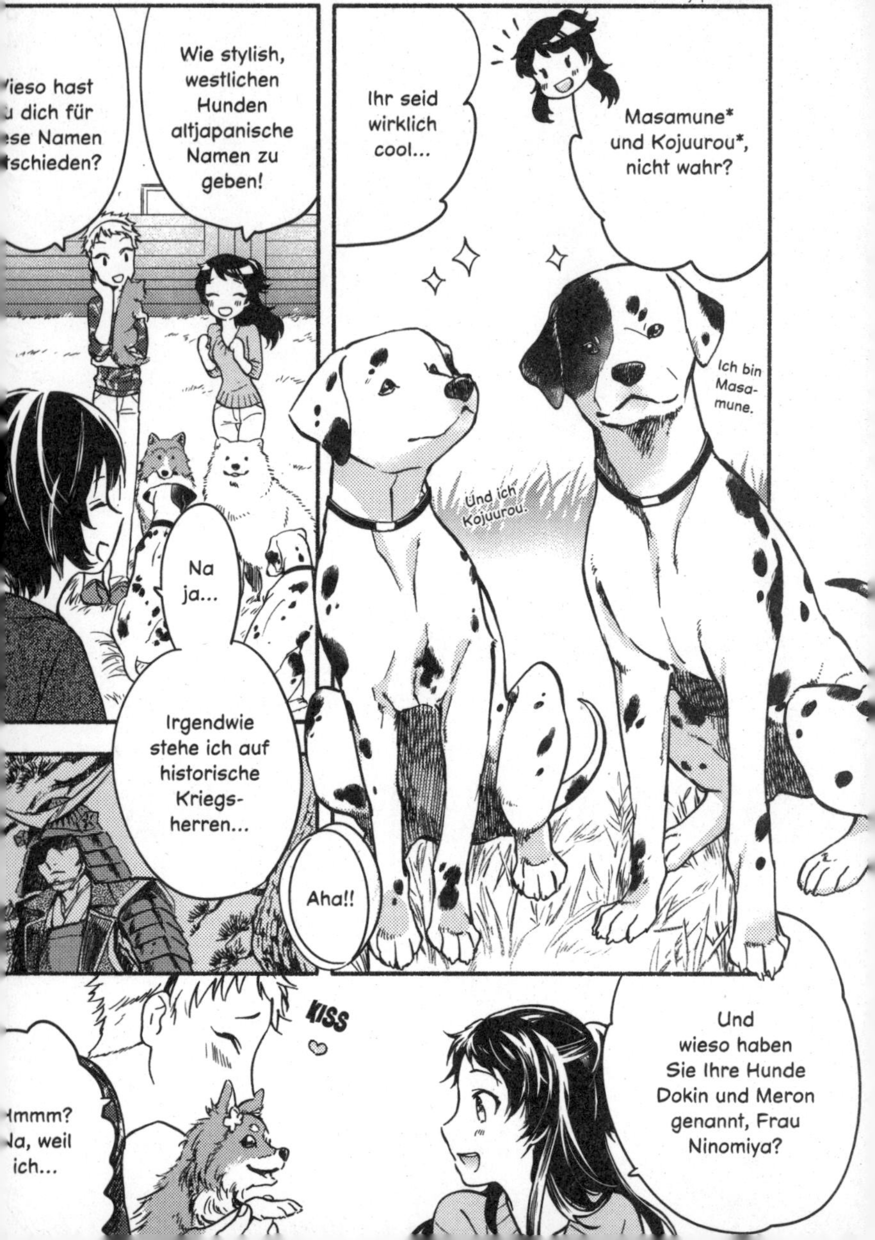

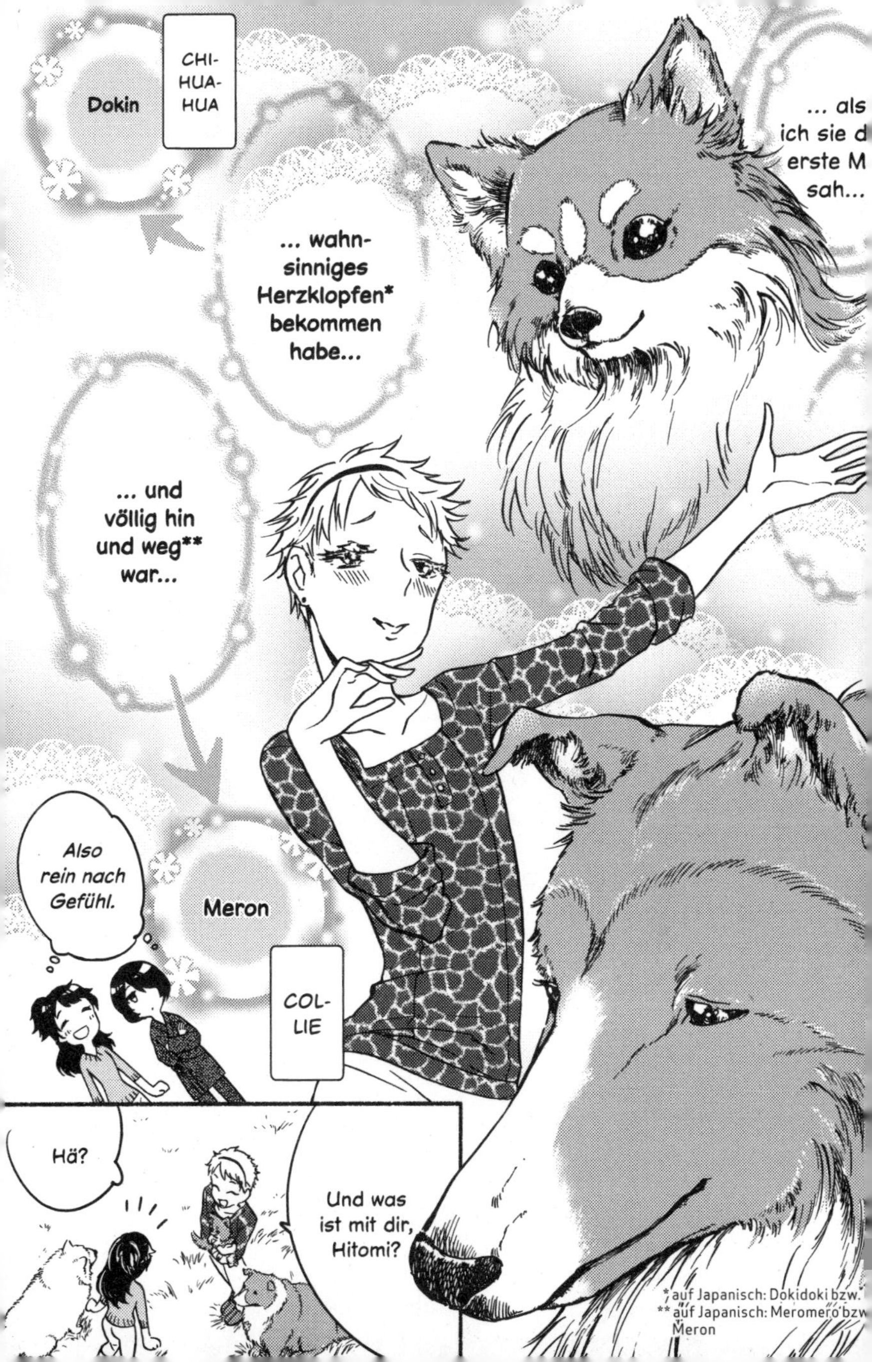

* auf Japanisch: Dokidoki bzw.
** auf Japanisch: Meromero bzw. Meron

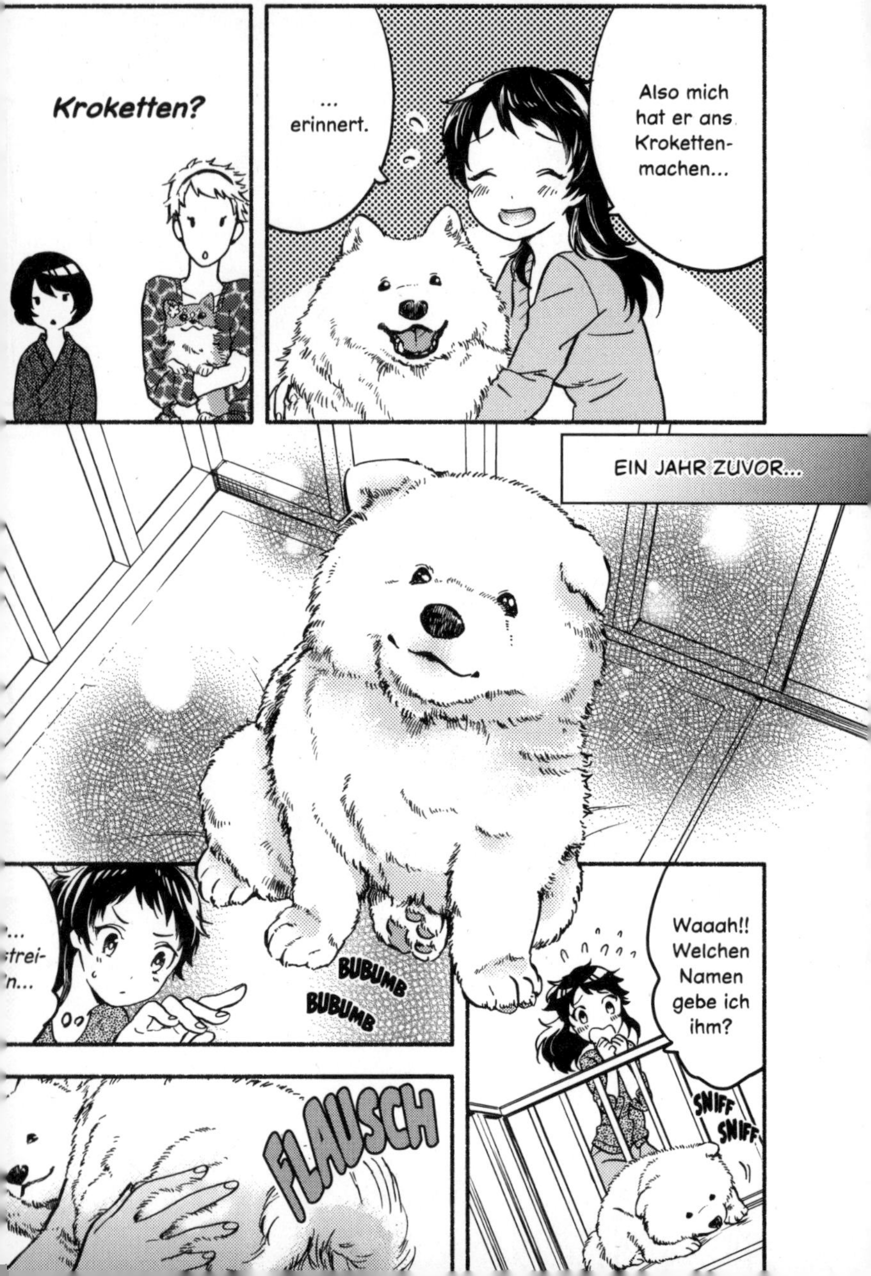
Also mich hat er ans Kroketten-machen...
... erinnert.
Kroketten?
EIN JAHR ZUVOR...
Waaah!! Welchen Namen gebe ich ihm?
SNIFF
SNIFF
BUBUMB
BUBUMB
FLAUSCH

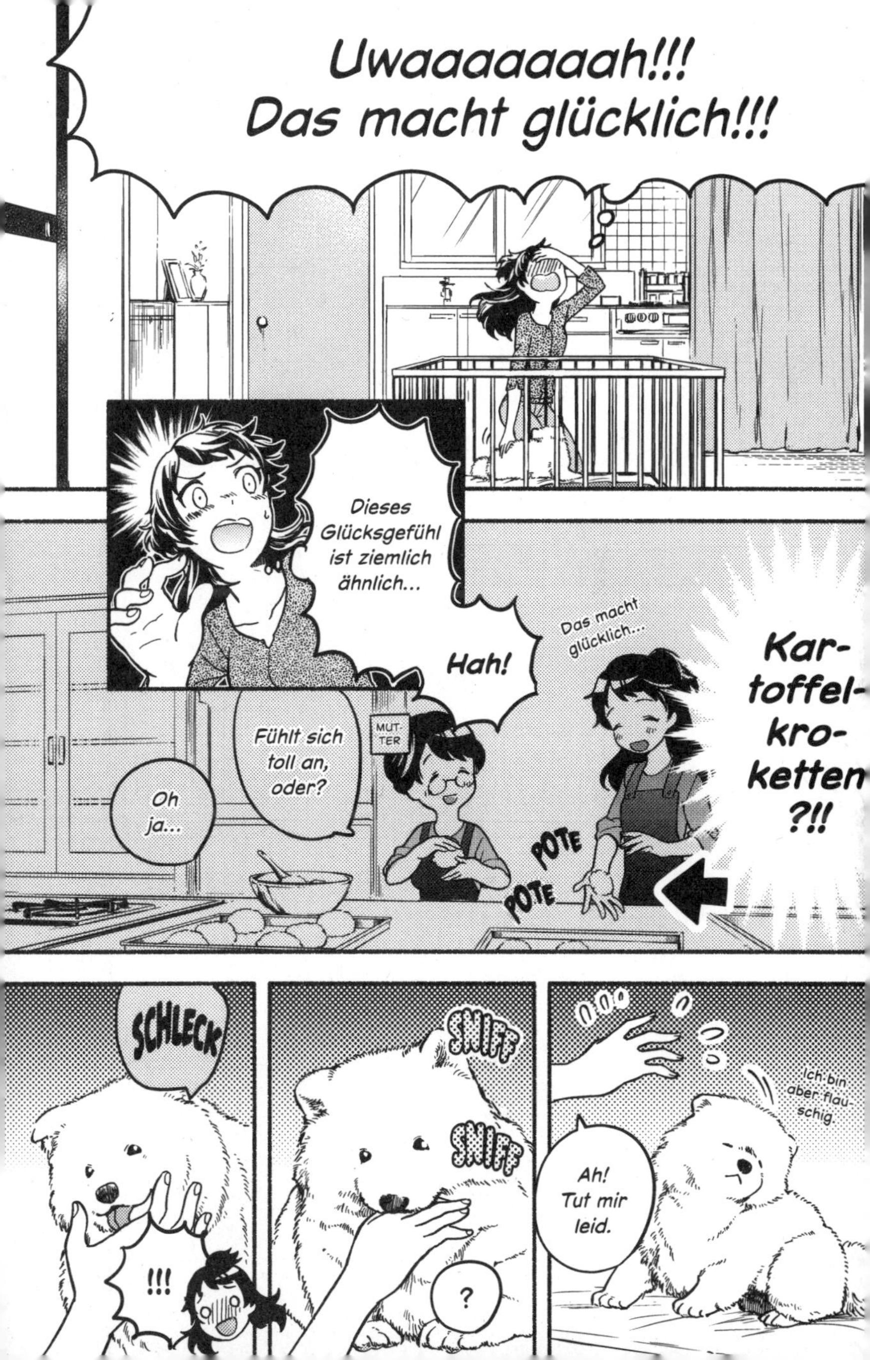
Uwaaaaaaaah!!! Das macht glücklich!!!
Dieses Glücksgefühl ist ziemlich ähnlich...
Hah!
Kartoffelkroketten?!!
Das macht glücklich...
MUTTER
Fühlt sich toll an, oder?
Oh ja...
POTE
POTE
SCHLECK
!!!
SNIFF
SNIFF
?
Ah! Tut mir leid.
Ich bin aber flauschig.

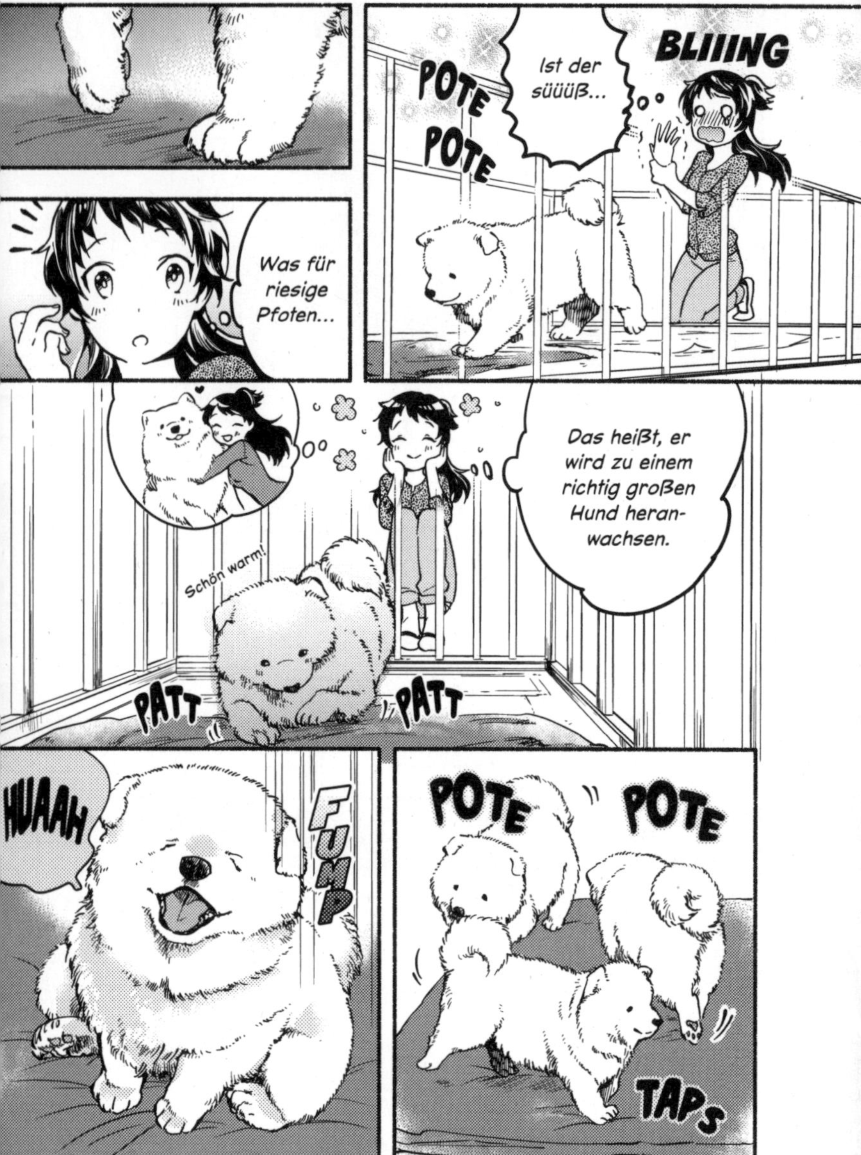
BLIIING
Ist der süüüß...
POTE POTE
Was für riesige Pfoten...
Das heißt, er wird zu einem richtig großen Hund heranwachsen.
Schön warm!
PATT PATT
POTE POTE
TAPS
FUMP
HUAAH

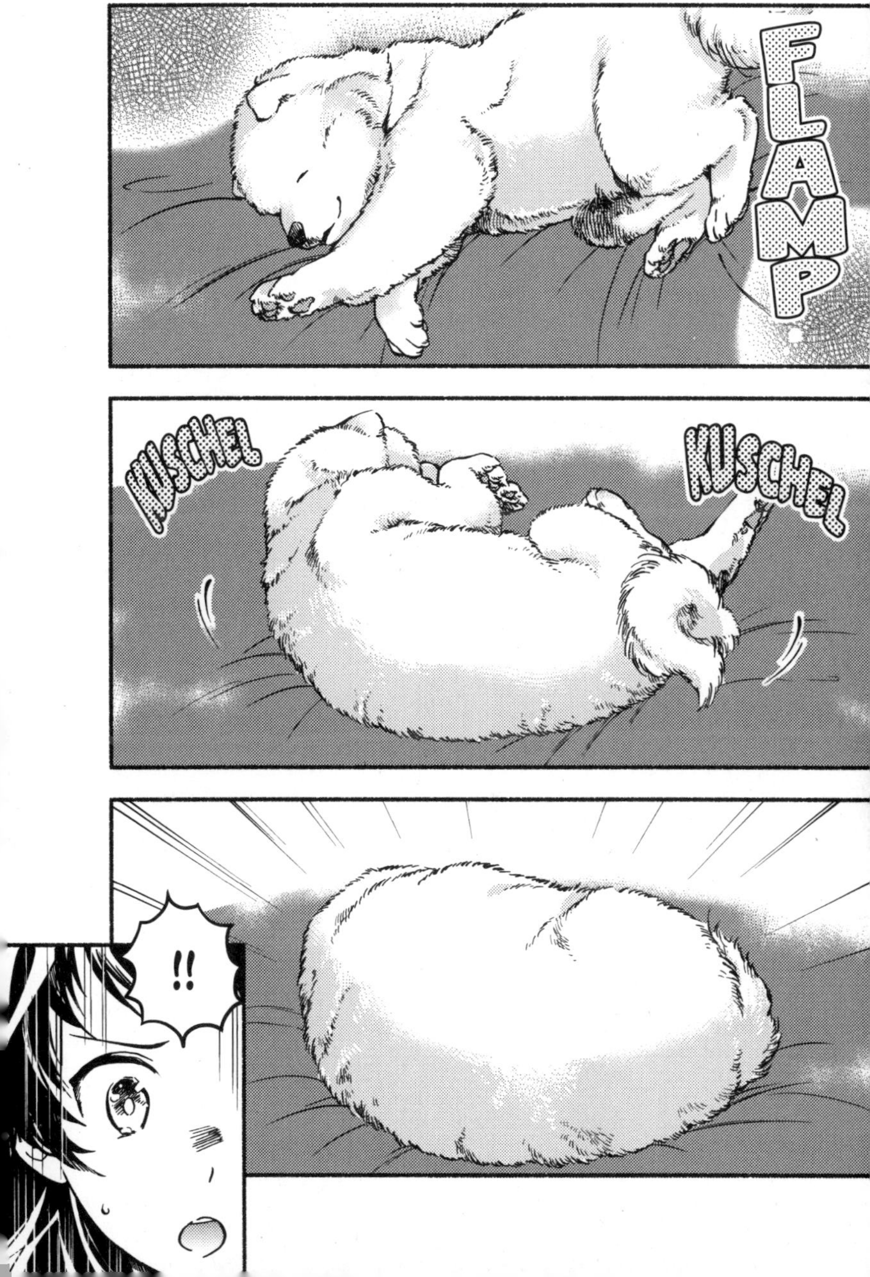
FLAMP
KUSCHEL
KUSCHEL
!!

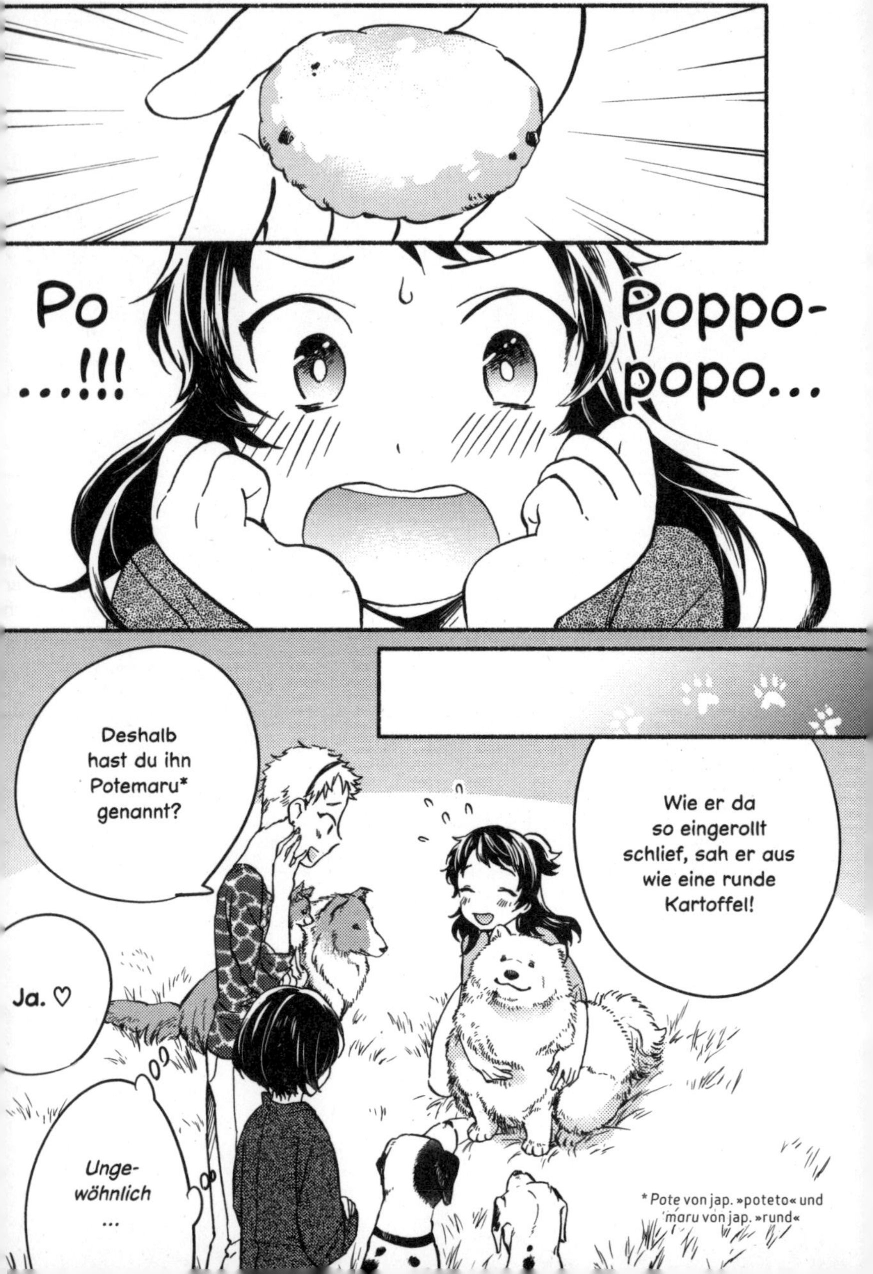
Poppo-
popo...
Po
...!!!
Wie er da so eingerollt schlief, sah er aus wie eine runde Kartoffel!
Deshalb hast du ihn Potemaru* genannt?
Ja. ♡
Unge-
wöhnlich
...
* Pote von jap. »poteto« und maru von jap. »rund«

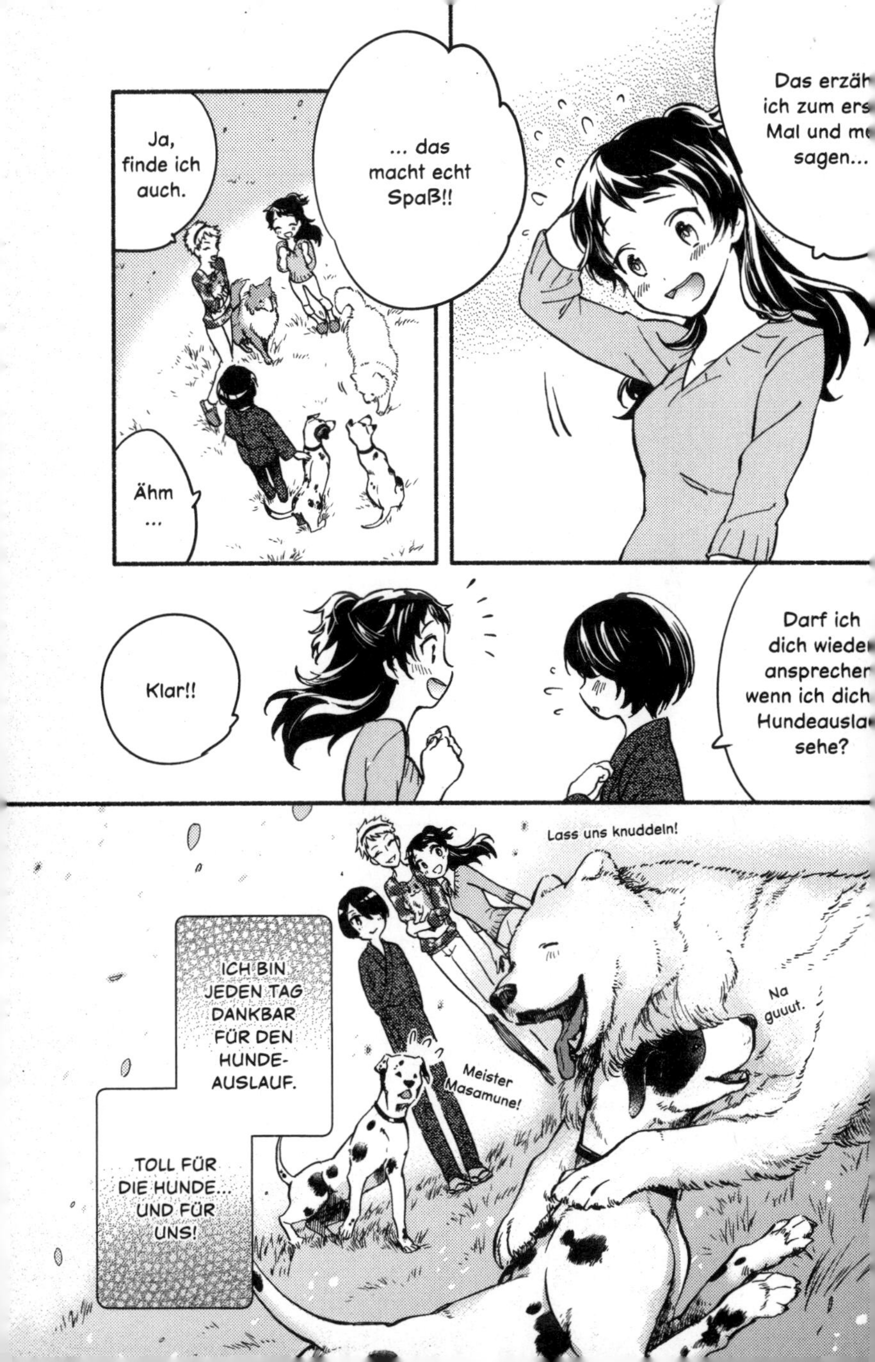
Das erzäh ich zum ers Mal und m sagen...
... das macht echt Spaß!!
Ja, finde ich auch.
Ähm ...
Darf ich dich wiede ansprecher wenn ich dich Hundeausla sehe?
Klar!!
Lass uns knuddeln!
Na guuut.
Meister Masamune!
ICH BIN JEDEN TAG DANKBAR FÜR DEN HUNDE-AUSLAUF.
TOLL FÜR DIE HUNDE... UND FÜR UNS!

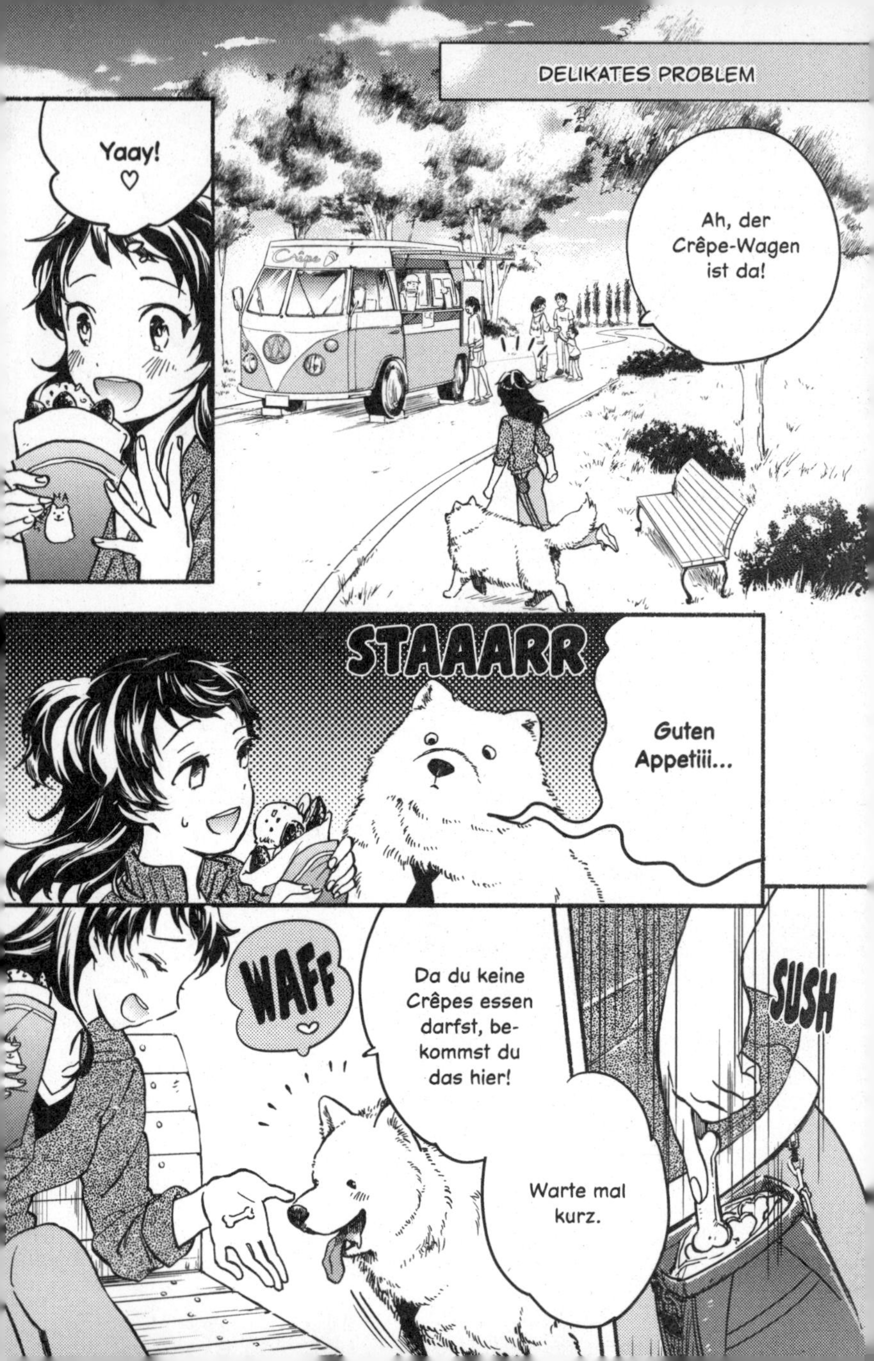
DELIKATES PROBLEM
Ah, der Crêpe-Wagen ist da!
Yaay! ♡
STAAARR
Guten Appetiii...
SUSH
Warte mal kurz.
Da du keine Crêpes essen darfst, be- kommst du das hier!
WAFF ♡

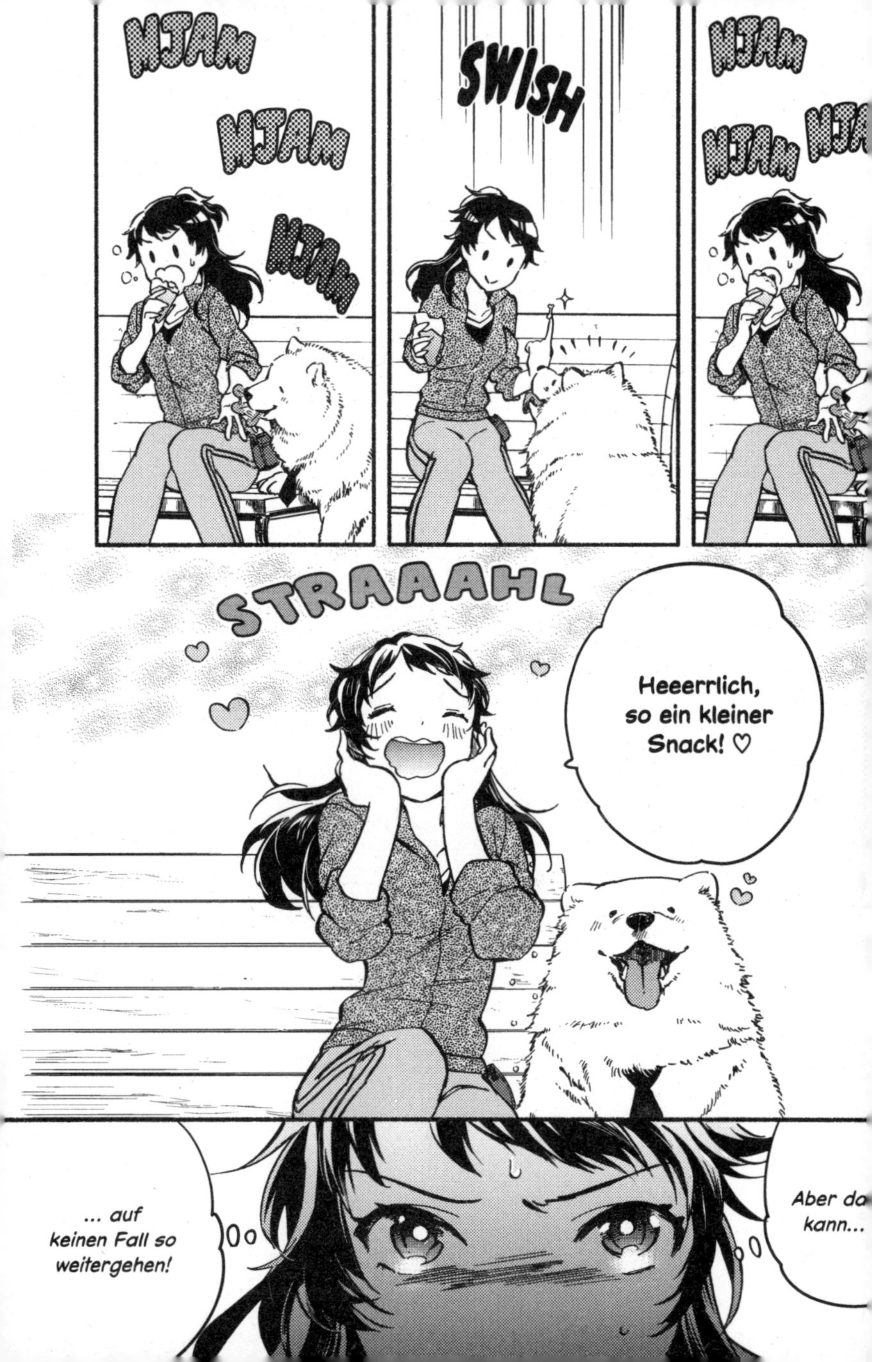
NJAM
NJAM
NJAM
SWISH
NJAM
NJAM
NJAM
STRAAAHL
Heeerrlich, so ein kleiner Snack! ♡
Aber da kann...
... auf keinen Fall so weitergehen!

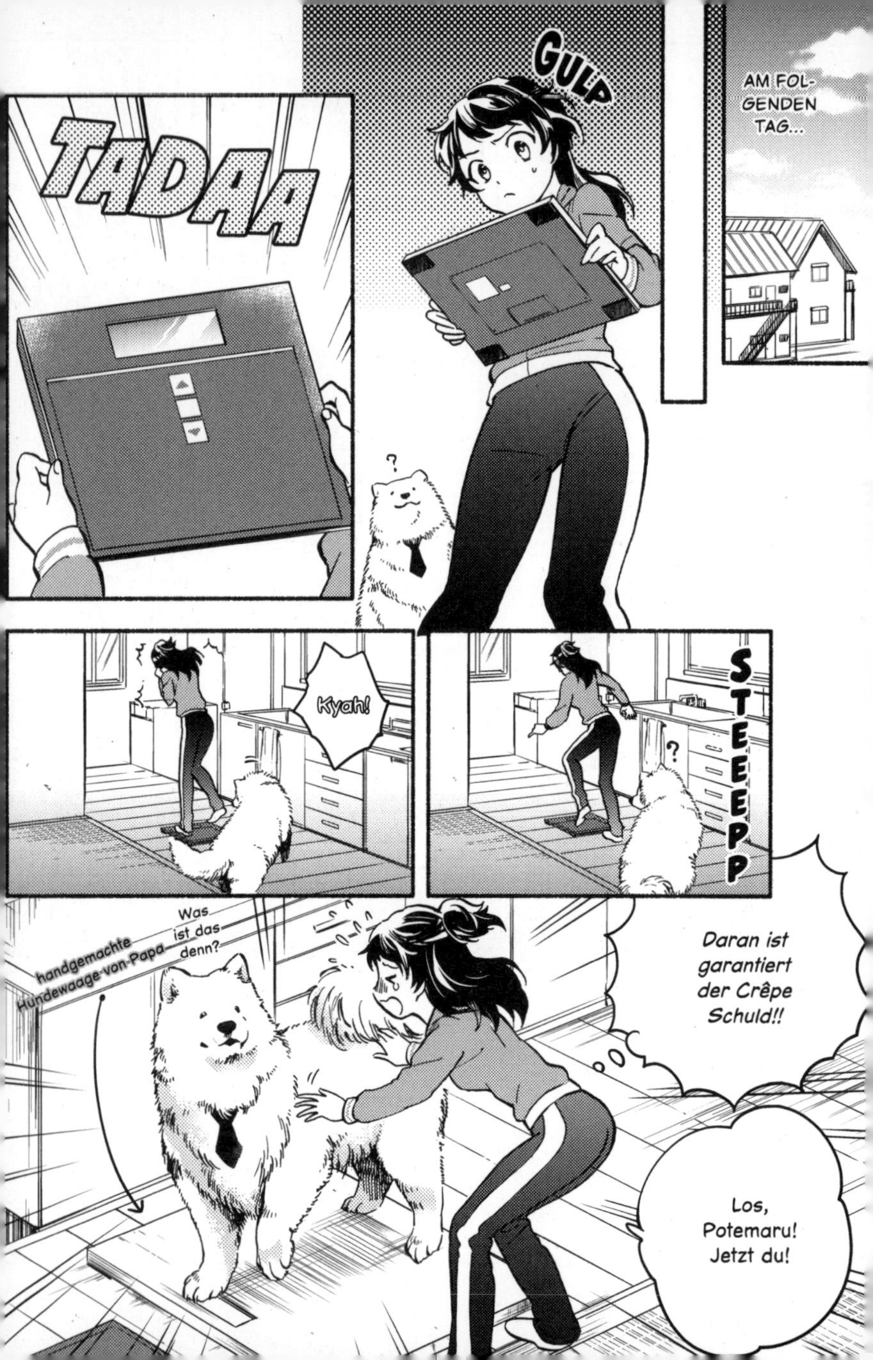
AM FOL-
GENDEN
TAG...
GULP
TADAA
STEEEPP
Kyah!
Daran ist garantiert der Crêpe Schuld!!
Los, Potemaru! Jetzt du!
Was ist das denn?
handgemachte Hundewaage-von-Papa

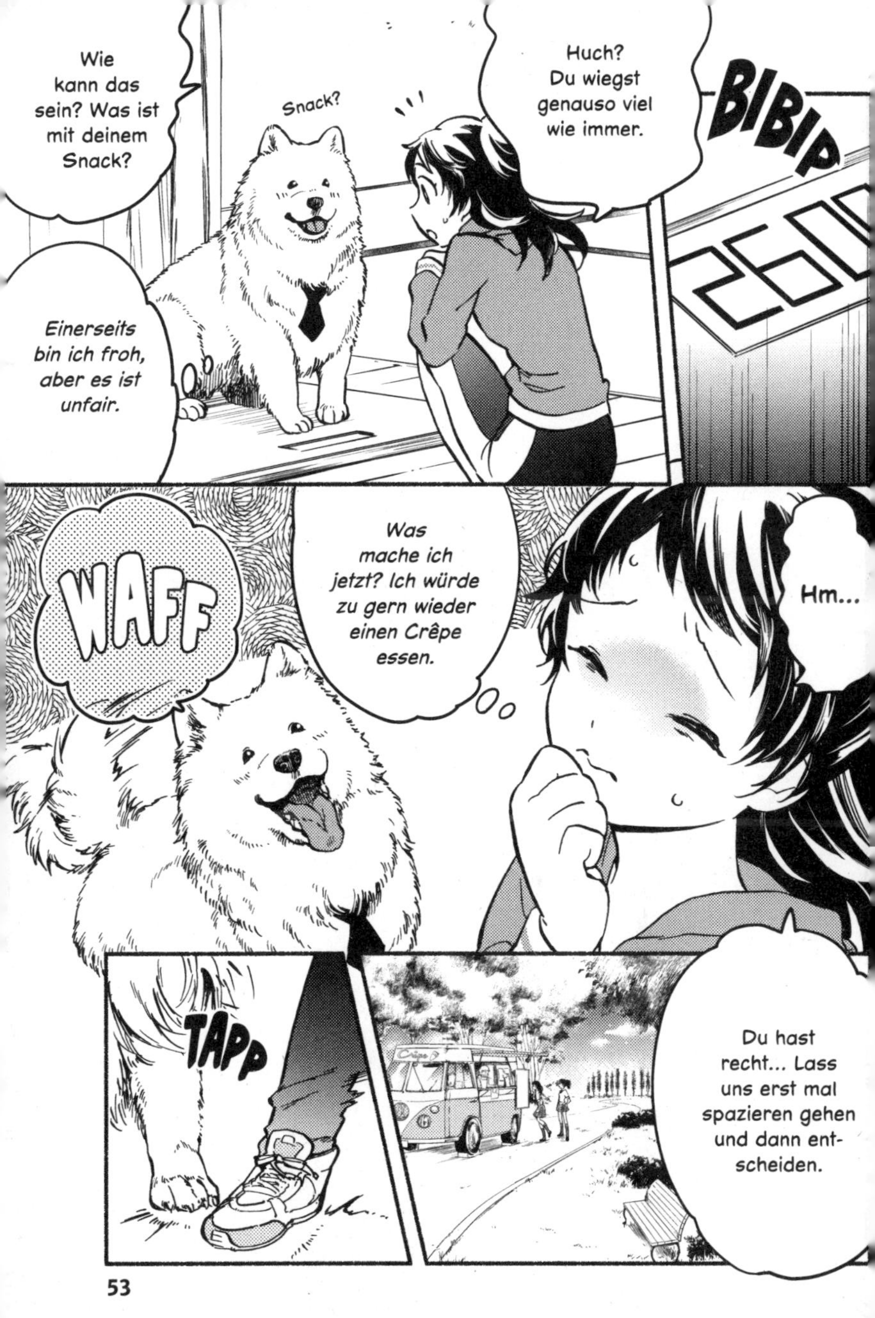
BIBIP
Huch? Du wiegst genauso viel wie immer.
Snack?
Wie kann das sein? Was ist mit deinem Snack?
Einerseits bin ich froh, aber es ist unfair.
Hm...
Was mache ich jetzt? Ich würde zu gern wieder einen Crêpe essen.
WAFF
Du hast recht... Lass uns erst mal spazieren gehen und dann entscheiden.
TAPP

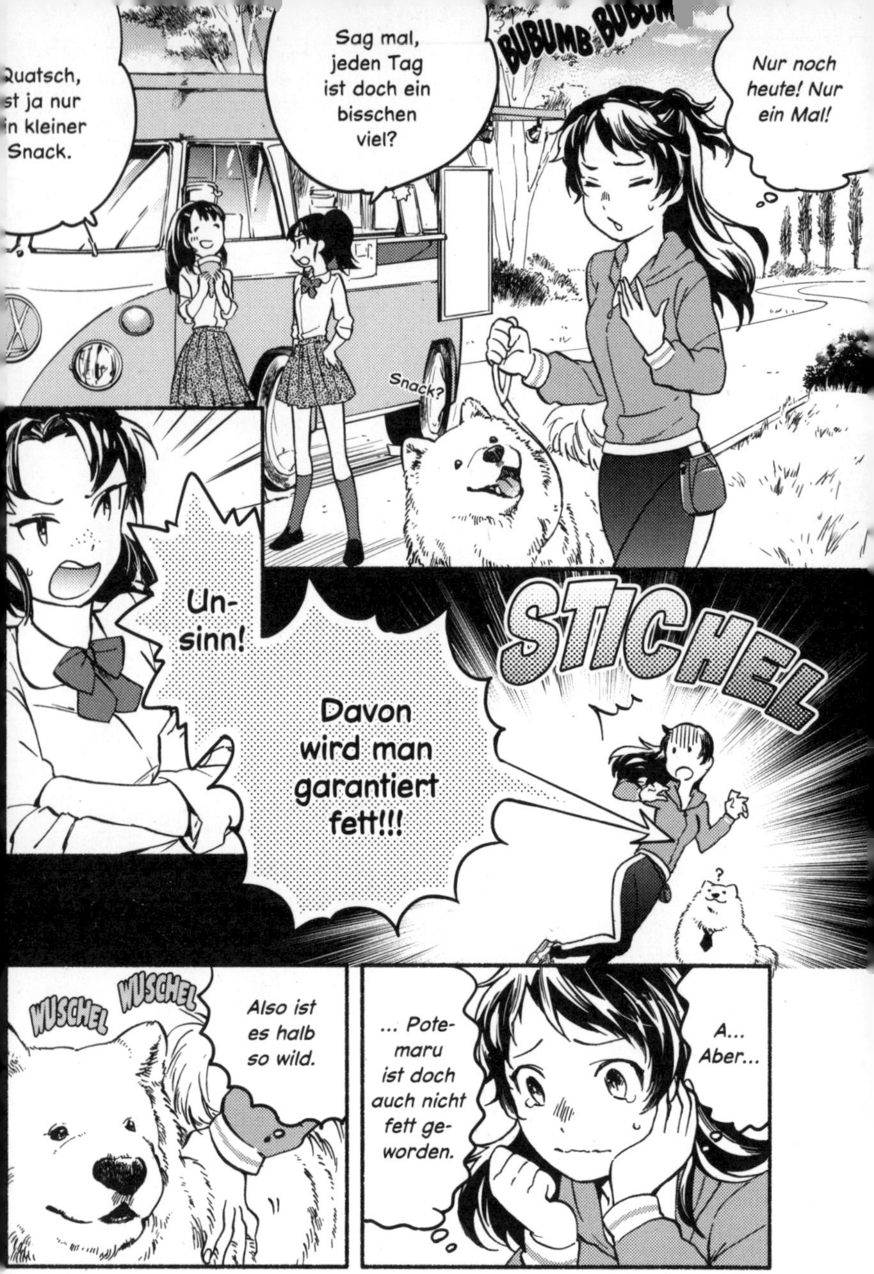
Quatsch,
st ja nur
in kleiner
Snack.
Sag mal,
jeden Tag
ist doch ein
bisschen
viel?
BUBUMB BUBUM
Nur noch
heute! Nur
ein Mal!
Snack?
Un-
sinn!
Davon
wird man
garantiert
fett!!!
STICHEL
WUSCHEL WUSCHEL
Also ist
es halb
so wild.
... Pote-
maru
ist doch
auch nicht
fett ge-
worden.
A...
Aber...

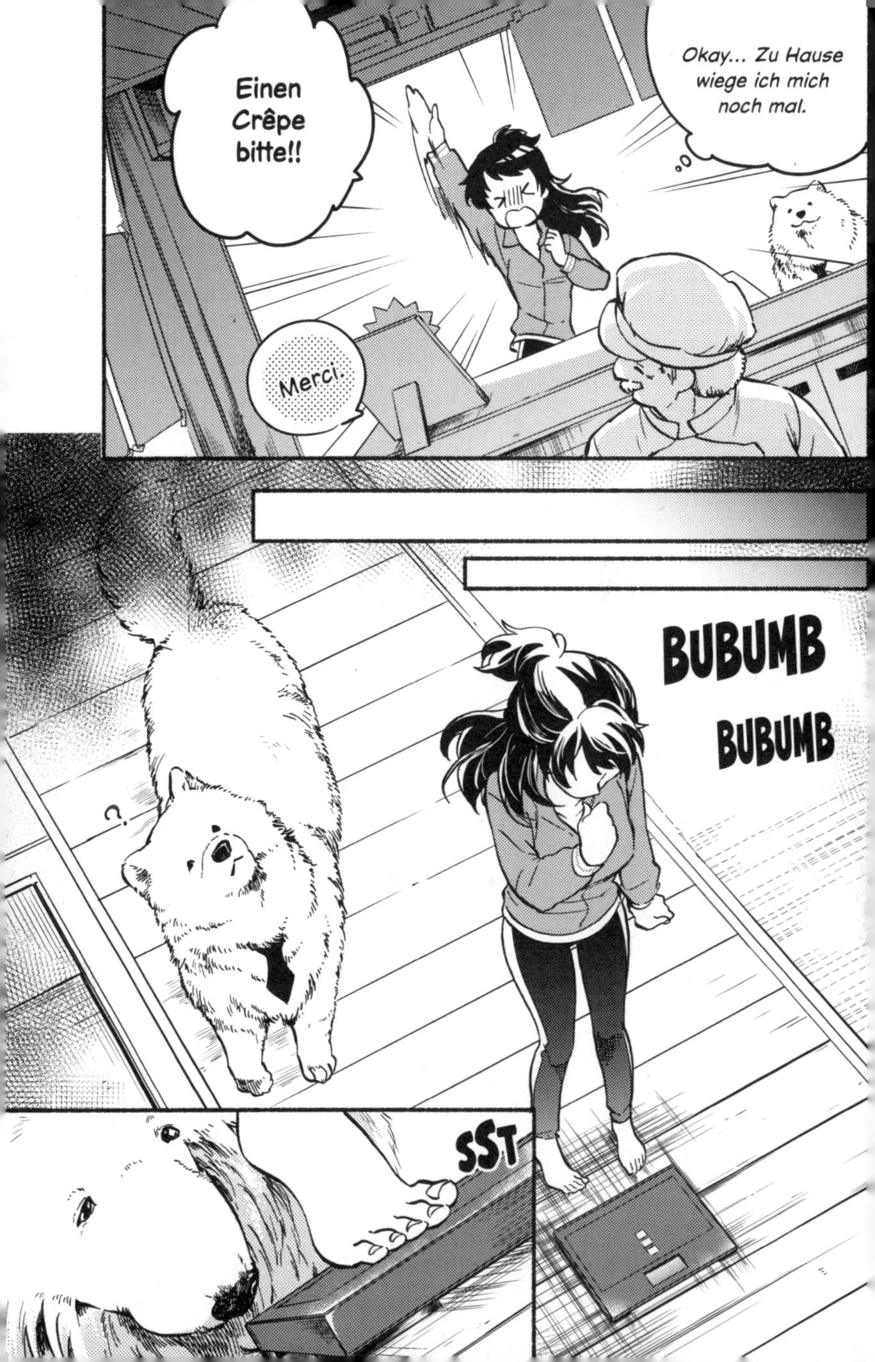
Einen Crêpe bitte!!
Okay... Zu Hause wiege ich mich noch mal.
Merci.
BUBUMB
BUBUMB
SST

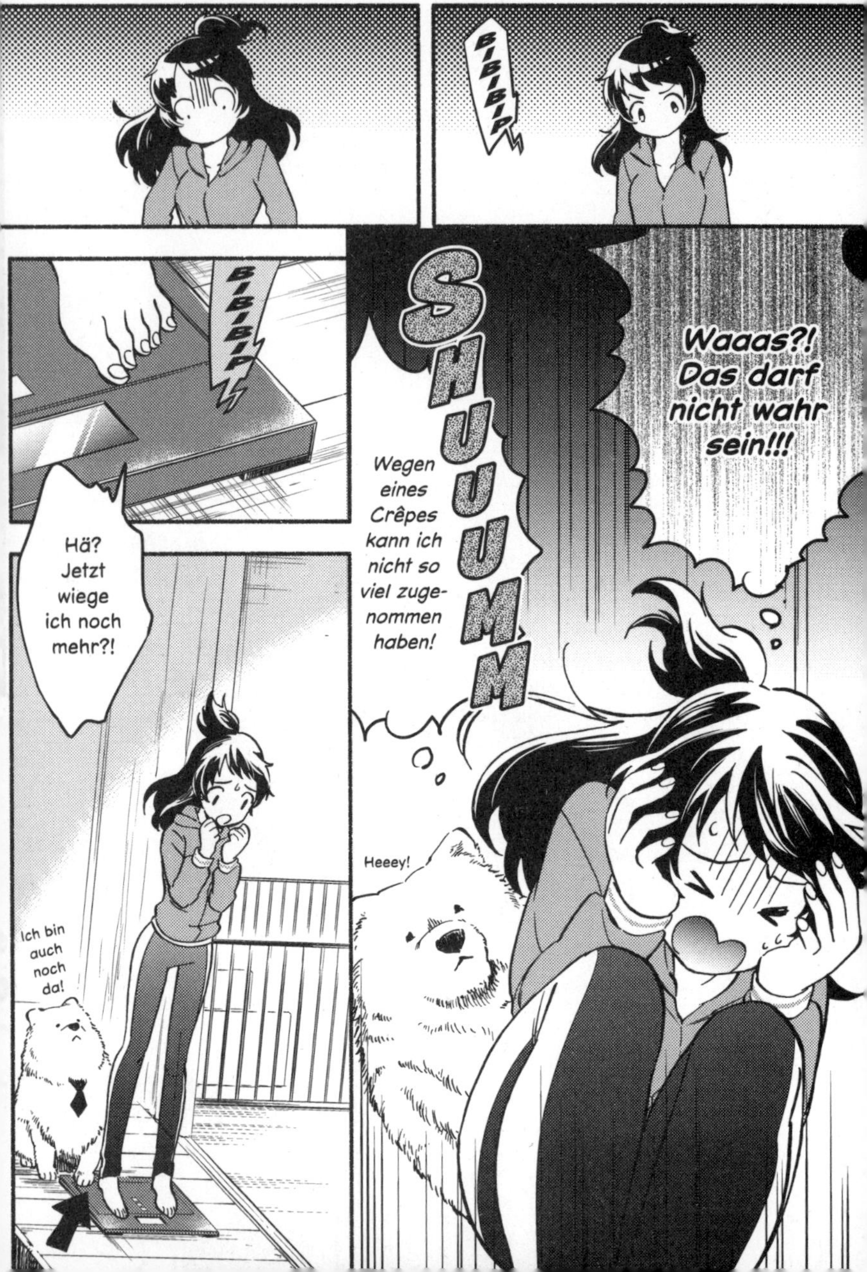

BIBIBIP
BIBIBIP
Hä? Jetzt wiege ich noch mehr?!
Ich bin auch noch da!
Waaas?! Das darf nicht wahr sein!!!
SHUUUMM
Wegen eines Crêpes kann ich nicht so viel zugenommen haben!
Heeey!

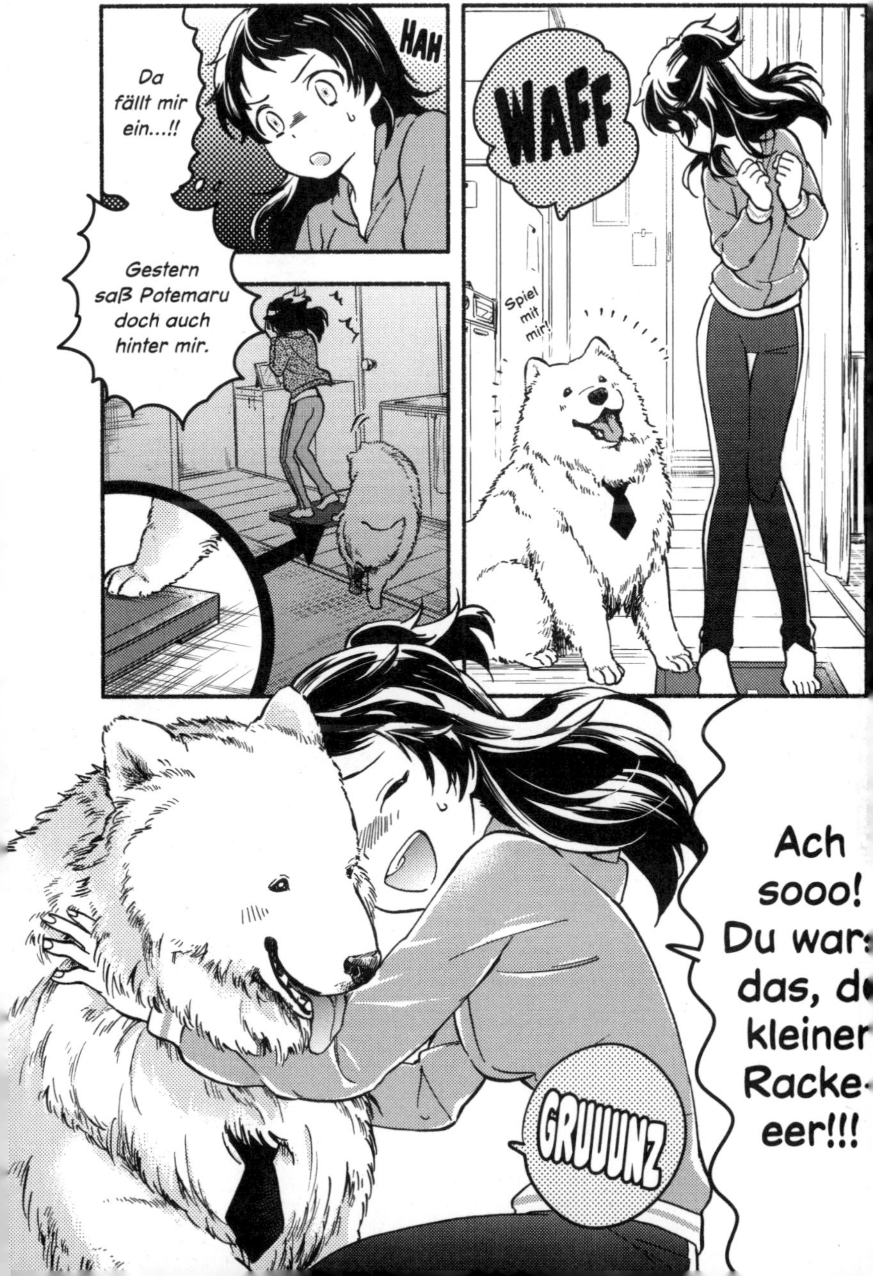

HAH
Da fällt mir ein...!!
Gestern saß Potemaru doch auch hinter mir.
WAFF
Spiel mit mir!
Ach sooo! Du war
das, d
kleiner
Racke-
eer!!!
GRUUUNZ

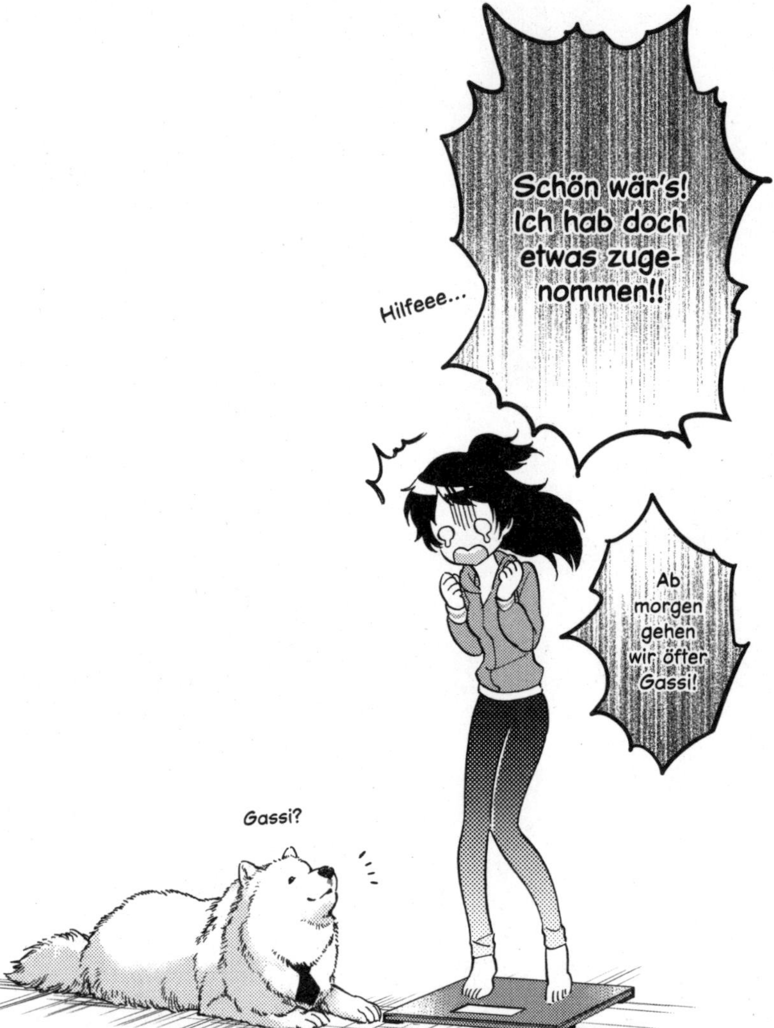
Schön wär's! Ich hab doch etwas zuge-nommen!!
Hilfeee...
Ab morgen gehen wir öfter Gassi!
Gassi?

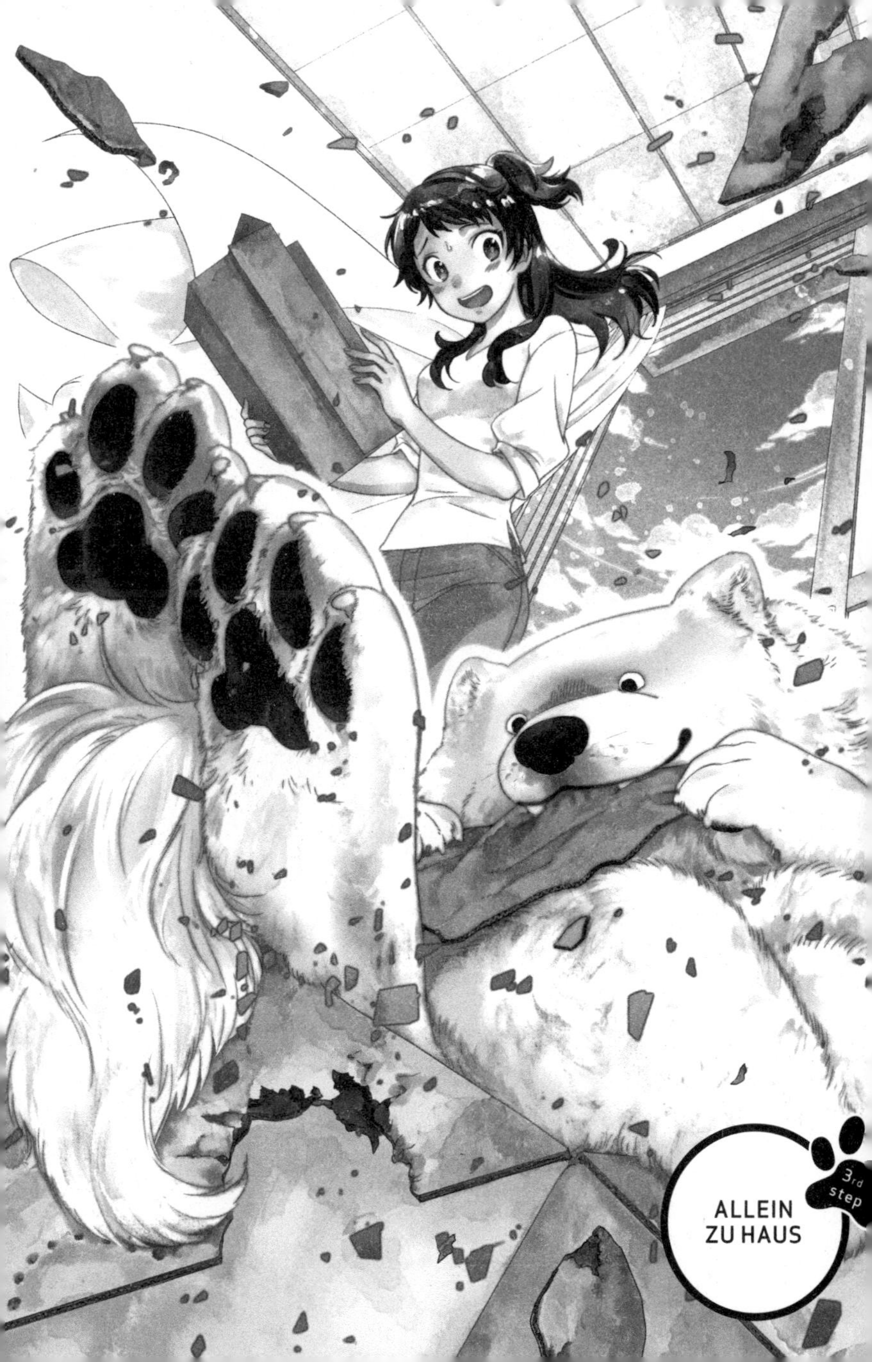
3rd step
ALLEIN
ZU HAUS

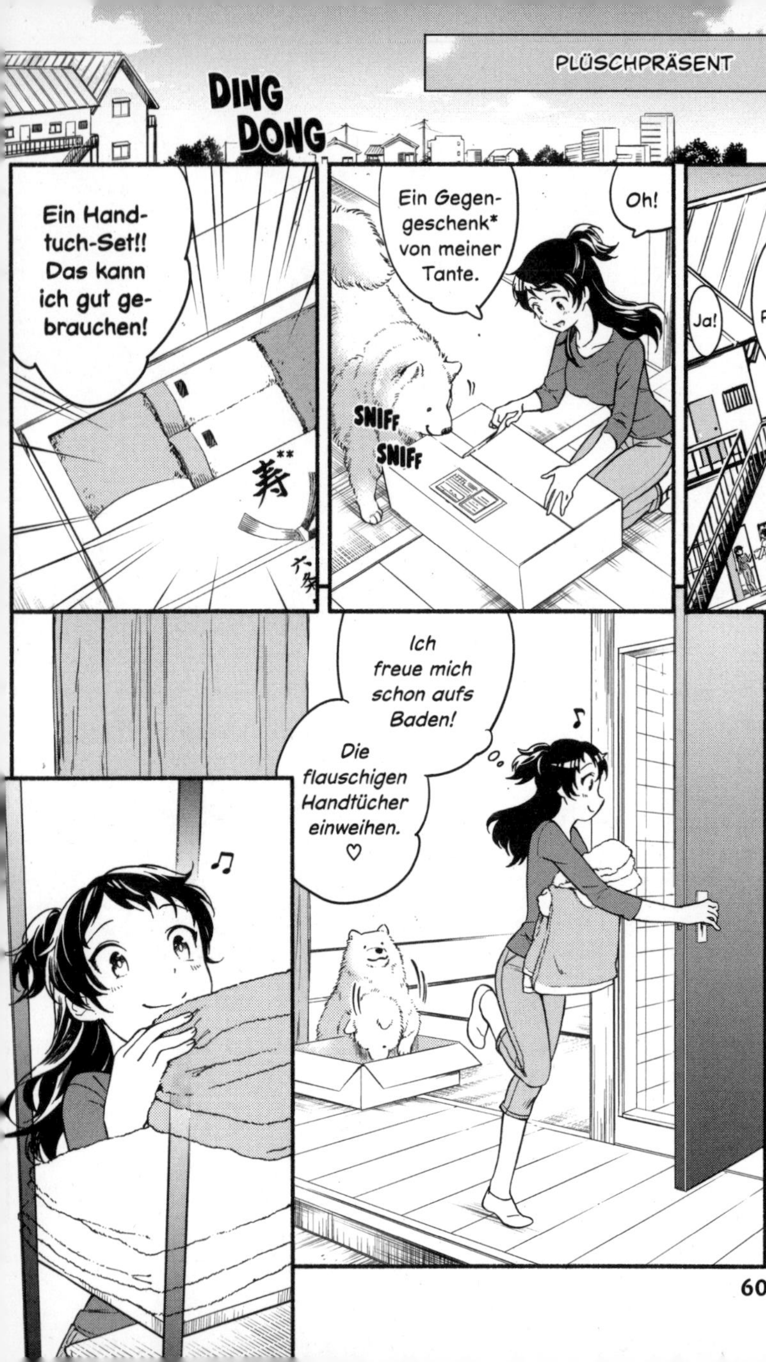

* In Japan revanchiert man sich für ein Geschenk mit einem Gegengeschenk.
** Glück/Familie Rokujou/Familie Kazuma

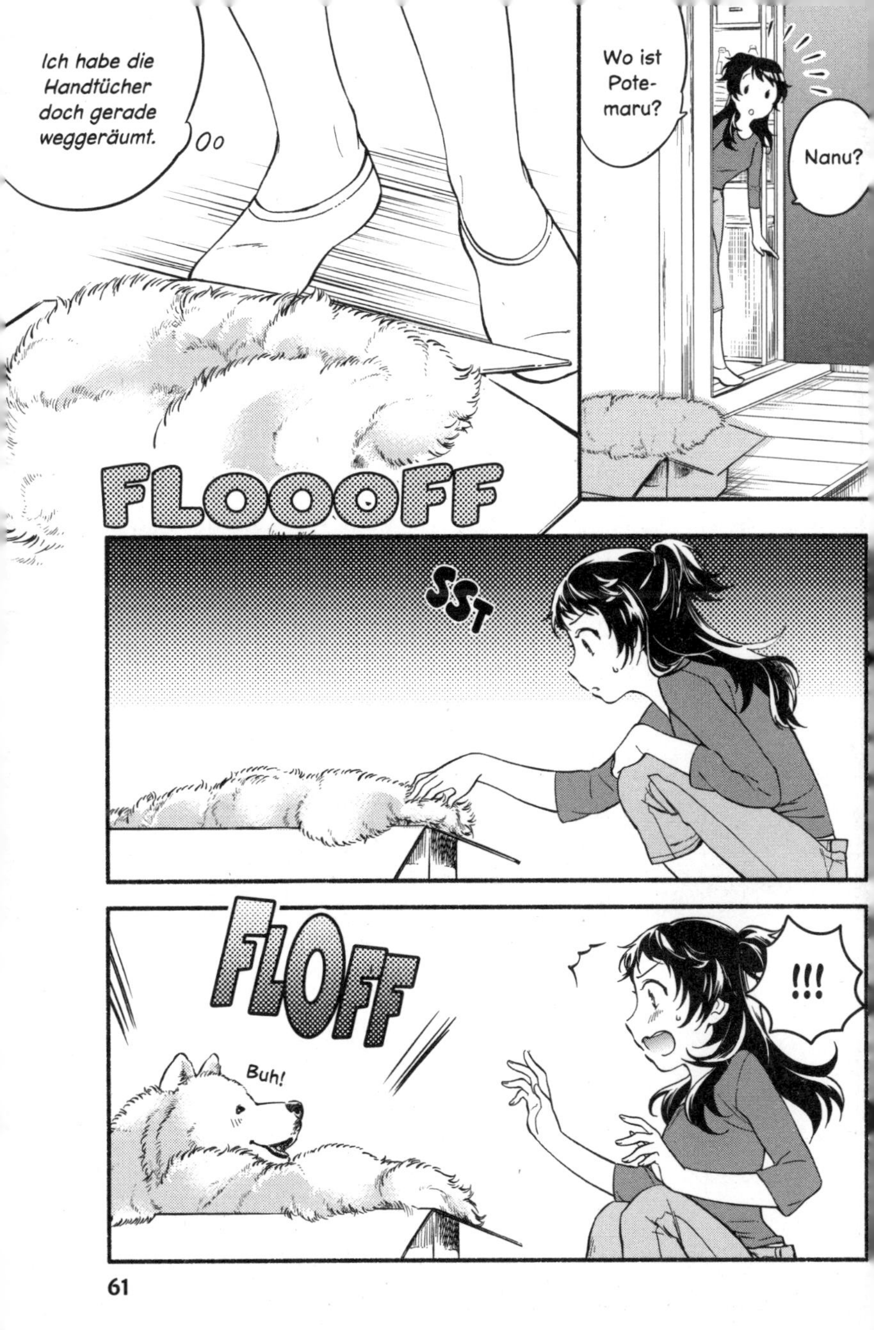
Nanu?
Wo ist Pote-maru?
Ich habe die Handtücher doch gerade weggeräumt.
Oo
FLOOOFF
SST
!!!
FLOFF
Buh!

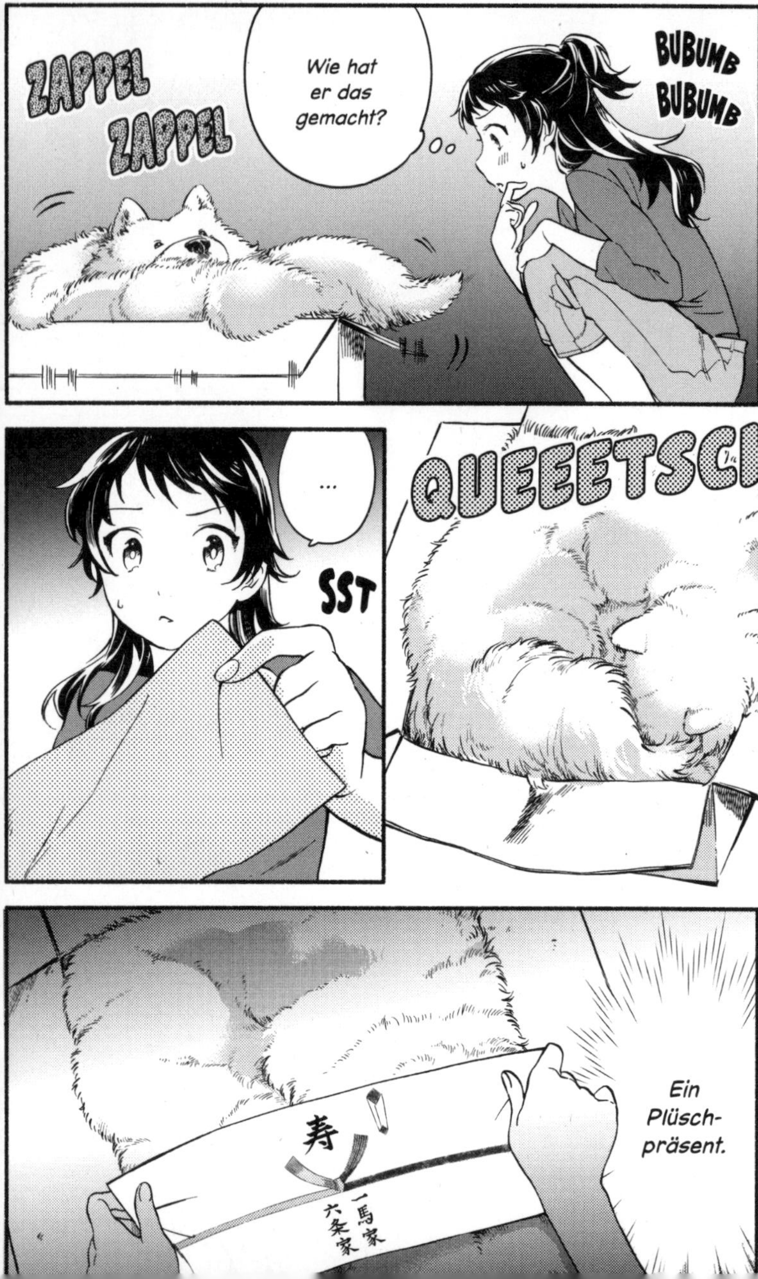
BUBUMB
BUBUMB
Wie hat er das gemacht?
ZAPPEL
ZAPPEL
QUEEETSCH
...
SST
Ein Plüsch-präsent.
寿
一馬家
六条家

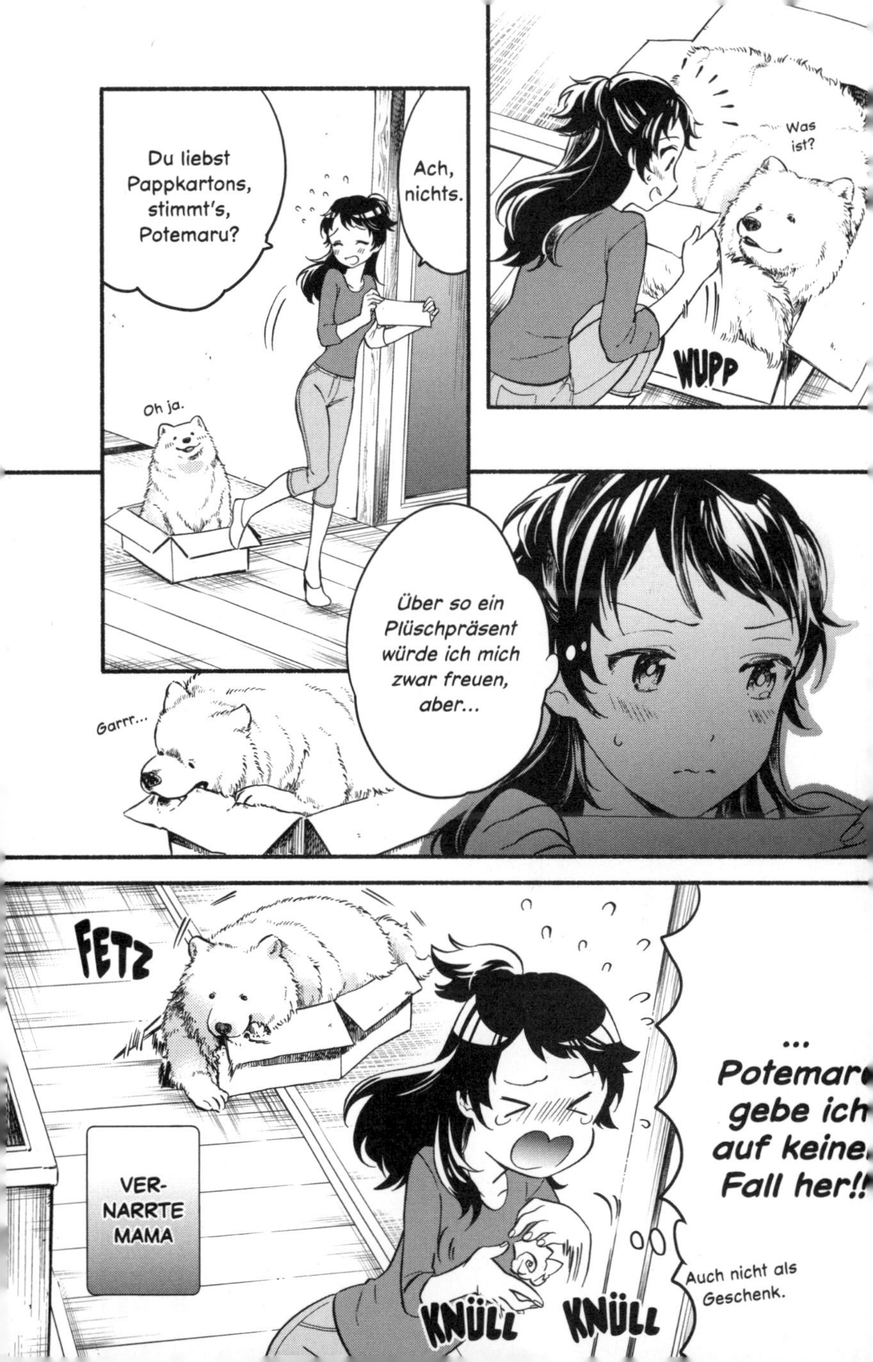
Was ist?
WUPP
Ach, nichts.
Du liebst Pappkartons, stimmt's, Potemaru?
Oh ja.
Über so ein Plüschpräsent würde ich mich zwar freuen, aber...
Garrr...
... Potemar gebe ich auf keine Fall her!!
Auch nicht als Geschenk.
KNÜLL KNÜLL
FETZ
VER-NARRTE MAMA

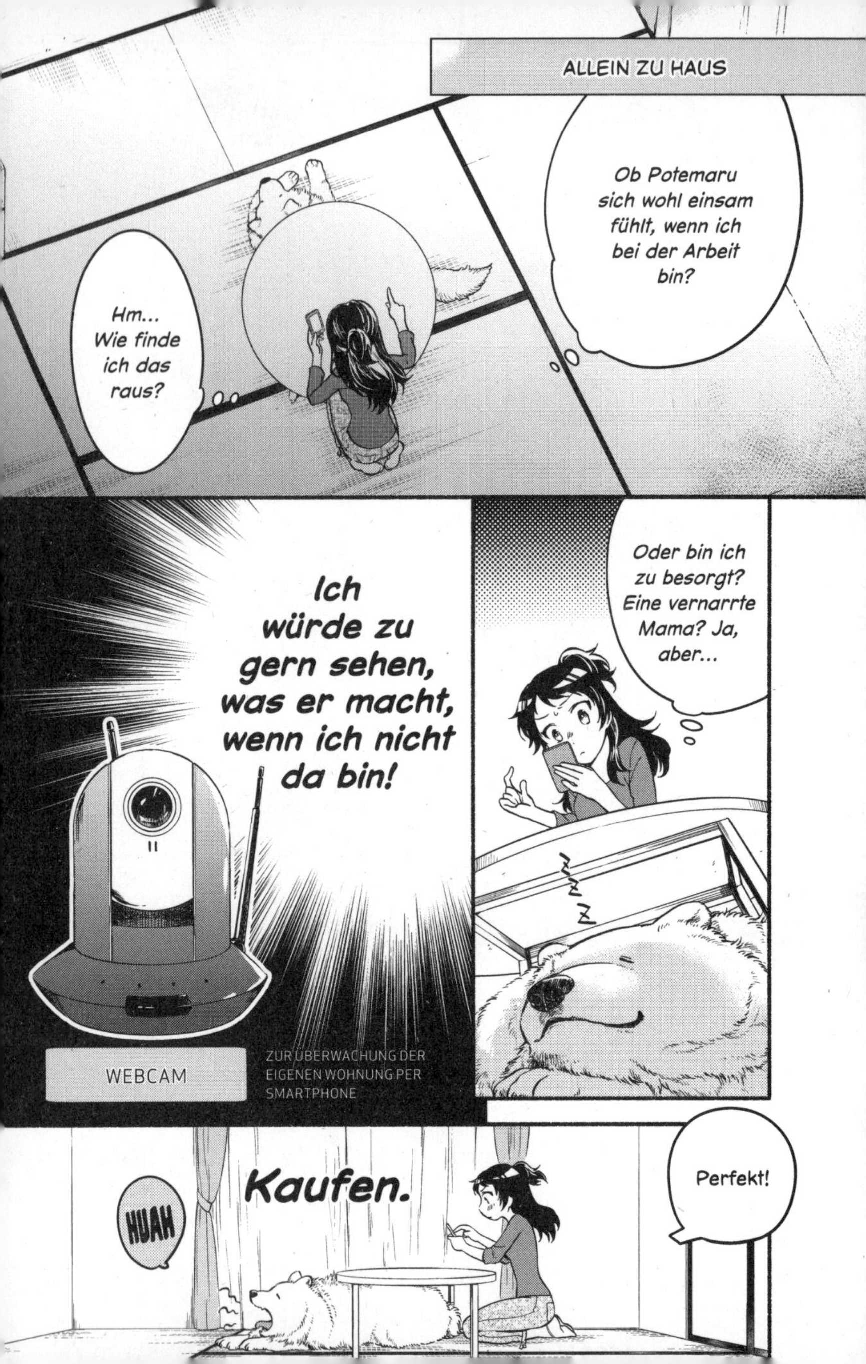
ALLEIN ZU HAUS
Ob Potemaru sich wohl einsam fühlt, wenn ich bei der Arbeit bin?
Hm... Wie finde ich das raus?
Oder bin ich zu besorgt? Eine vernarrte Mama? Ja, aber...
Ich würde zu gern sehen, was er macht, wenn ich nicht da bin!
WEBCAM
ZUR ÜBERWACHUNG DER EIGENEN WOHNUNG PER SMARTPHONE
Perfekt!
Kaufen.
HUAH

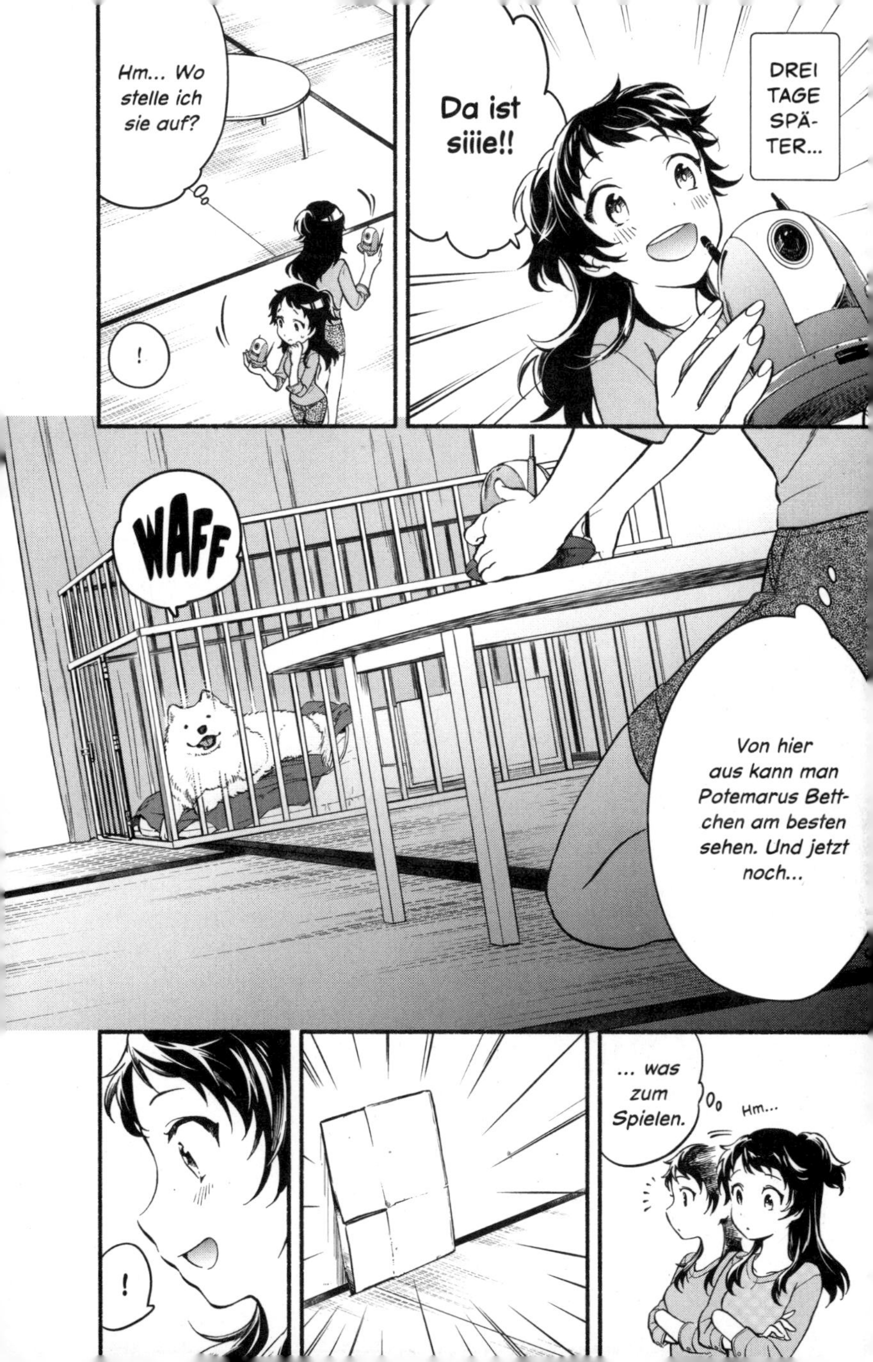
DREI TAGE SPÄ-TER...
Da ist siiie!!
Hm... Wo stelle ich sie auf?
!
Von hier aus kann man Potemarus Bett-chen am besten sehen. Und jetzt noch...
WAFF
... was zum Spielen.
Hm...
!

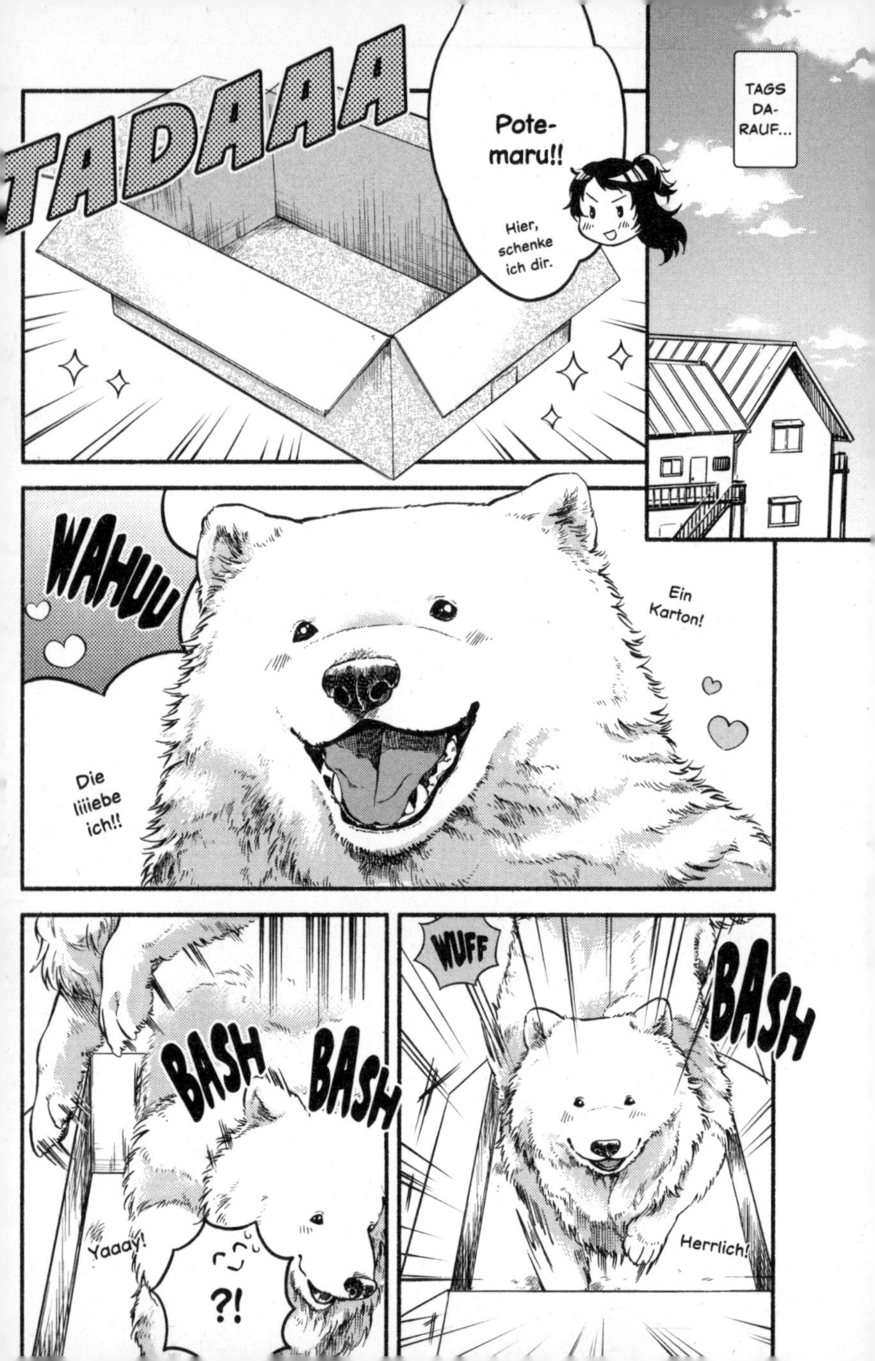
TAGS DA-RAUF...
Pote-maru!!
Hier, schenke ich dir.
TADAAA
WAHUU
Ein Karton!
Die liiiebe ich!!
WUFF
BASH
Herrlich!
BASH
BASH
Yaaay!
?!

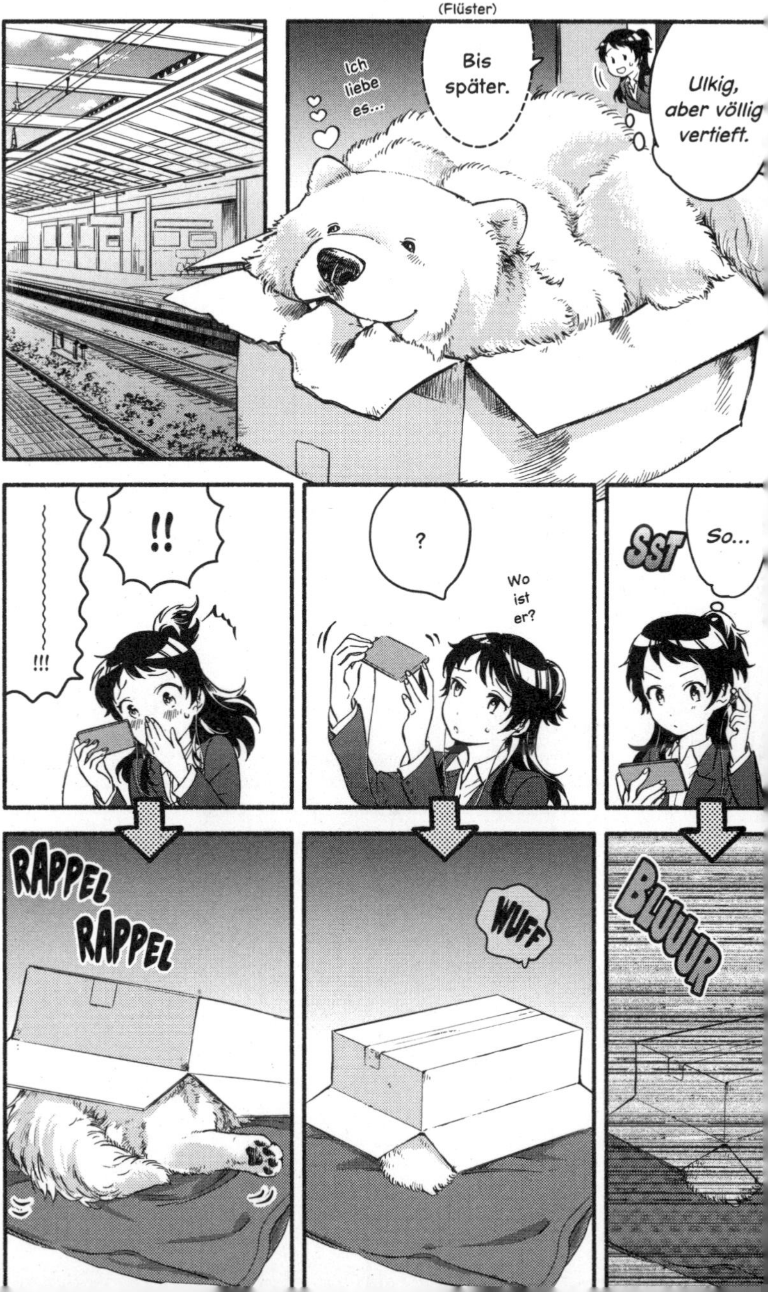
(Flüster)
Ulkig, aber völlig vertieft.
Bis später.
Ich liebe es...
So...
SST
?
Wo ist er?
!!
!!!
BLUUUR
WUFF
RAPPEL RAPPEL

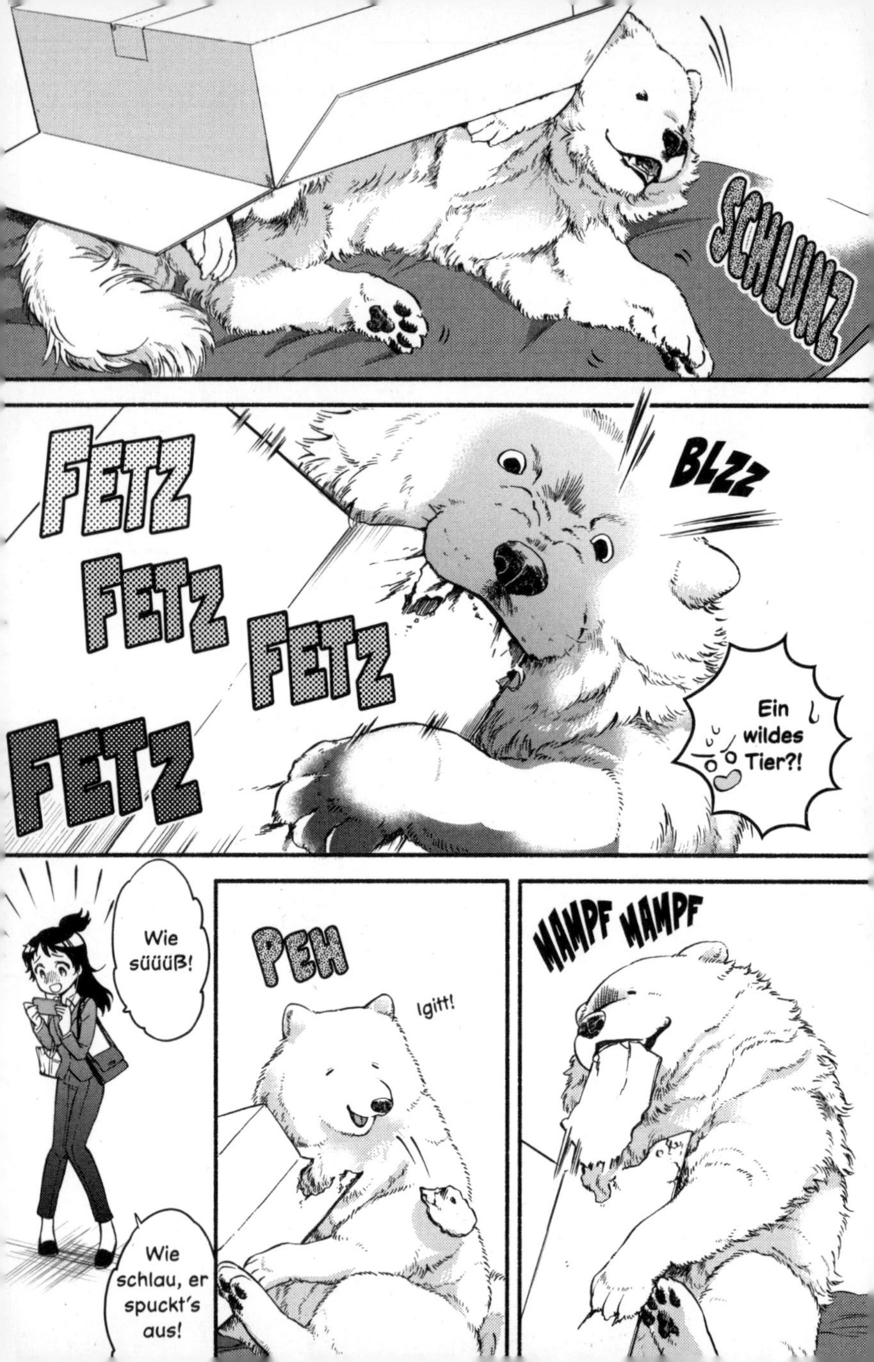
SCHLUNZ
BLZZ
Ein wildes Tier?!
FETZ
FETZ
FETZ
FETZ
MAMPF MAMPF
PEH
Igitt!
Wie süüüß!
Wie schlau, er spuckt's aus!

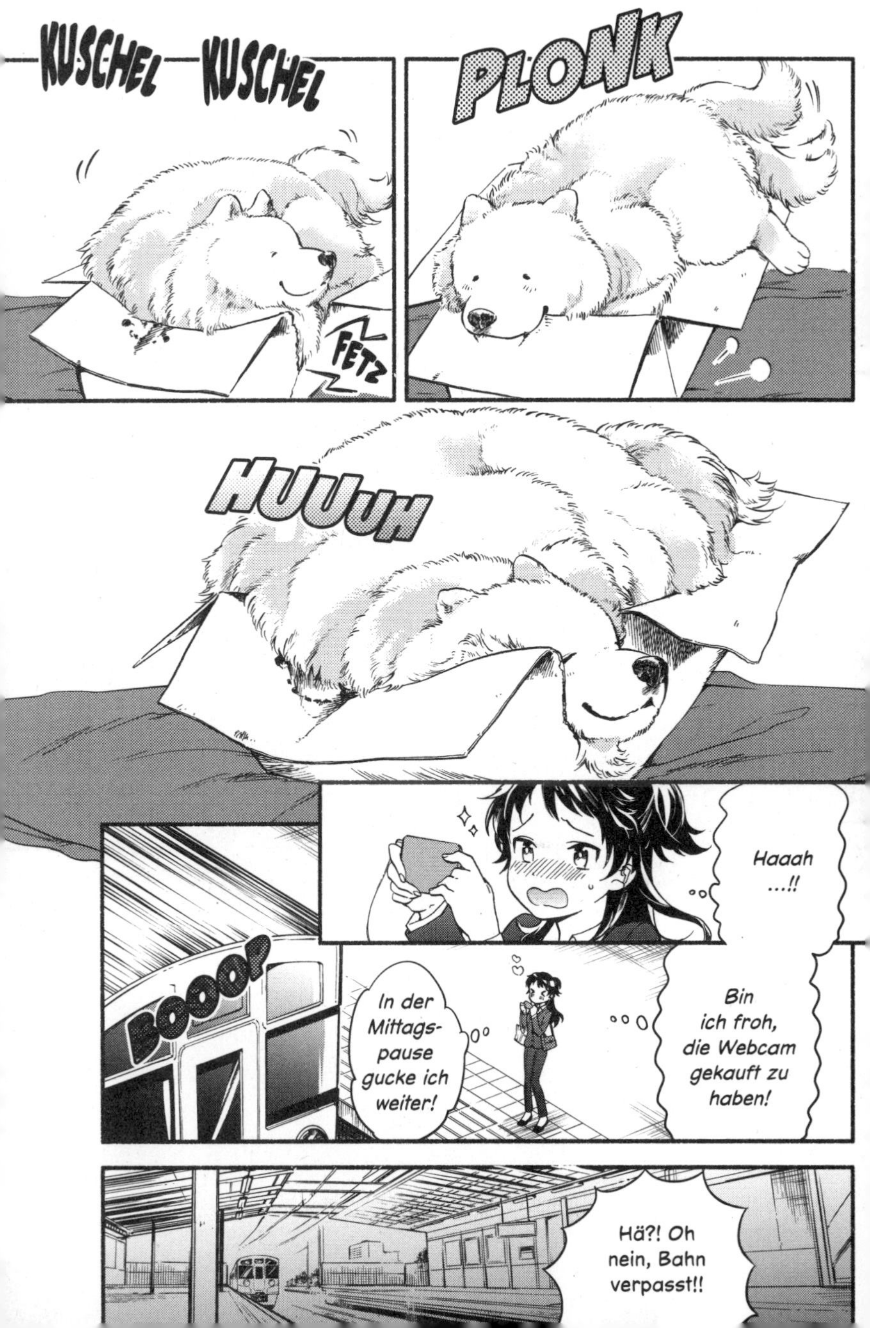
KUSCHEL KUSCHEL
FETZ
PLONK
HUUUH
Haaah ...!!
BOOOP
Bin ich froh, die Webcam gekauft zu haben!
In der Mittagspause gucke ich weiter!
Hä?! Oh nein, Bahn verpasst!!

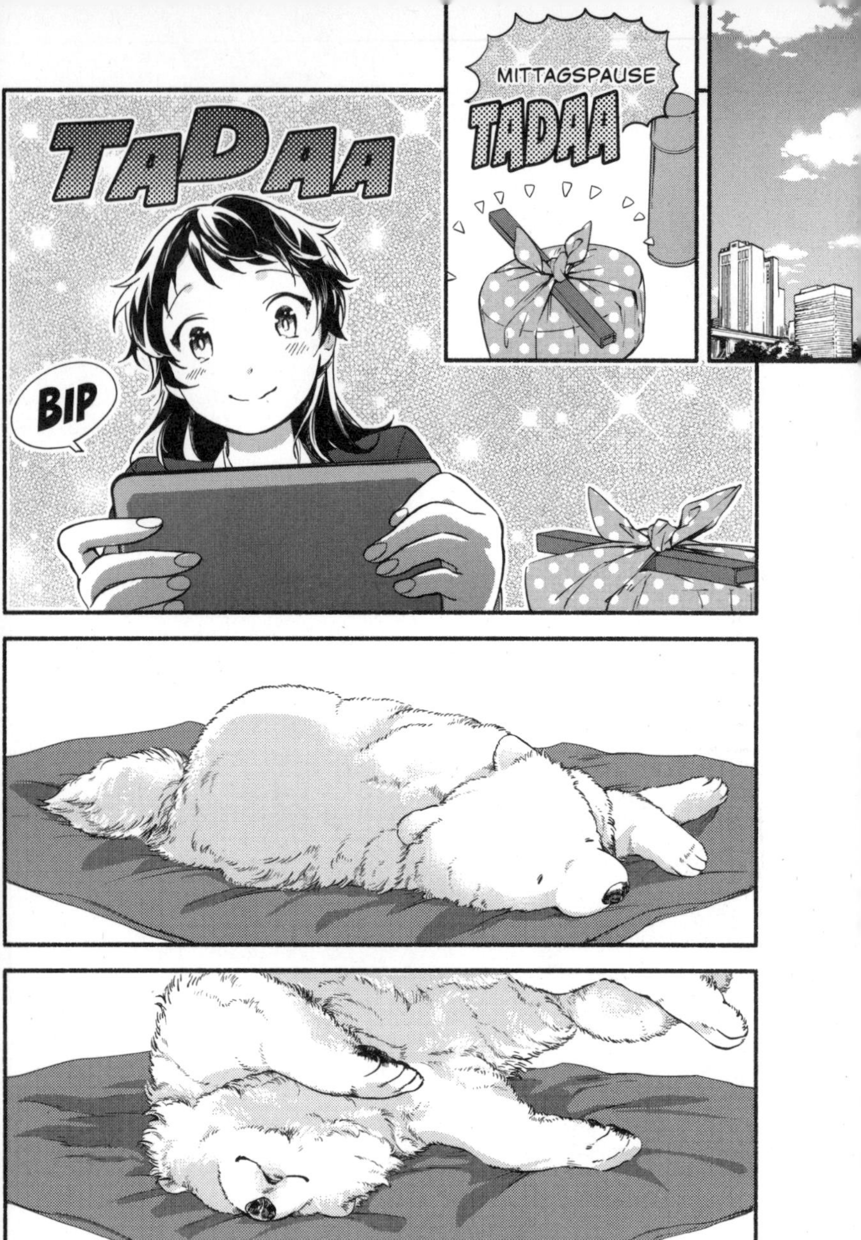
MITTAGSPAUSE
TADAA
TADAA
BIP

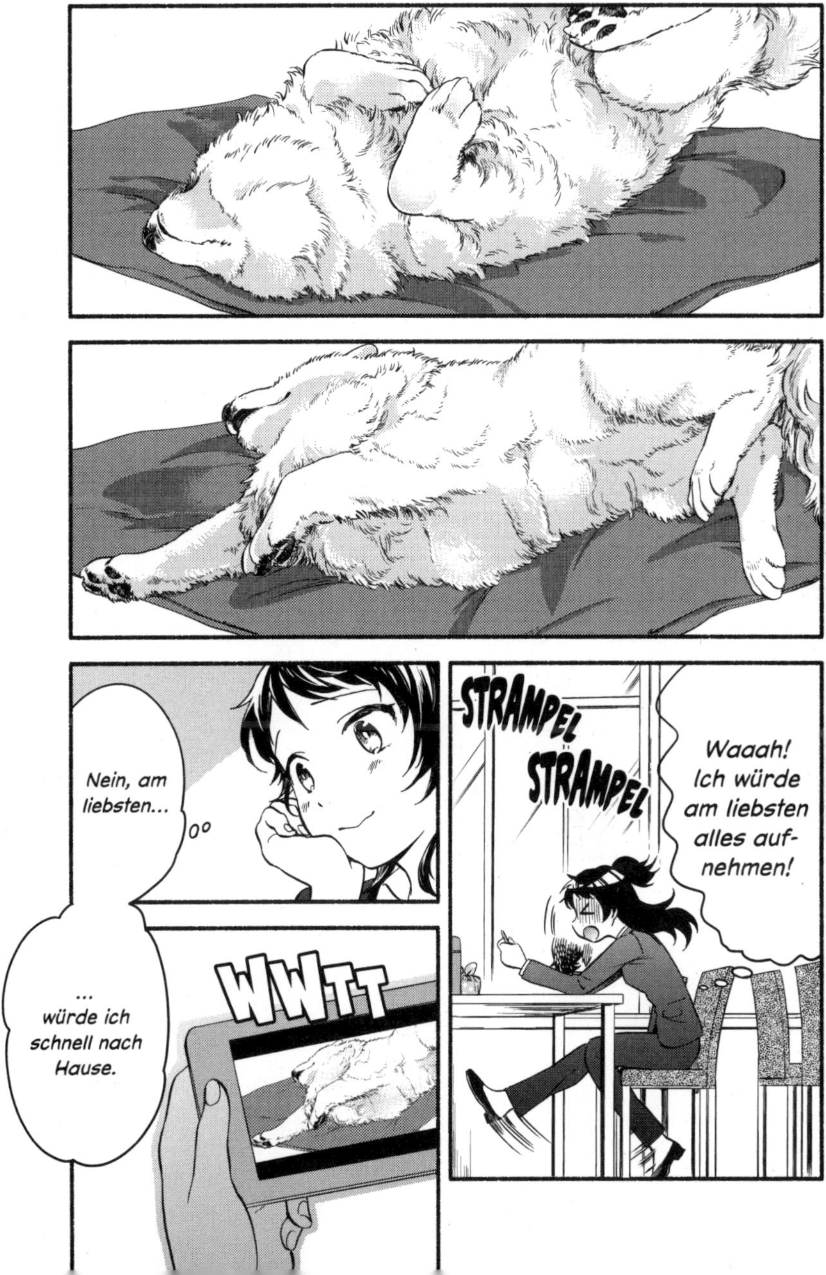
STRAMPEL
STRAMPEL
Waaah! Ich würde am liebsten alles aufnehmen!
Nein, am liebsten...
... würde ich schnell nach Hause.
WWTT

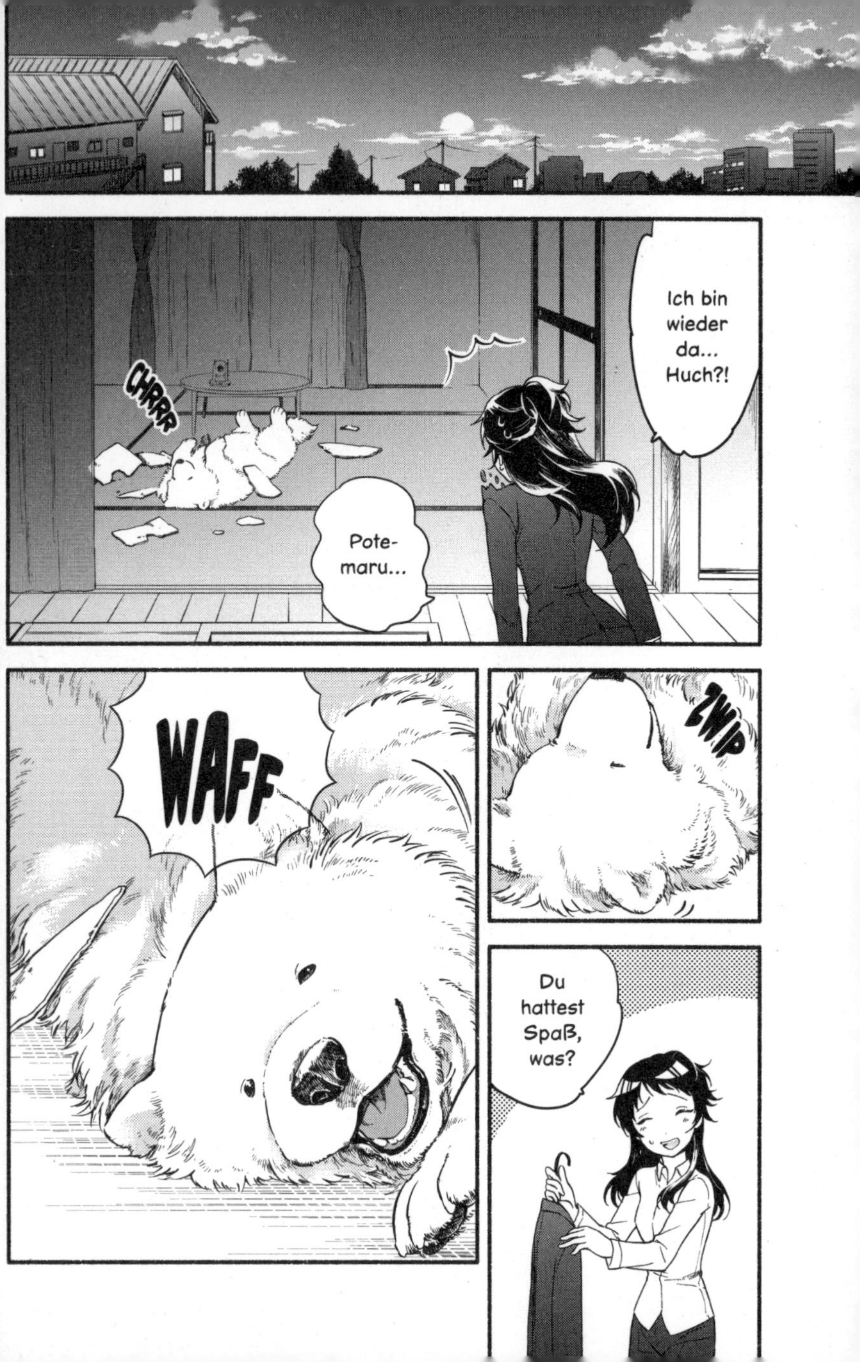
Ich bin wieder da... Huch?!
CHRRR
Pote-maru...
WAFF
ZWIP
Du hattest Spaß, was?

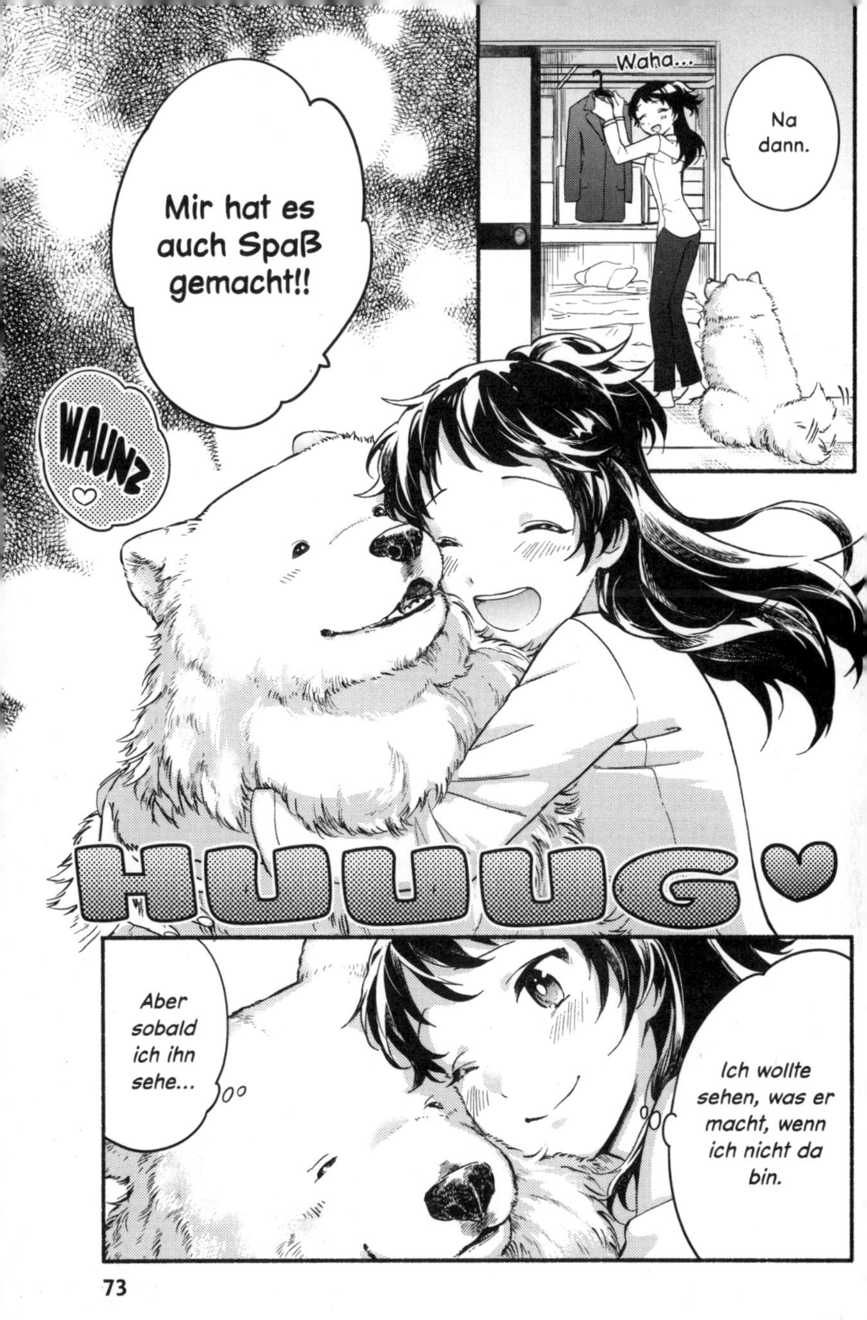
Waha...
Na dann.
Mir hat es auch Spaß gemacht!!
WAUNZ ♥
HUUUG ♥
Ich wollte sehen, was er macht, wenn ich nicht da bin.
Aber sobald ich ihn sehe...

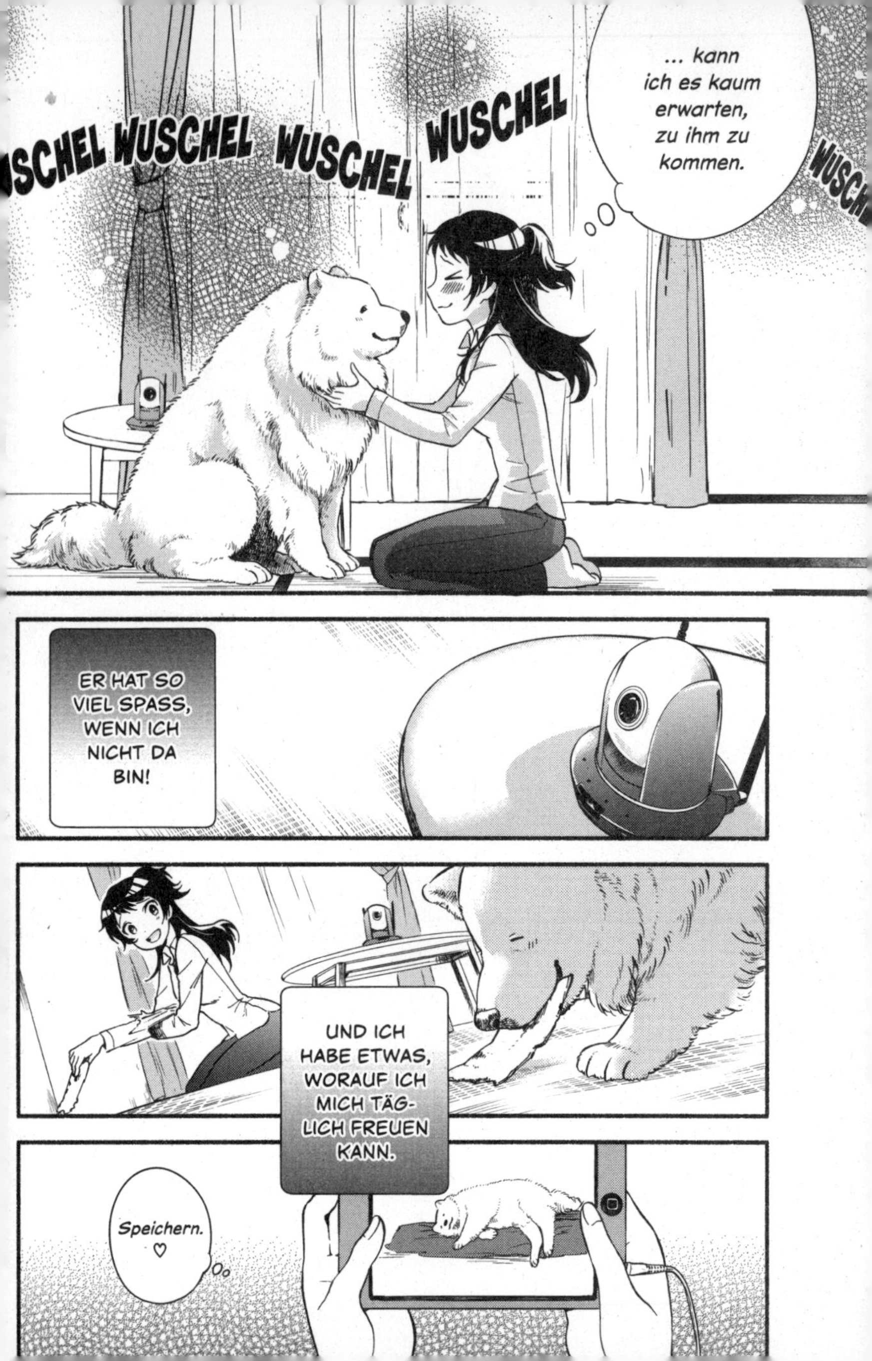
... kann ich es kaum erwarten, zu ihm zu kommen.
WUSCHEL
WUSCHEL
WUSCHEL
ER HAT SO VIEL SPASS, WENN ICH NICHT DA BIN!
UND ICH HABE ETWAS, WORAUF ICH MICH TÄG-LICH FREUEN KANN.
Speichern. ♡

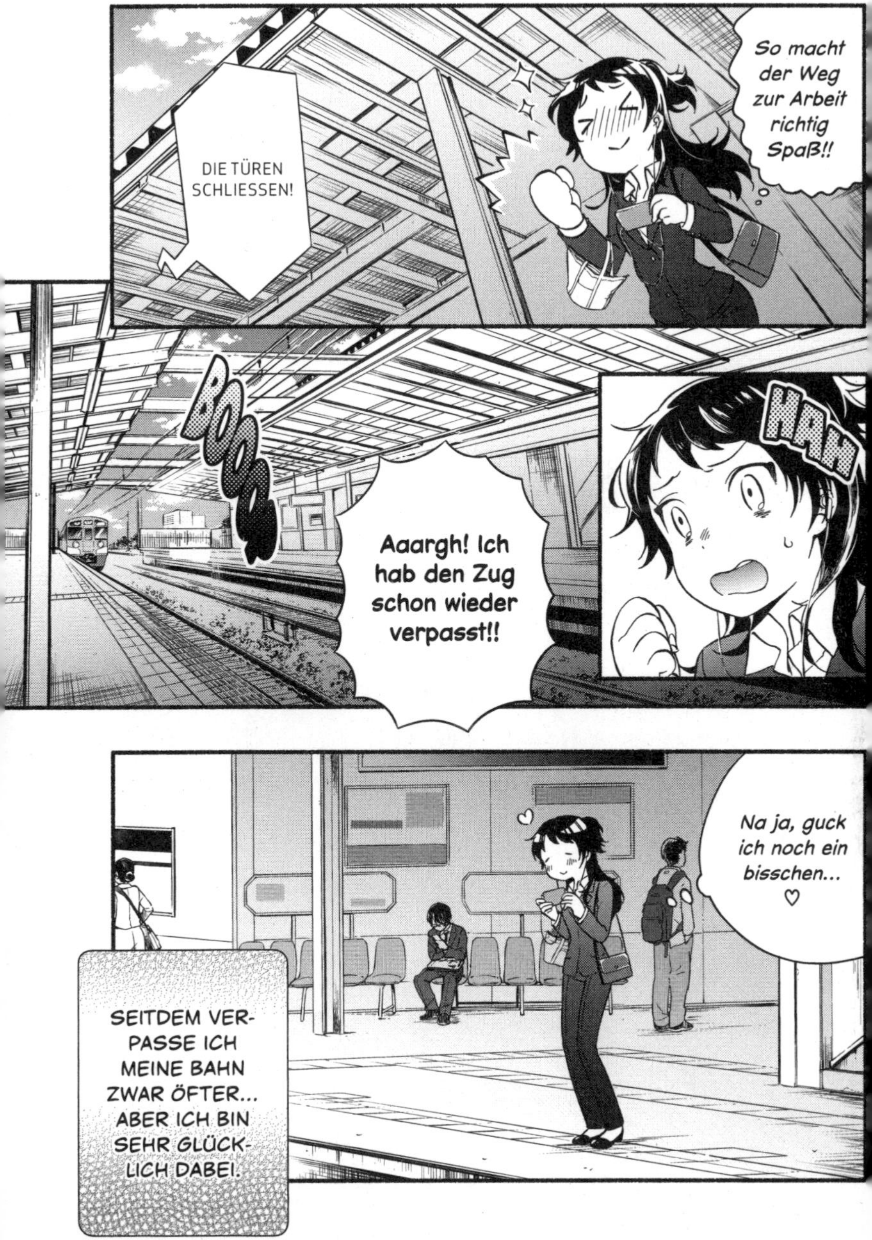
So macht der Weg zur Arbeit richtig Spaß!!
DIE TÜREN SCHLIESSEN!
HAM
Aaargh! Ich hab den Zug schon wieder verpasst!!
BOOOM
Na ja, guck ich noch ein bisschen... ♡
SEITDEM VERPASSE ICH MEINE BAHN ZWAR ÖFTER... ABER ICH BIN SEHR GLÜCKLICH DABEI.

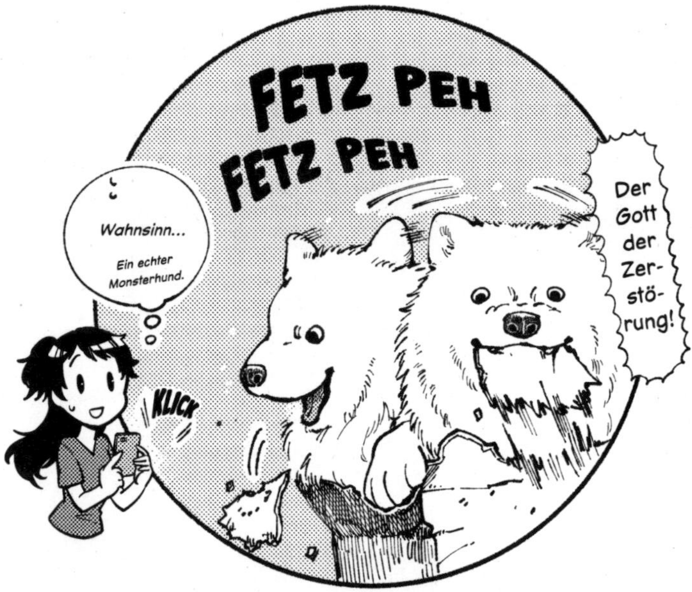
FETZ PEH
FETZ PEH
Der Gott der Zer- stö- rung!
Wahnsinn...
Ein echter Monsterhund.
KLICK

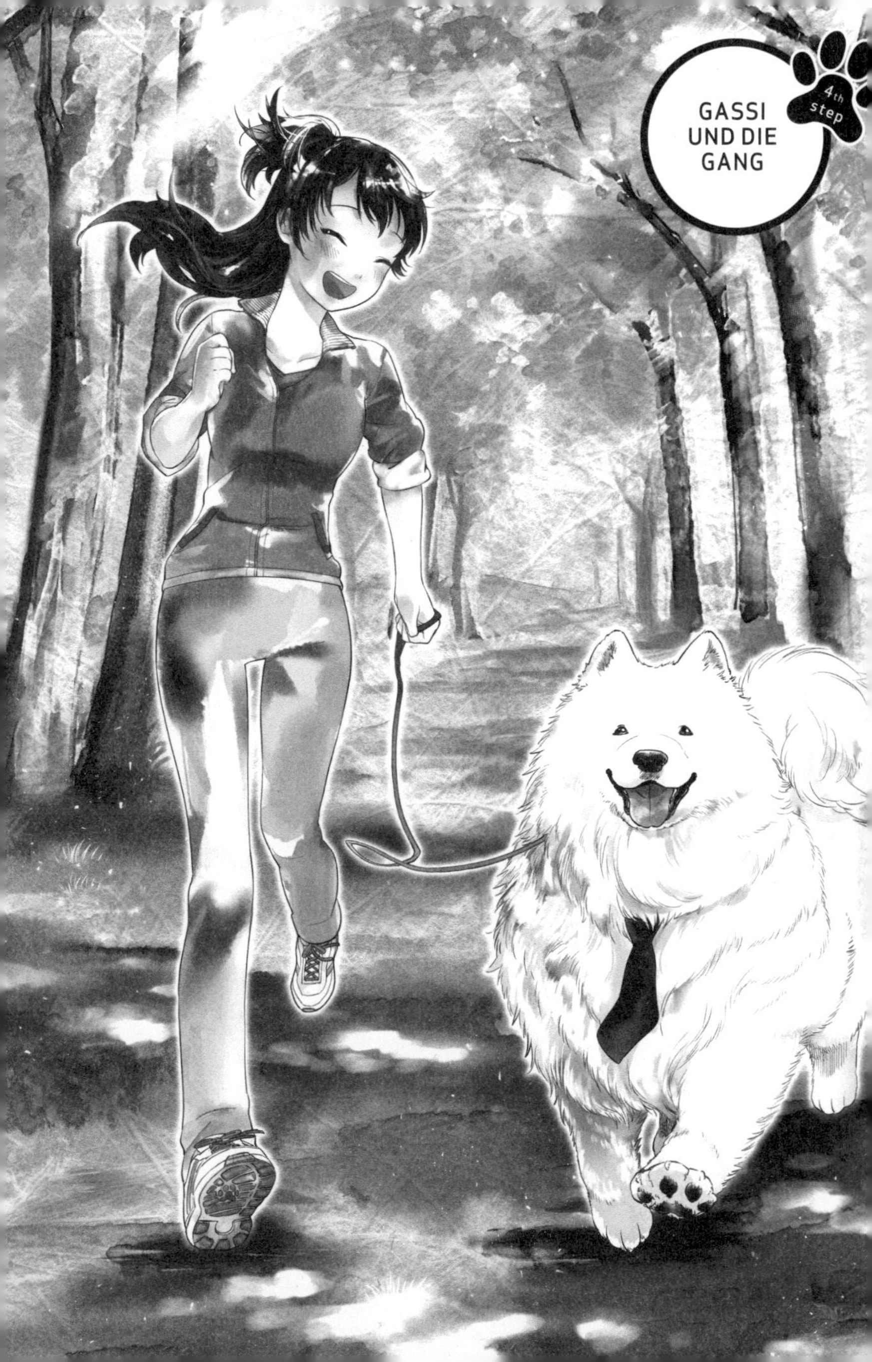
GASSI UND DIE GANG
4th step

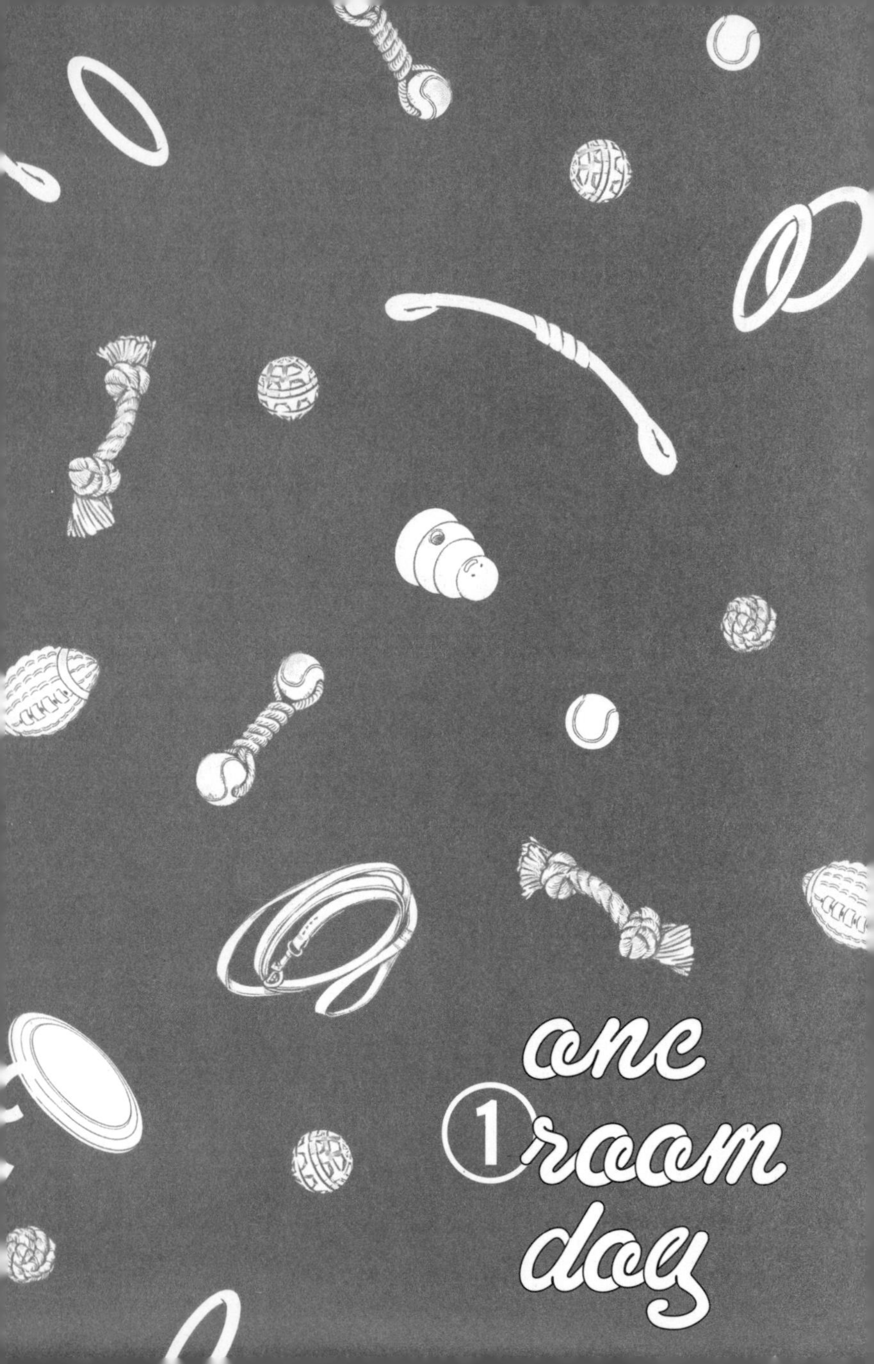
one
1 room
dog

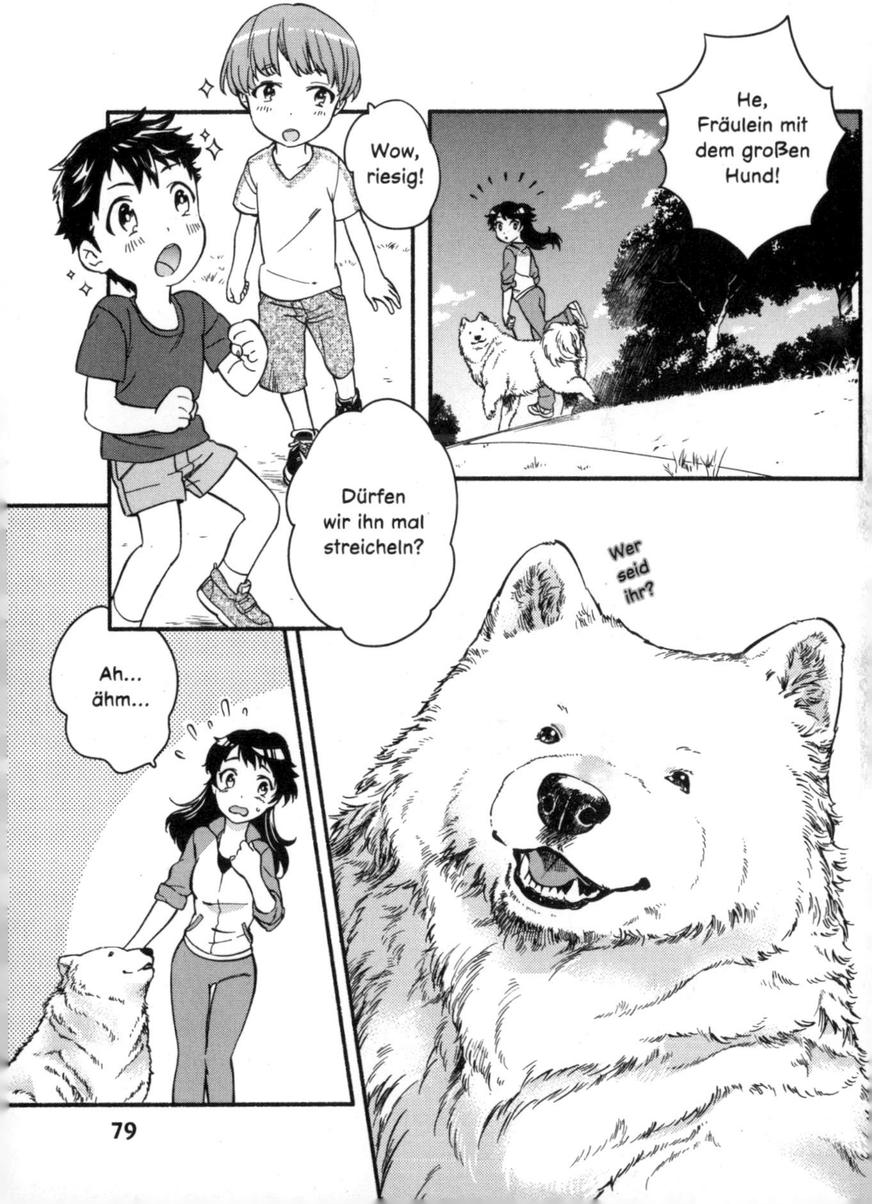
He, Fräulein mit dem großen Hund!
Wow, riesig!
Dürfen wir ihn mal streicheln?
Wer seid ihr?
Ah... ähm...

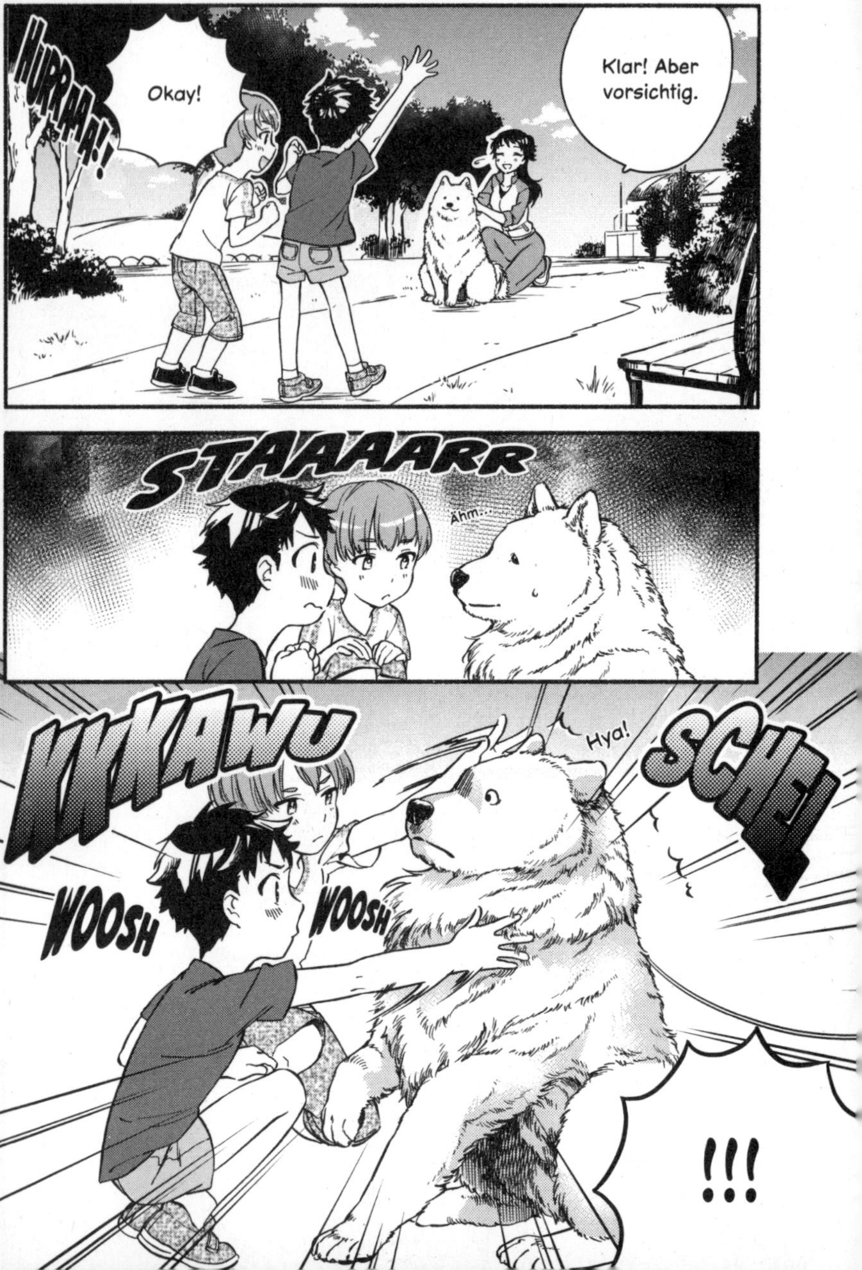

Klar! Aber vorsichtig.
Okay!
HURRAAA!!
STAAAAARR
Ähm…
SCHE!
Hya!
KYKAWU
WOOSH
WOOSH
!!!

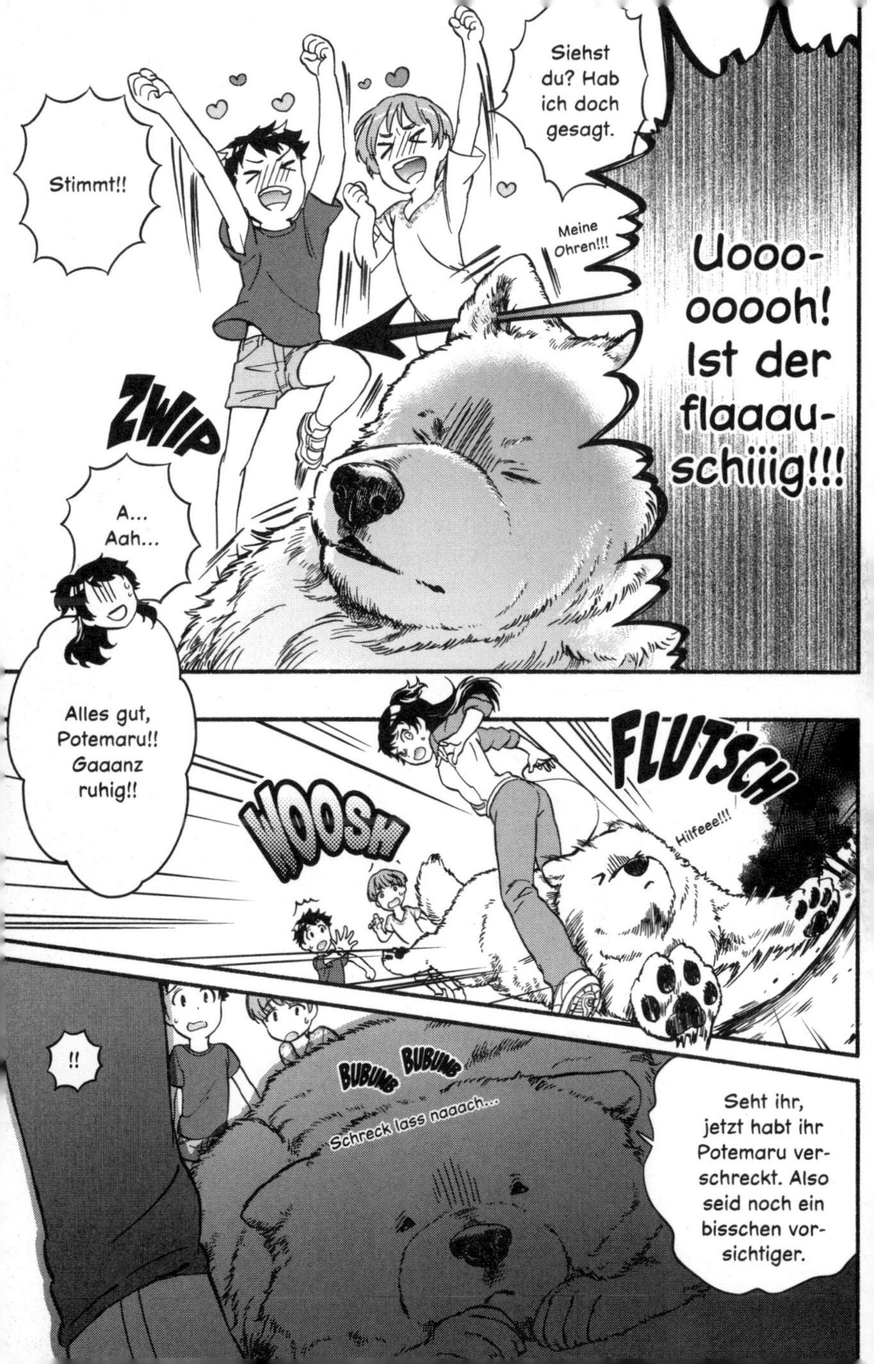
Uoooo-ooooh! Ist der flaaau-schiiig!!!
Meine Ohren!!!
Siehst du? Hab ich doch gesagt.
Stimmt!!
ZWIP
A... Aah...
FLUTSCH
Hilfeee!!!
WOOSH
Alles gut, Potemaru!! Gaaanz ruhig!!
Seht ihr, jetzt habt ihr Potemaru ver-schreckt. Also seid noch ein bisschen vor-sichtiger.
Schreck lass naaach...
BUBUMB
BUBUMB
!!

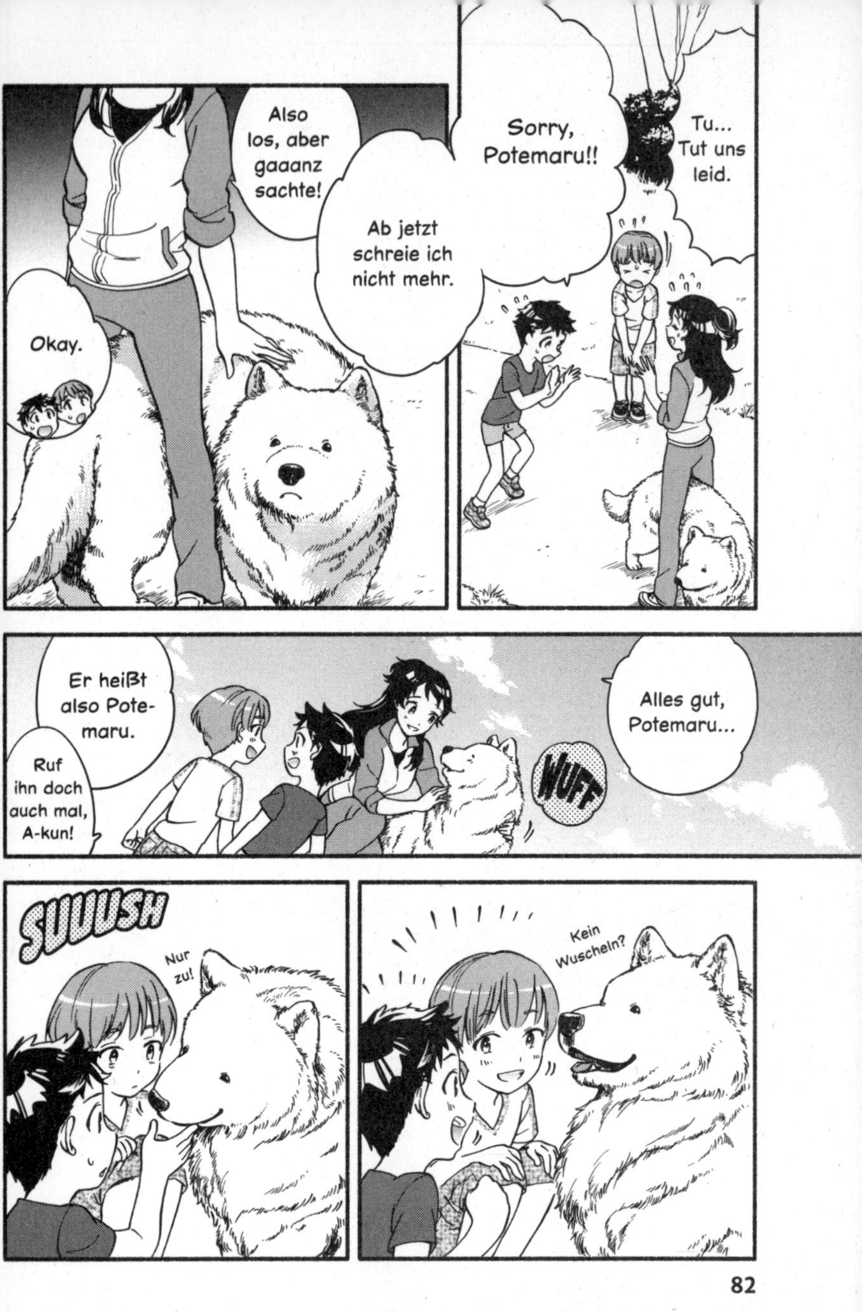
Tu... Tut uns leid.
Sorry, Potemaru!!
Ab jetzt schreie ich nicht mehr.
Also los, aber gaaanz sachte!
Okay.
Alles gut, Potemaru...
WUFF
Er heißt also Pote-maru.
Ruf ihn doch auch mal, A-kun!
Kein Wuscheln?
SUUUSH
Nur zu!

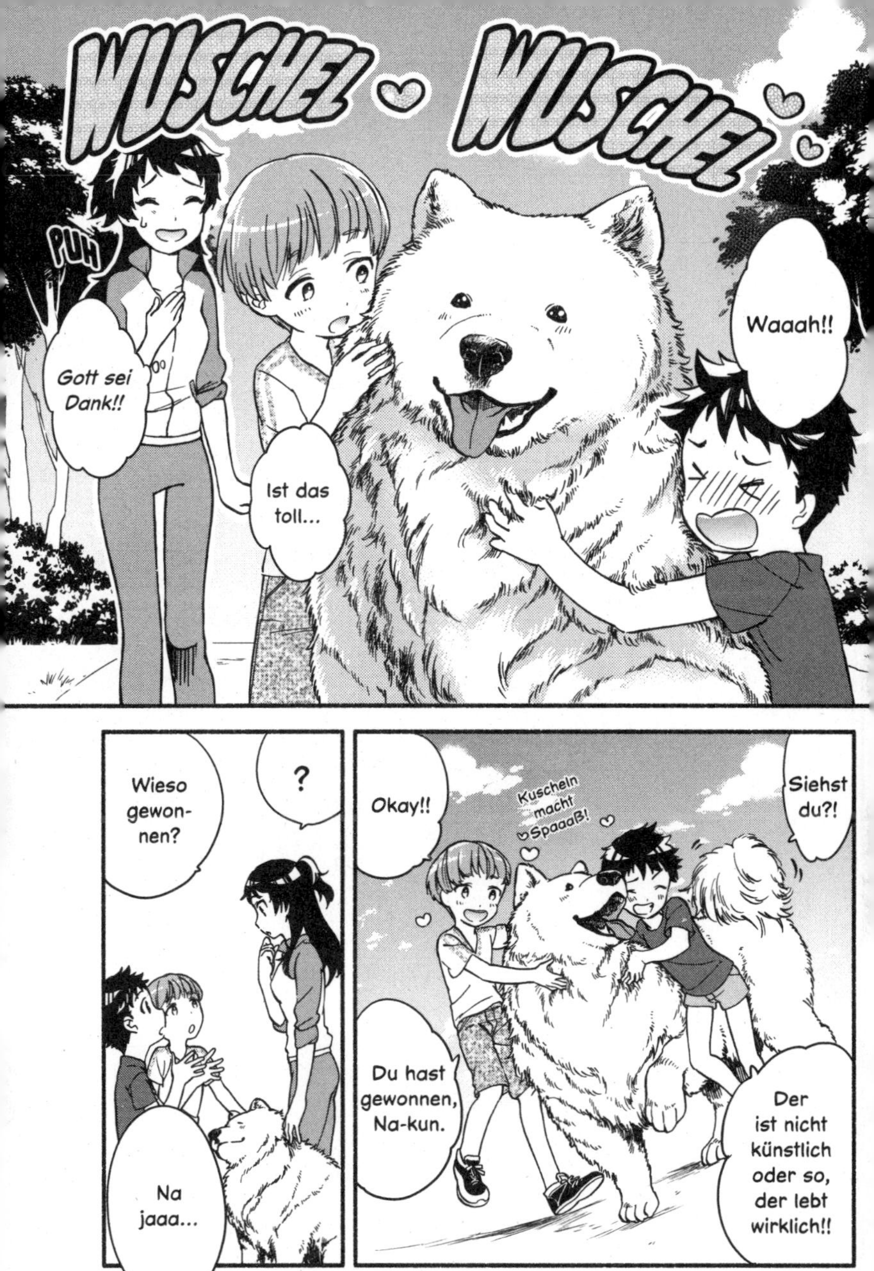

WUSCHEL WUSCHEL
Waaah!!
Ist das toll...
Gott sei Dank!!
PUH
Siehst du?!
Der ist nicht künstlich oder so, der lebt wirklich!!
Kuscheln macht Spaaaß!
Okay!!
Du hast gewonnen, Na-kun.
?
Wieso gewon-nen?
Na jaaa...

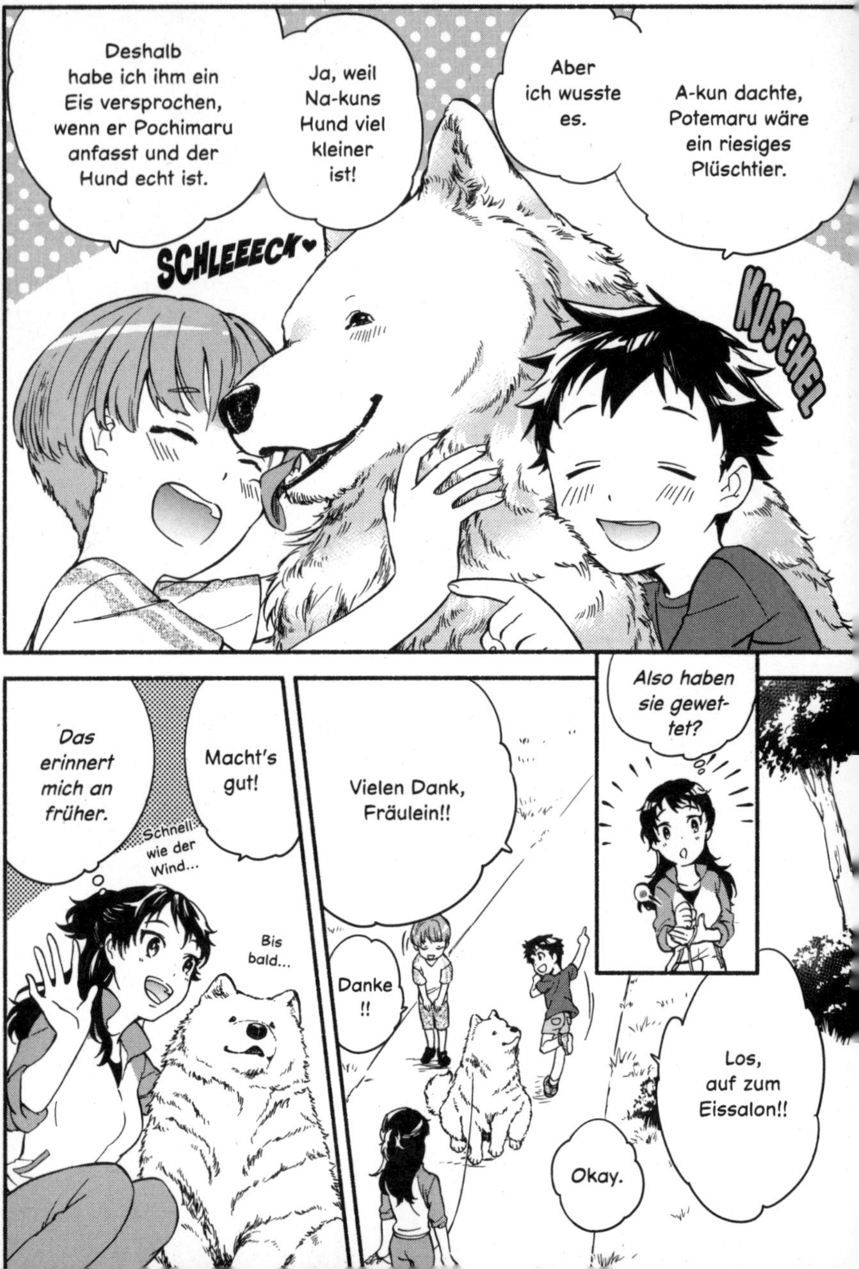
A-kun dachte, Potemaru wäre ein riesiges Plüschtier.
Aber ich wusste es.
Ja, weil Na-kuns Hund viel kleiner ist!
Deshalb habe ich ihm ein Eis versprochen, wenn er Pochimaru anfasst und der Hund echt ist.
KUSCHEL
SCHLEEECK
Also haben sie gewettet?
Los, auf zum Eissalon!!
Okay.
Vielen Dank, Fräulein!!
Danke !!
Macht's gut!
Das erinnert mich an früher.
Schnell wie der Wind...
Bis bald...

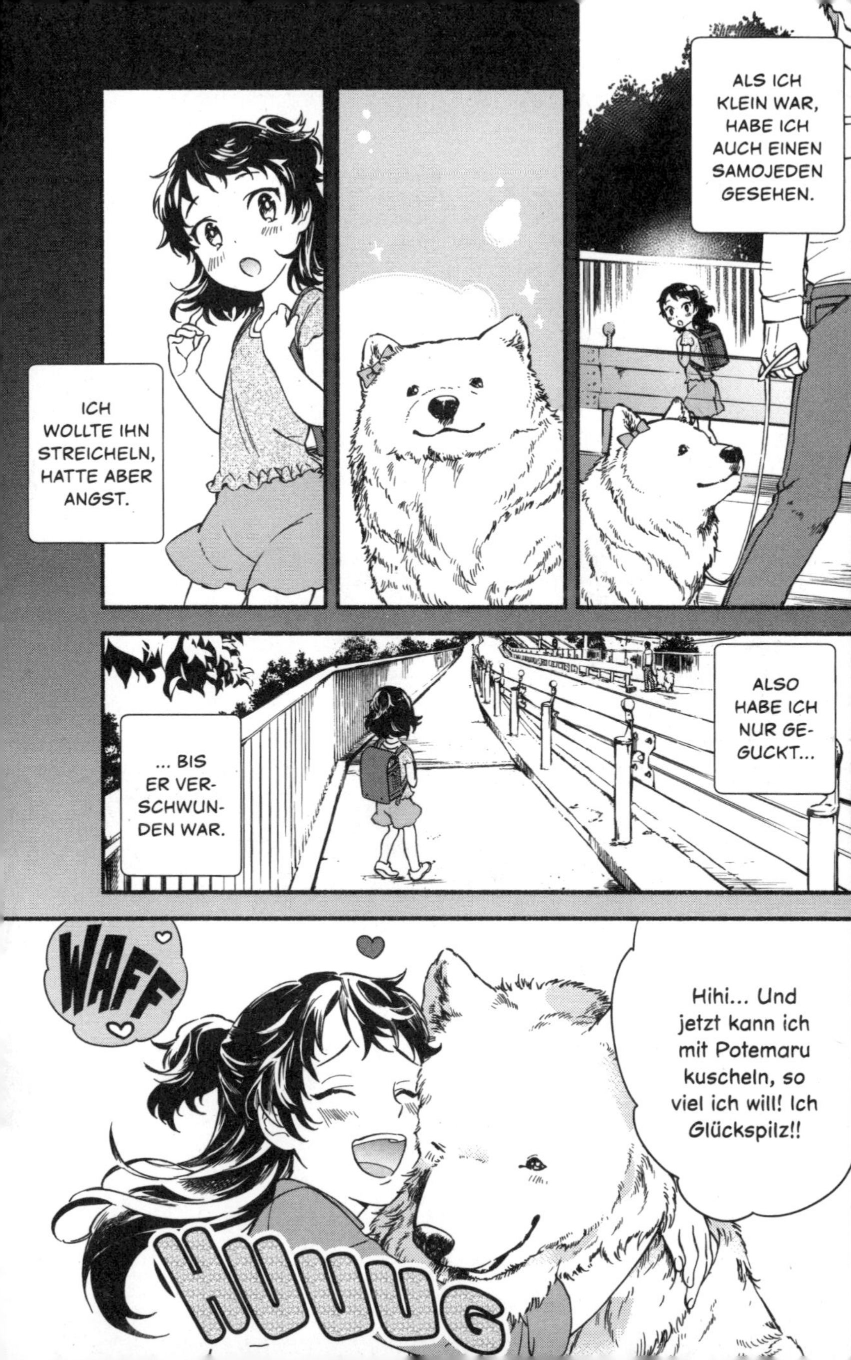
ALS ICH KLEIN WAR, HABE ICH AUCH EINEN SAMOJEDEN GESEHEN.
ICH WOLLTE IHN STREICHELN, HATTE ABER ANGST.
ALSO HABE ICH NUR GE-GUCKT...
... BIS ER VER-SCHWUN-DEN WAR.
WAFF
Hihi... Und jetzt kann ich mit Potemaru kuscheln, so viel ich will! Ich Glückspilz!!
HUUUG

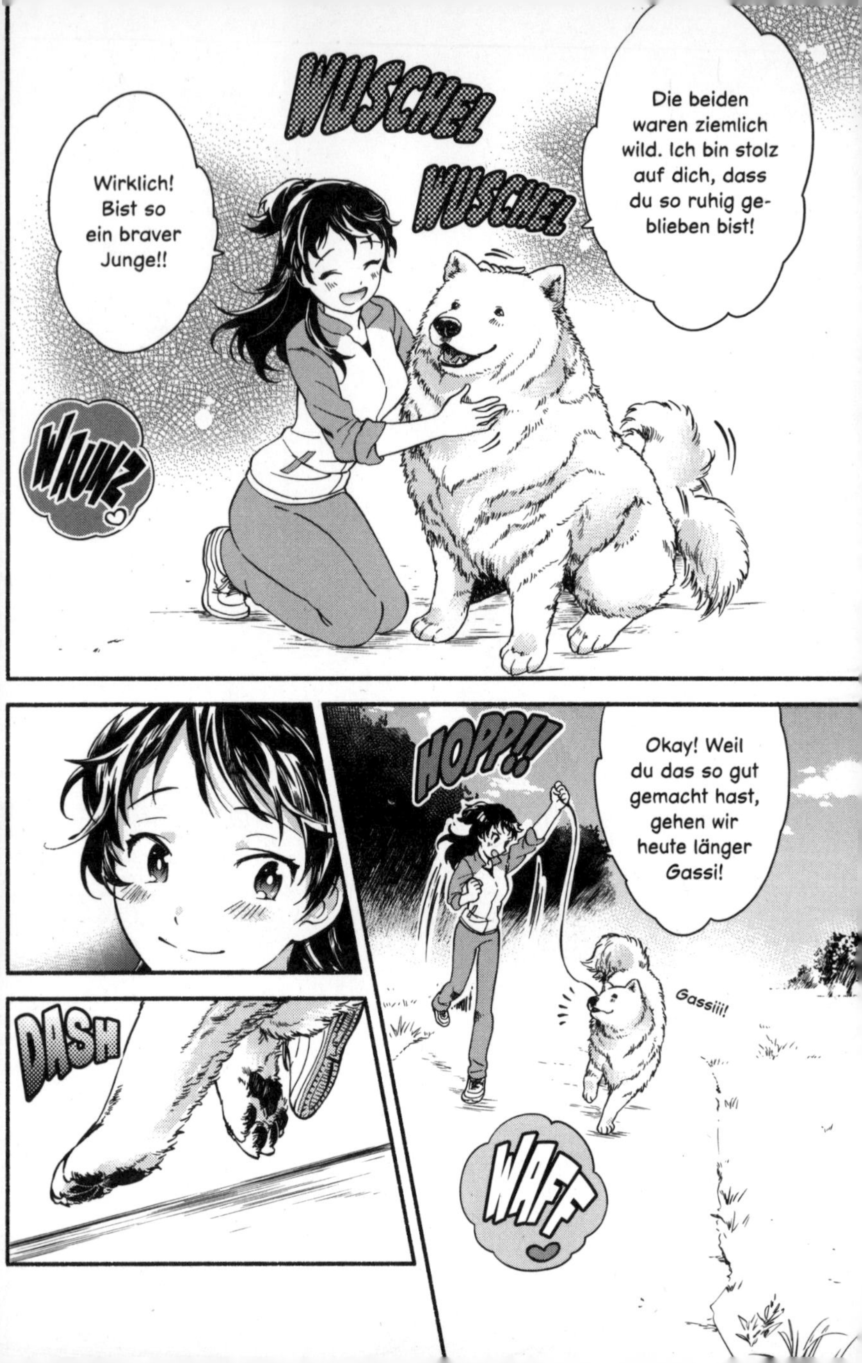
Die beiden waren ziemlich wild. Ich bin stolz auf dich, dass du so ruhig geblieben bist!
WUSCHEL
WUSCHEL
Wirklich! Bist so ein braver Junge!!
WAUNZ
Okay! Weil du das so gut gemacht hast, gehen wir heute länger Gassi!
HOPP!!
Gassiii!
WAFF
DASH

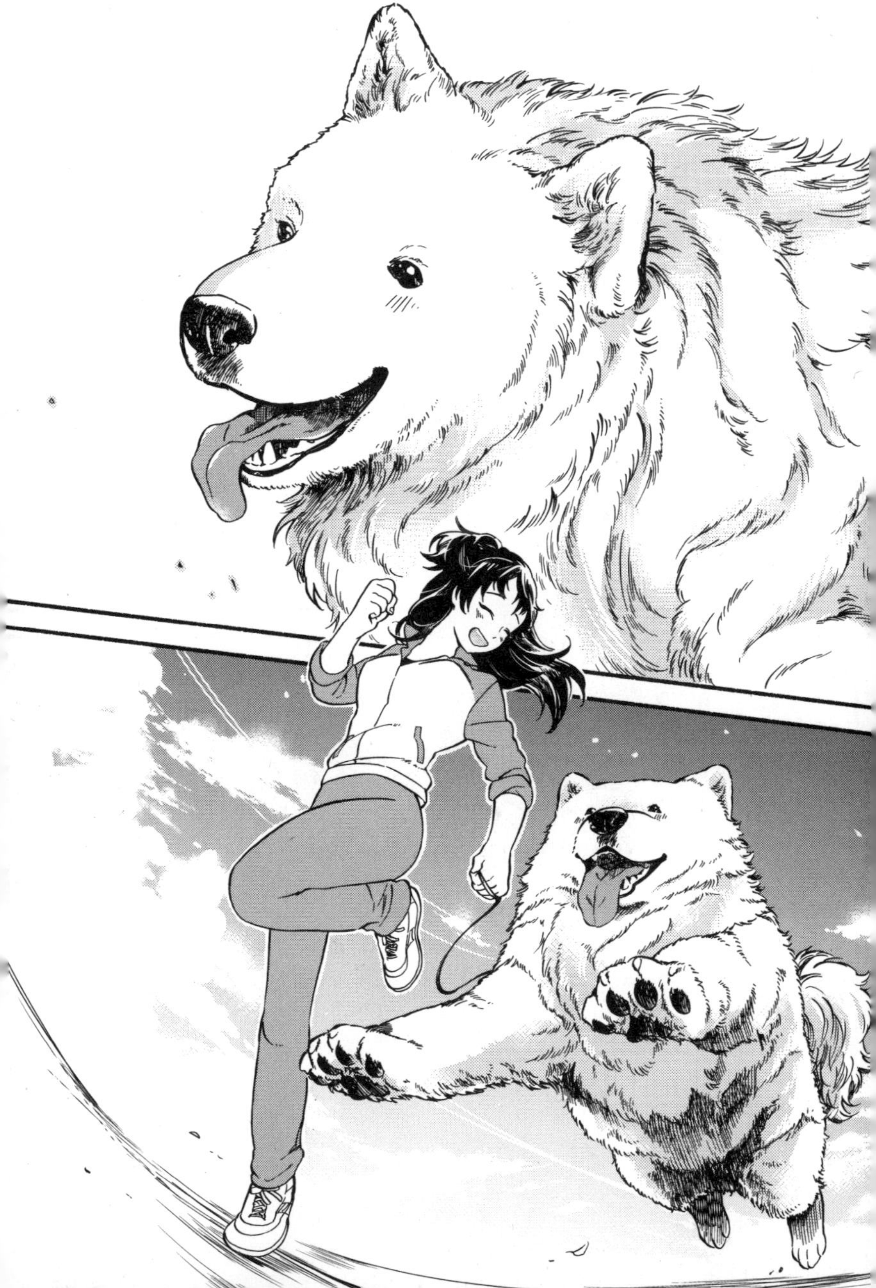

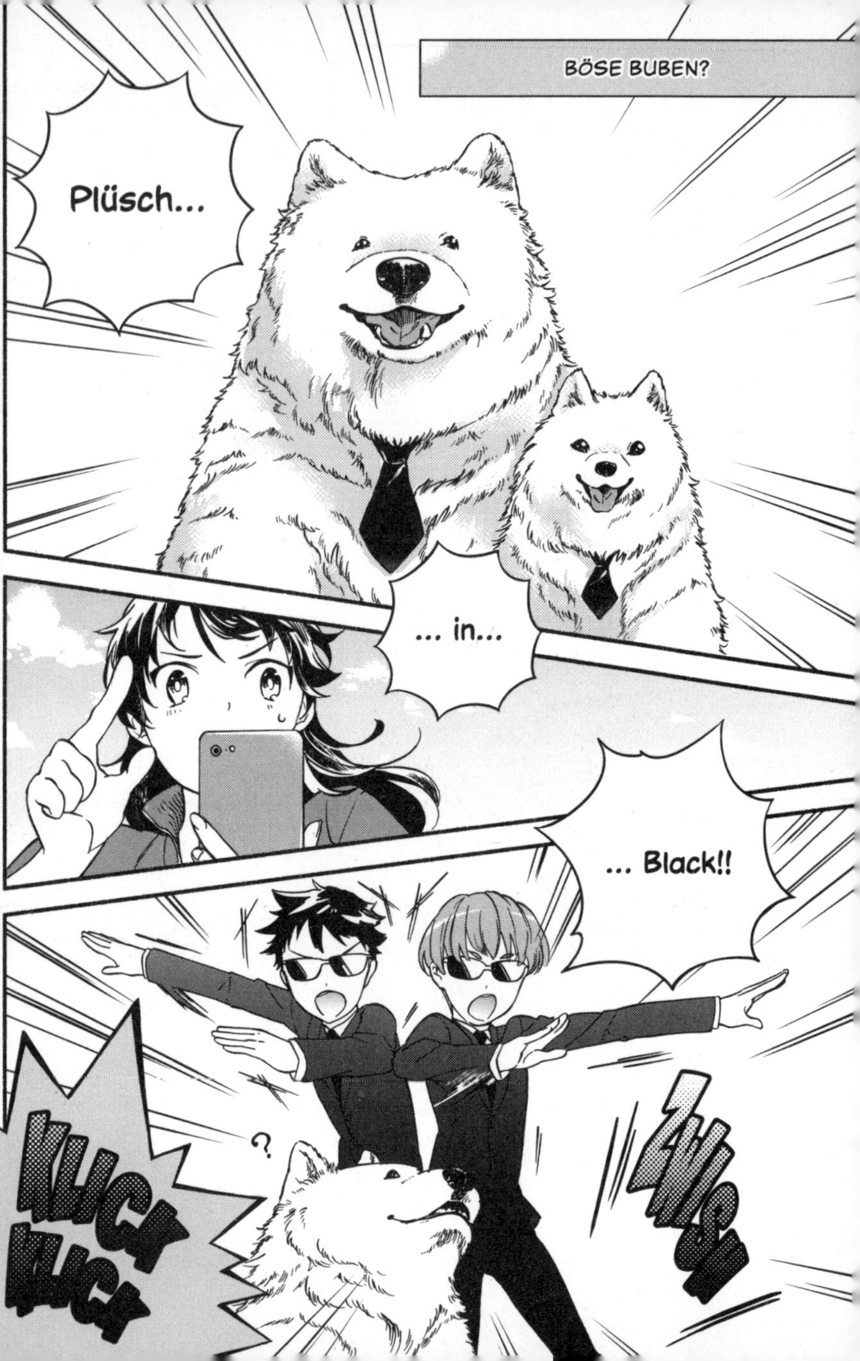
BÖSE BUBEN?
Plüsch...
... in...
... Black!!
KLICK KLICK
?
ZWISCH

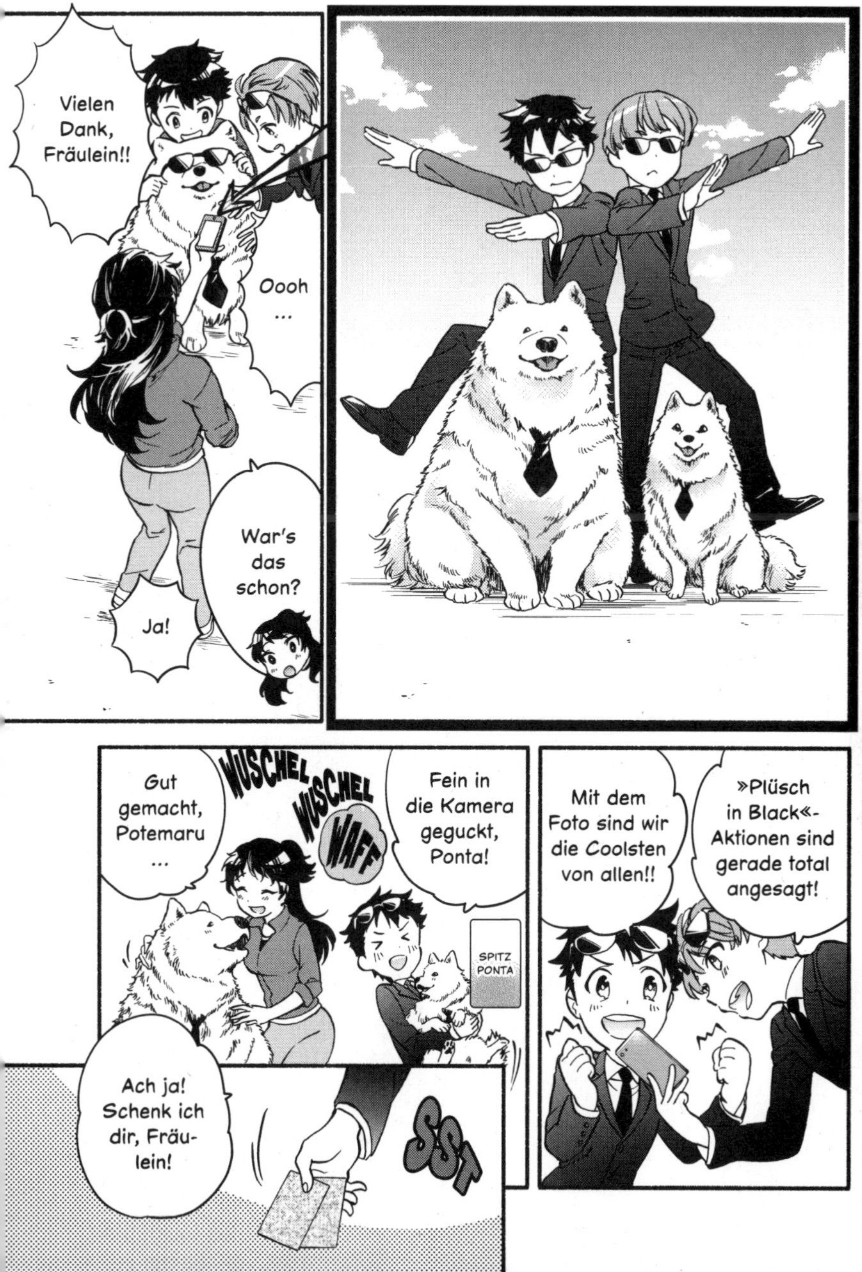

Vielen Dank, Fräulein!!
Oooh ...
War's das schon?
Ja!
Gut gemacht, Potemaru ...
WUSCHEL WUSCHEL
WAFF
Fein in die Kamera geguckt, Ponta!
SPITZ PONTA
Mit dem Foto sind wir die Coolsten von allen!!
»Plüsch in Black«-Aktionen sind gerade total angesagt!
Ach ja! Schenk ich dir, Fräu-lein!
SST

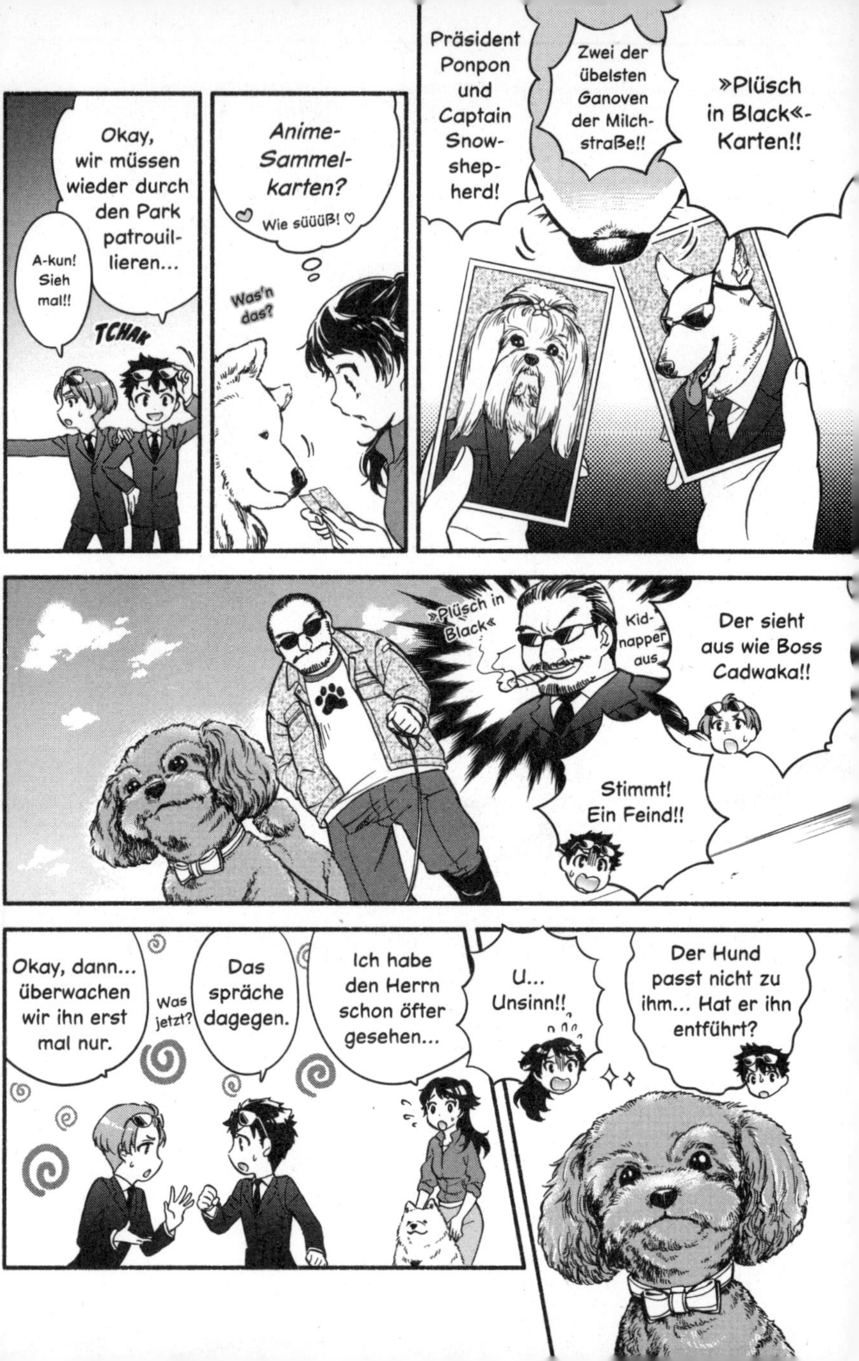

»Plüsch in Black«-Karten!!
Zwei der übelsten Ganoven der Milchstraße!!
Präsident Ponpon und Captain Snowshepherd!
Was'n das?
Anime-Sammelkarten?
Wie süüüß! ♡
Okay, wir müssen wieder durch den Park patrouillieren...
TCHAK
A-kun! Sieh mal!!
Der sieht aus wie Boss Cadwaka!!
Kidnapper aus
»Plüsch in Black«
Stimmt! Ein Feind!!
Der Hund passt nicht zu ihm... Hat er ihn entführt?
U... Unsinn!!
Ich habe den Herrn schon öfter gesehen...
Das spräche dagegen.
Was jetzt?
Okay, dann... überwachen wir ihn erst mal nur.

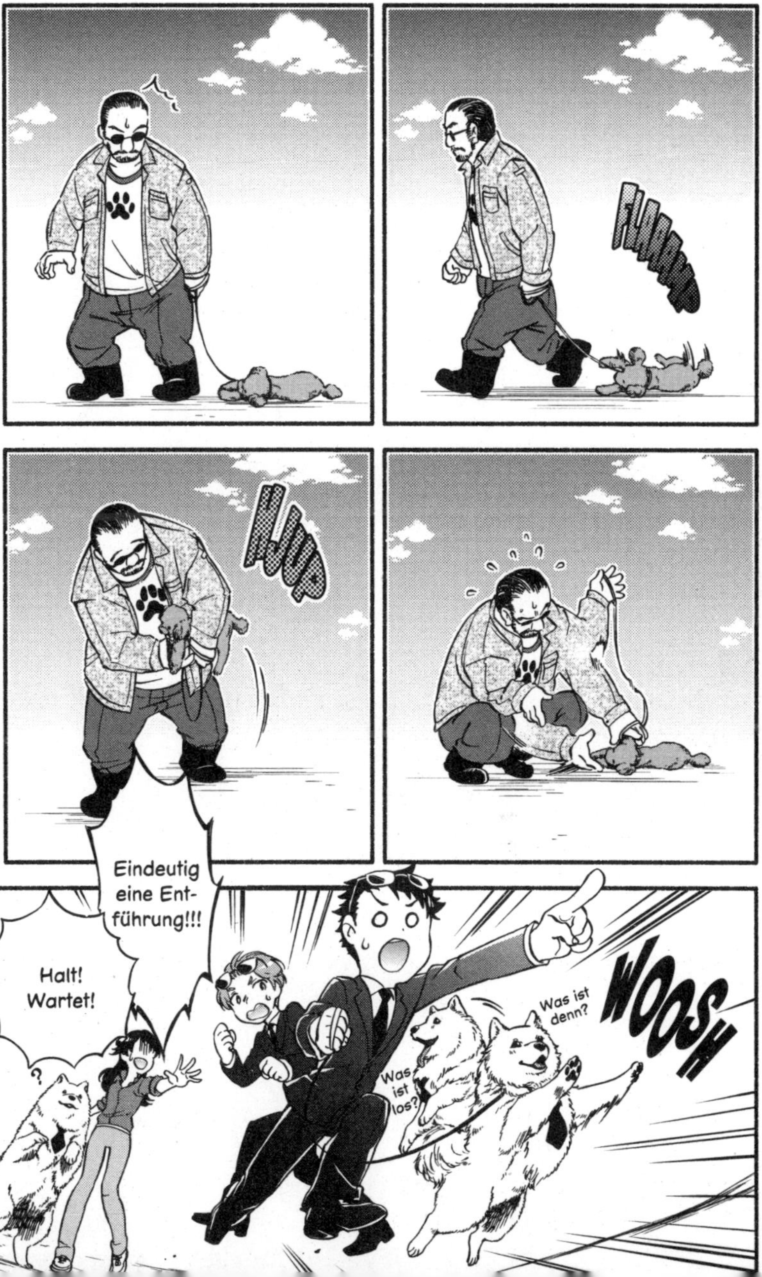
WOOSH
Was ist denn?
Was ist los?
Eindeutig eine Ent-führung!!!
Halt! Wartet!

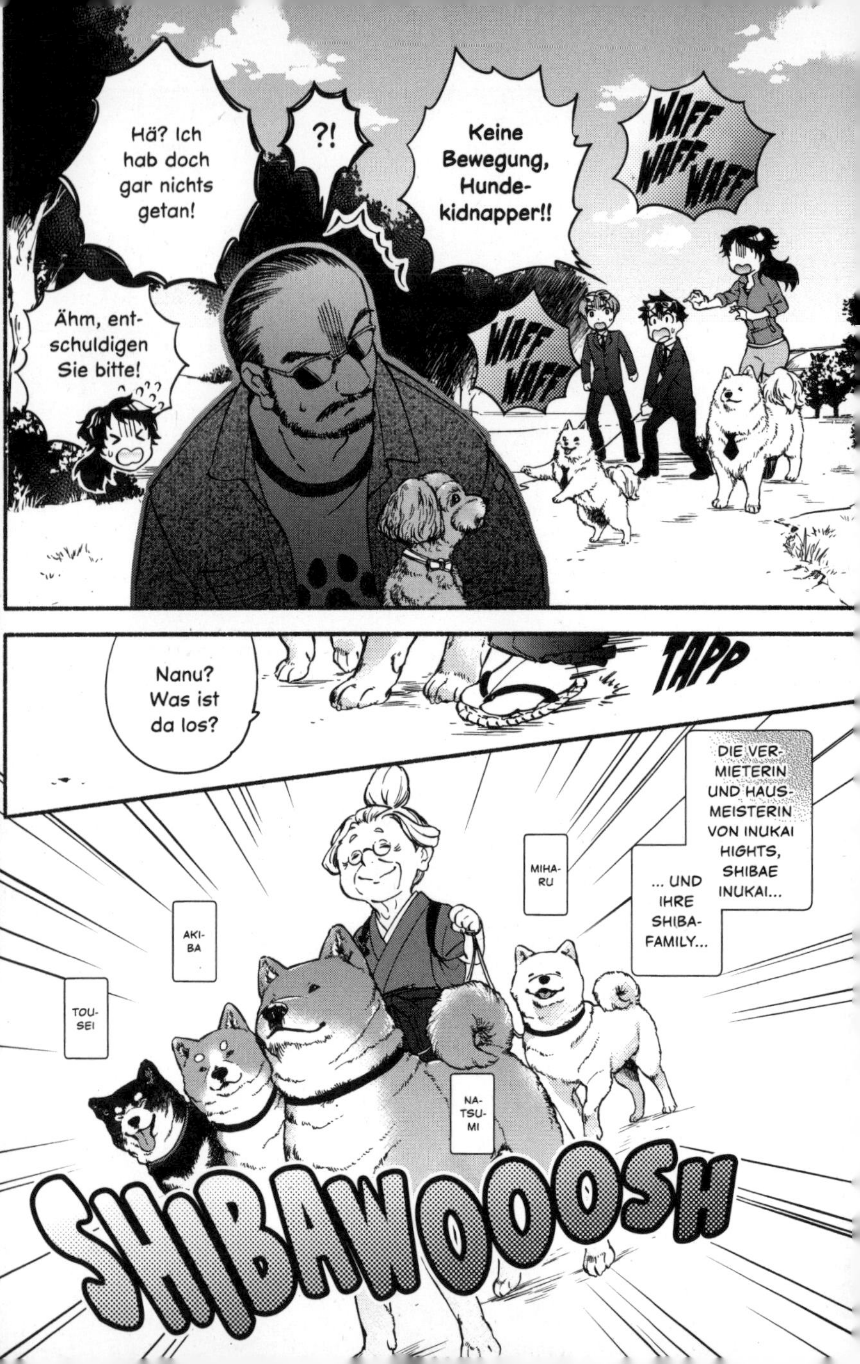

WAFF WAFF WAFF
Keine Bewegung, Hunde-kidnapper!!
?!
Hä? Ich hab doch gar nichts getan!
WAFF WAFF
Ähm, ent-schuldigen Sie bitte!
TAPP
Nanu? Was ist da los?
DIE VER-MIETERIN UND HAUS-MEISTERIN VON INUKAI HIGHTS, SHIBAE INUKAI...
... UND IHRE SHIBA-FAMILY...
MIHA-RU
AKI-BA
TOU-SEI
NA-TSU-MI
SHIBAWOOOSH

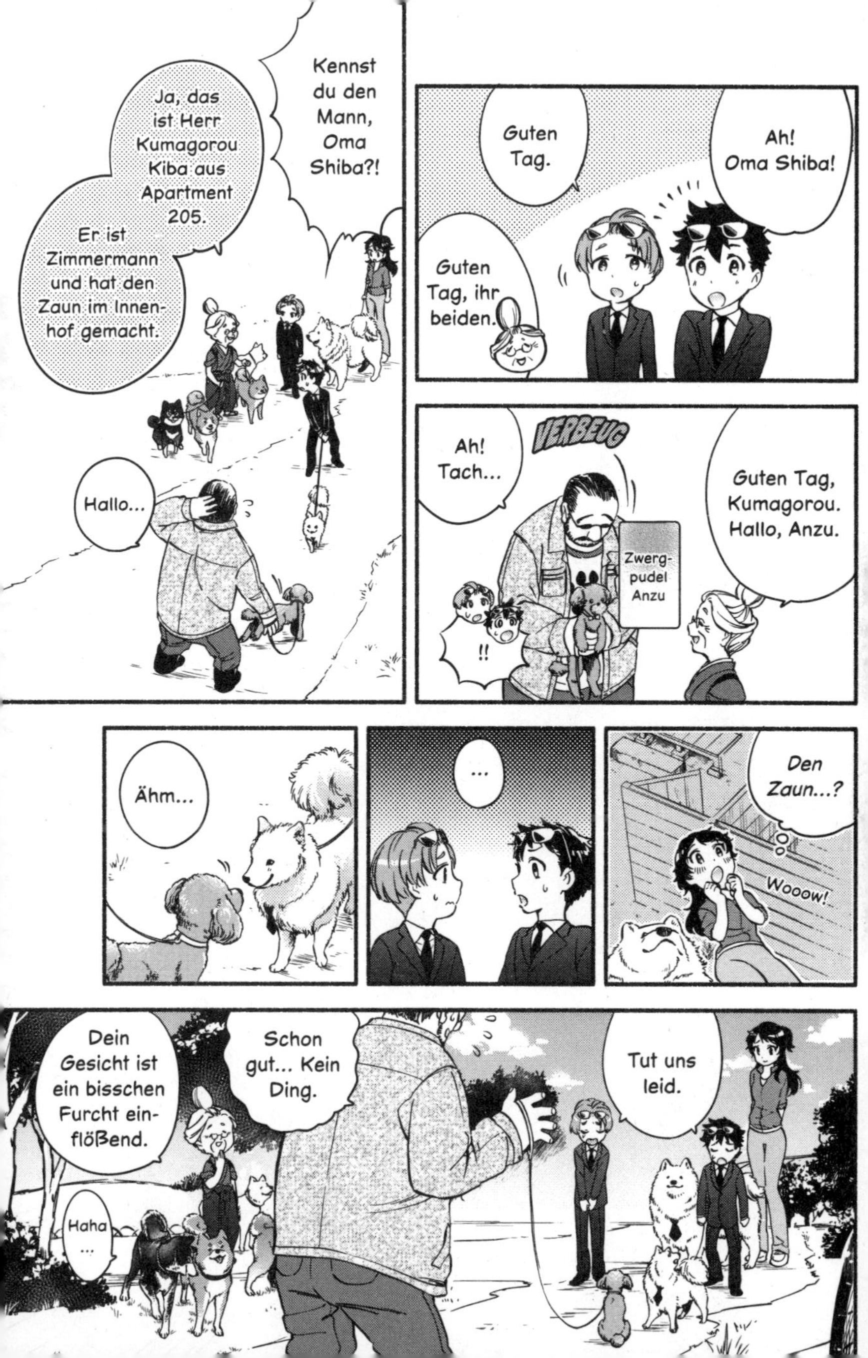

Ah! Oma Shiba!
Guten Tag.
Guten Tag, ihr beiden.
Guten Tag, Kumagorou. Hallo, Anzu.
VERBEUG
Ah! Tach...
Zwergpudel Anzu
!!
Kennst du den Mann, Oma Shiba?!
Ja, das ist Herr Kumagorou Kiba aus Apartment 205.
Er ist Zimmermann und hat den Zaun im Innenhof gemacht.
Hallo...
Den Zaun...?
Wooow!
...
Ähm...
Tut uns leid.
Schon gut... Kein Ding.
Dein Gesicht ist ein bisschen Furcht einflößend.
Haha ...

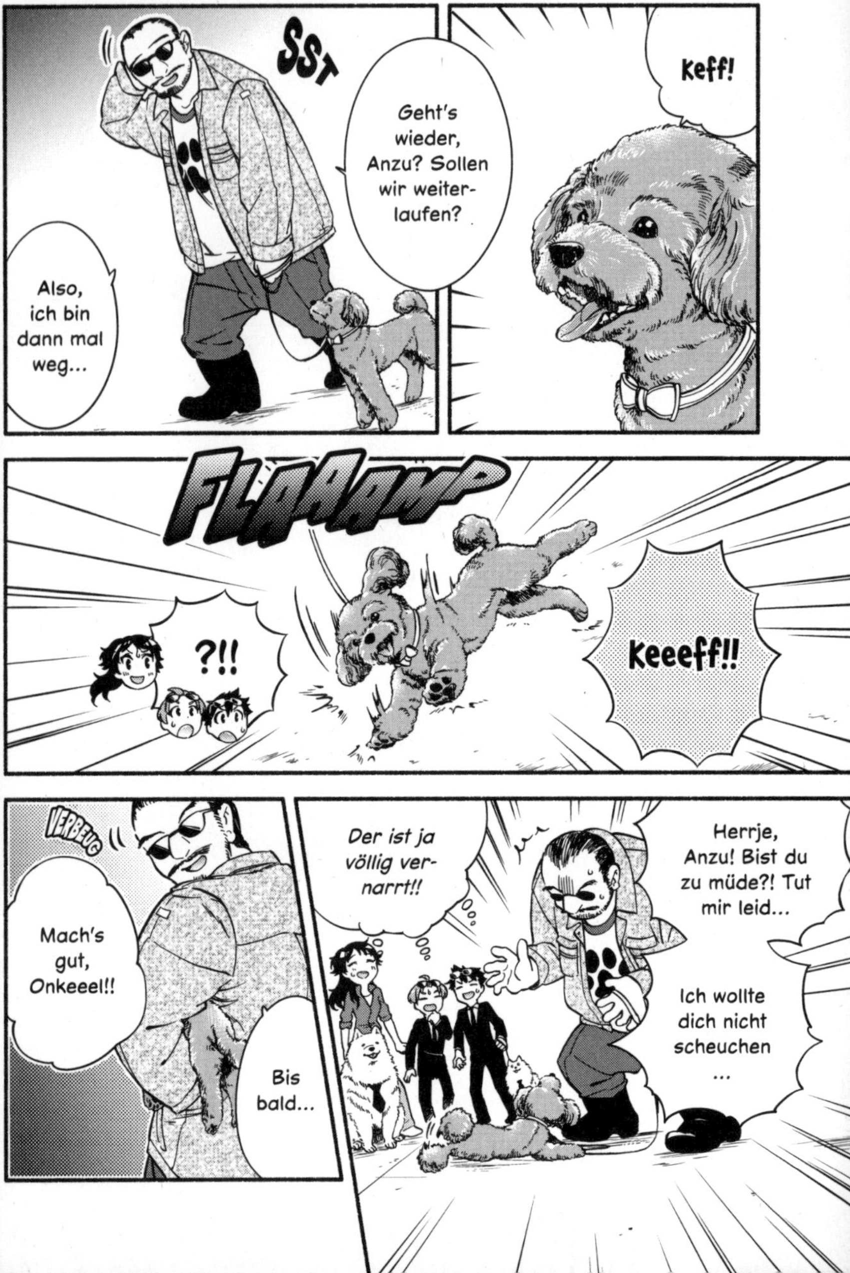
Keff!
SST
Geht's wieder, Anzu? Sollen wir weiter-laufen?
Also, ich bin dann mal weg...
FLAAAMP
Keeeff!!
?!!
Herrje, Anzu! Bist du zu müde?! Tut mir leid...
Ich wollte dich nicht scheuchen ...
Der ist ja völlig ver-narrt!!
VERBEUG
Mach's gut, Onkeeel!!
Bis bald...

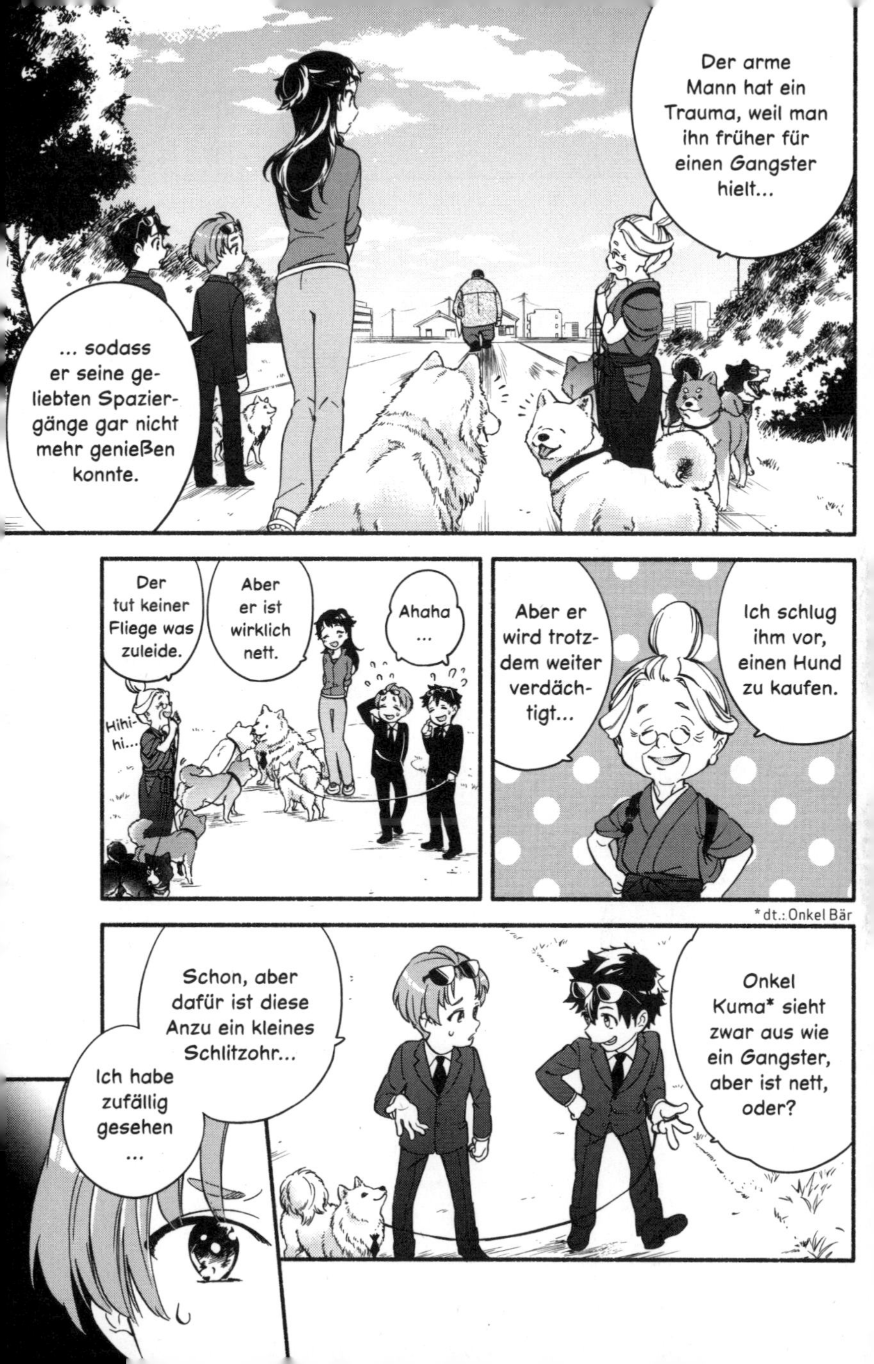
Der arme Mann hat ein Trauma, weil man ihn früher für einen Gangster hielt...
... sodass er seine geliebten Spaziergänge gar nicht mehr genießen konnte.
Ich schlug ihm vor, einen Hund zu kaufen.
Aber er wird trotzdem weiter verdächtigt...
Ahaha ...
Aber er ist wirklich nett.
Der tut keiner Fliege was zuleide.
Hihihi...
Onkel Kuma* sieht zwar aus wie ein Gangster, aber ist nett, oder?
Schon, aber dafür ist diese Anzu ein kleines Schlitzohr...
Ich habe zufällig gesehen ...

* dt.: Onkel Bär

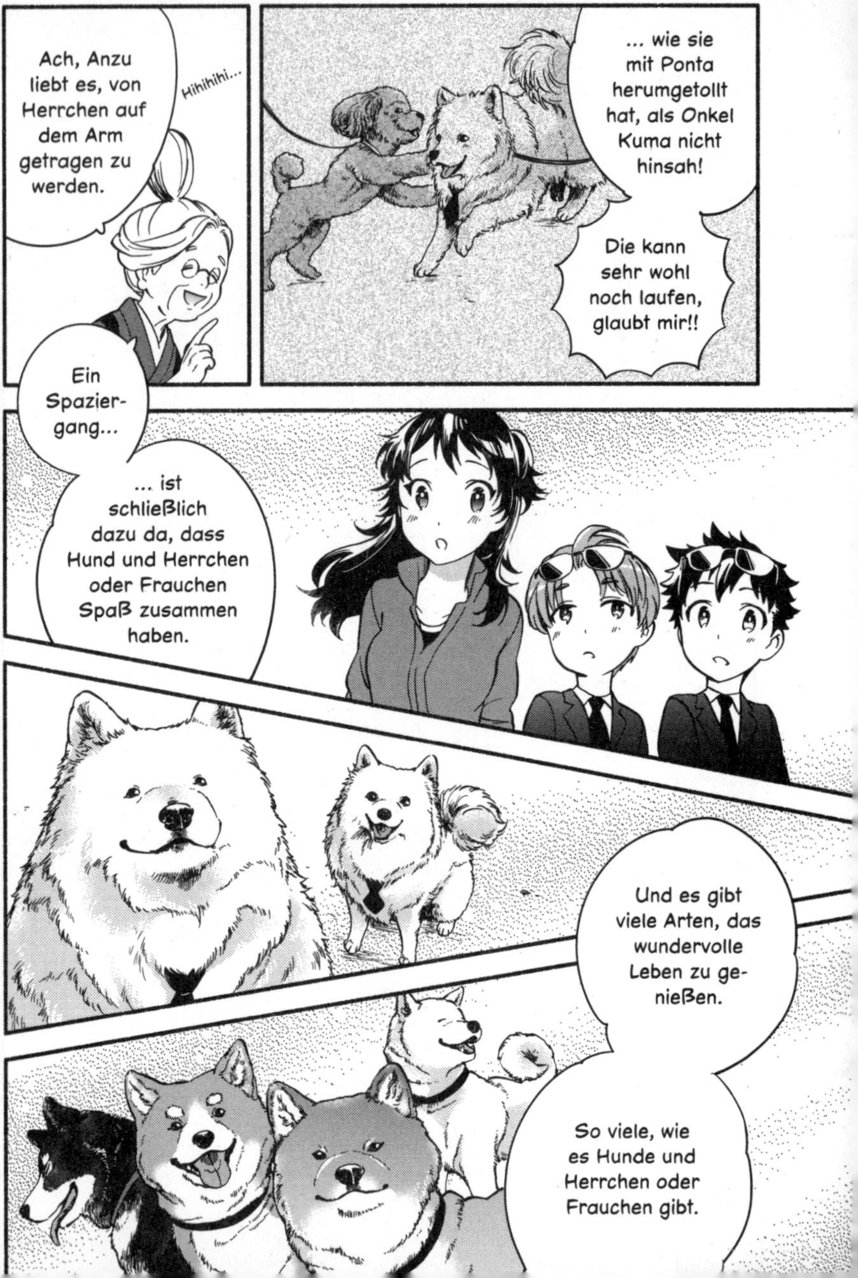
... wie sie mit Ponta herumgetollt hat, als Onkel Kuma nicht hinsah!
Die kann sehr wohl noch laufen, glaubt mir!!
Ach, Anzu liebt es, von Herrchen auf dem Arm getragen zu werden.
Hihihihi...
Ein Spazier-gang...
... ist schließlich dazu da, dass Hund und Herrchen oder Frauchen Spaß zusammen haben.
Und es gibt viele Arten, das wundervolle Leben zu ge-nießen.
So viele, wie es Hunde und Herrchen oder Frauchen gibt.

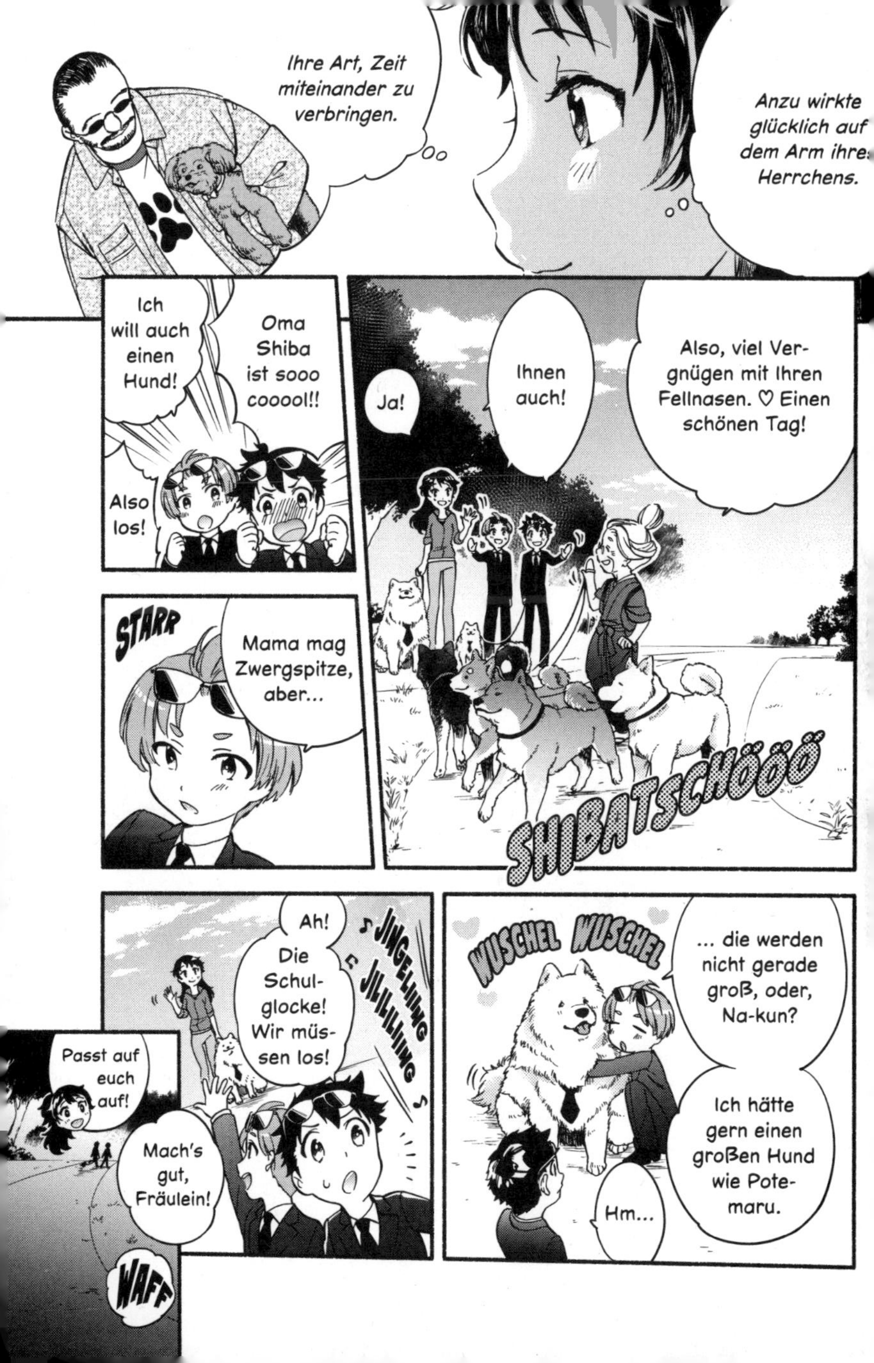
Anzu wirkte glücklich auf dem Arm ihre
Herrchens.
Ihre Art, Zeit miteinander zu verbringen.
Also, viel Vergnügen mit Ihren Fellnasen. ♡ Einen schönen Tag!
Ihnen auch!
Ja!
SHIBATSCHÖÖÖ
Oma Shiba ist sooo cooool!!
Ich will auch einen Hund!
Also los!
STARR
Mama mag Zwergspitze, aber...
WUSCHEL WUSCHEL
... die werden nicht gerade groß, oder, Na-kun?
Ich hätte gern einen großen Hund wie Potemaru.
Hm...
Ah!
Die Schulglocke! Wir müssen los!
JINGELIIING
JILILILIIING
Mach's gut, Fräulein!
Passt auf euch auf!
WAFF

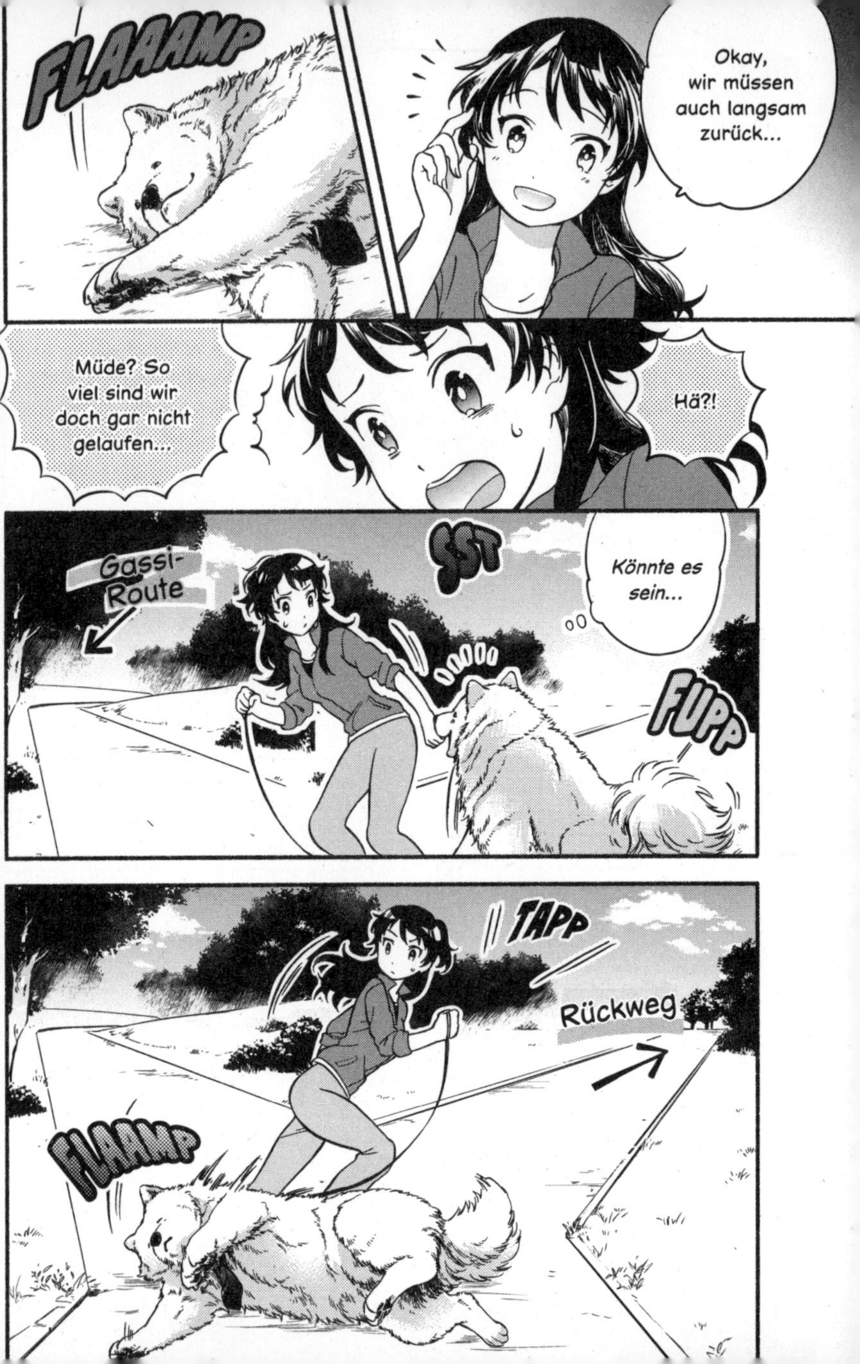
FLAAAMP
Okay, wir müssen auch langsam zurück...
Hä?!
Müde? So viel sind wir doch gar nicht gelaufen...
SST
Gassi-Route
Könnte es sein...
FUPP
TAPP
Rückweg
FLAAMP

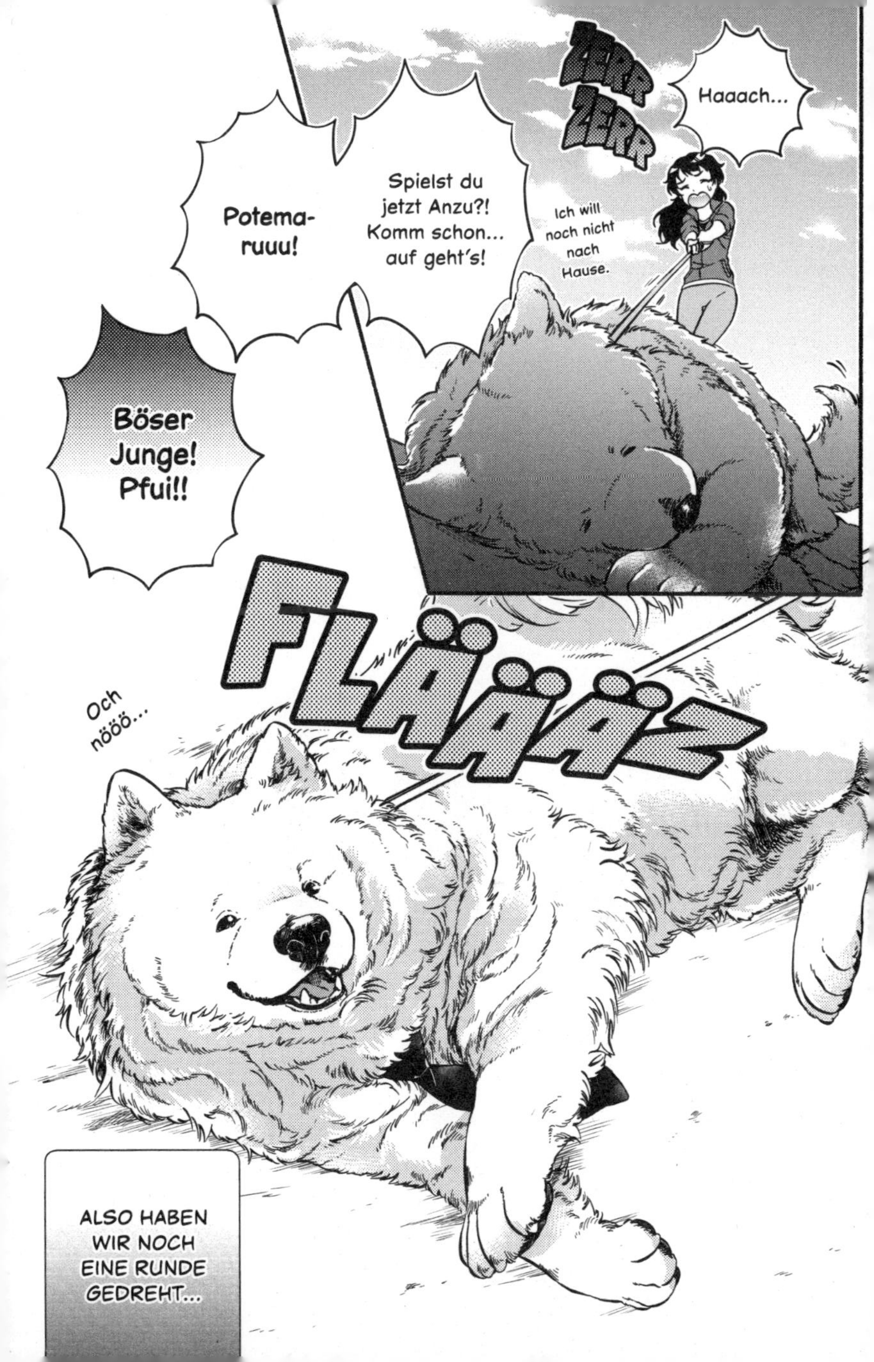

ZERR ZERR
Haaach...
Ich will noch nicht nach Hause.
Spielst du jetzt Anzu?! Komm schon... auf geht's!
Potema-ruuu!
Böser Junge! Pfui!!
FLÄÄÄZ
Och nööö...
ALSO HABEN WIR NOCH EINE RUNDE GEDREHT...

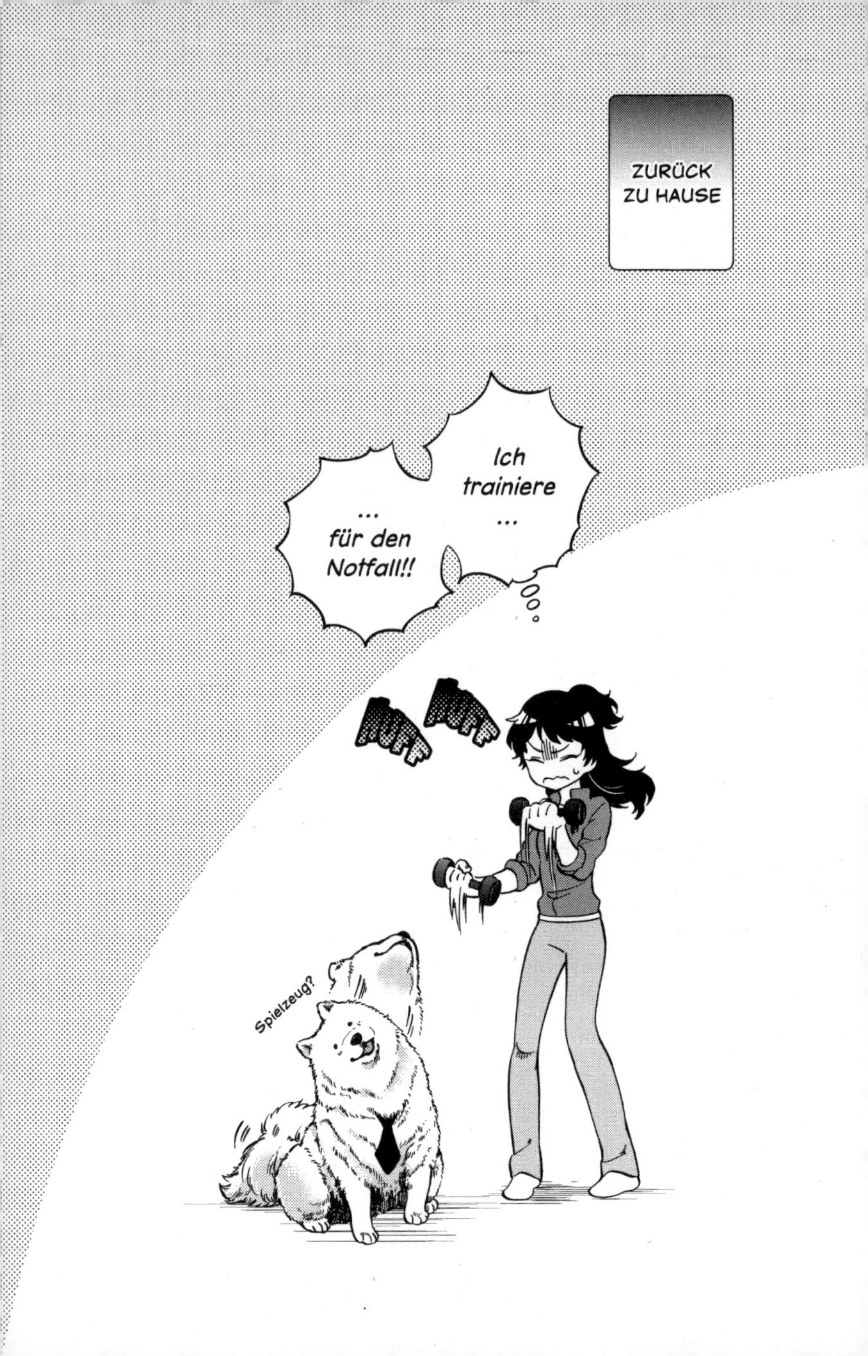
ZURÜCK ZU HAUSE
Ich trainiere ...
... für den Notfall!!
Spielzeug?

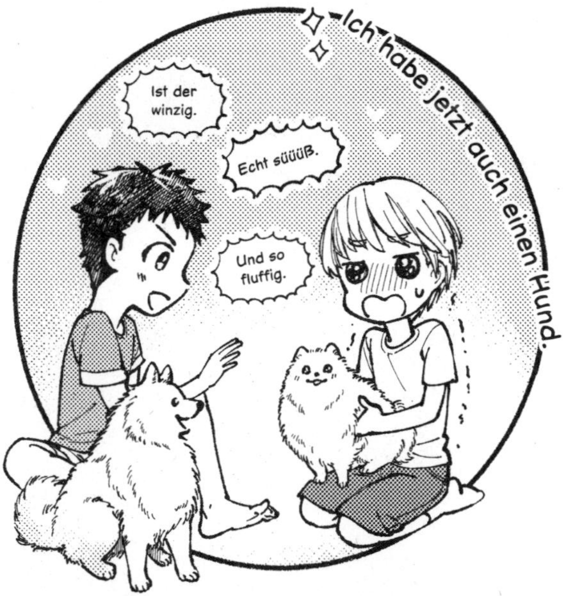
Ich habe jetzt auch einen Hund.
Ist der winzig.
Echt süüüß.
Und so fluffig.

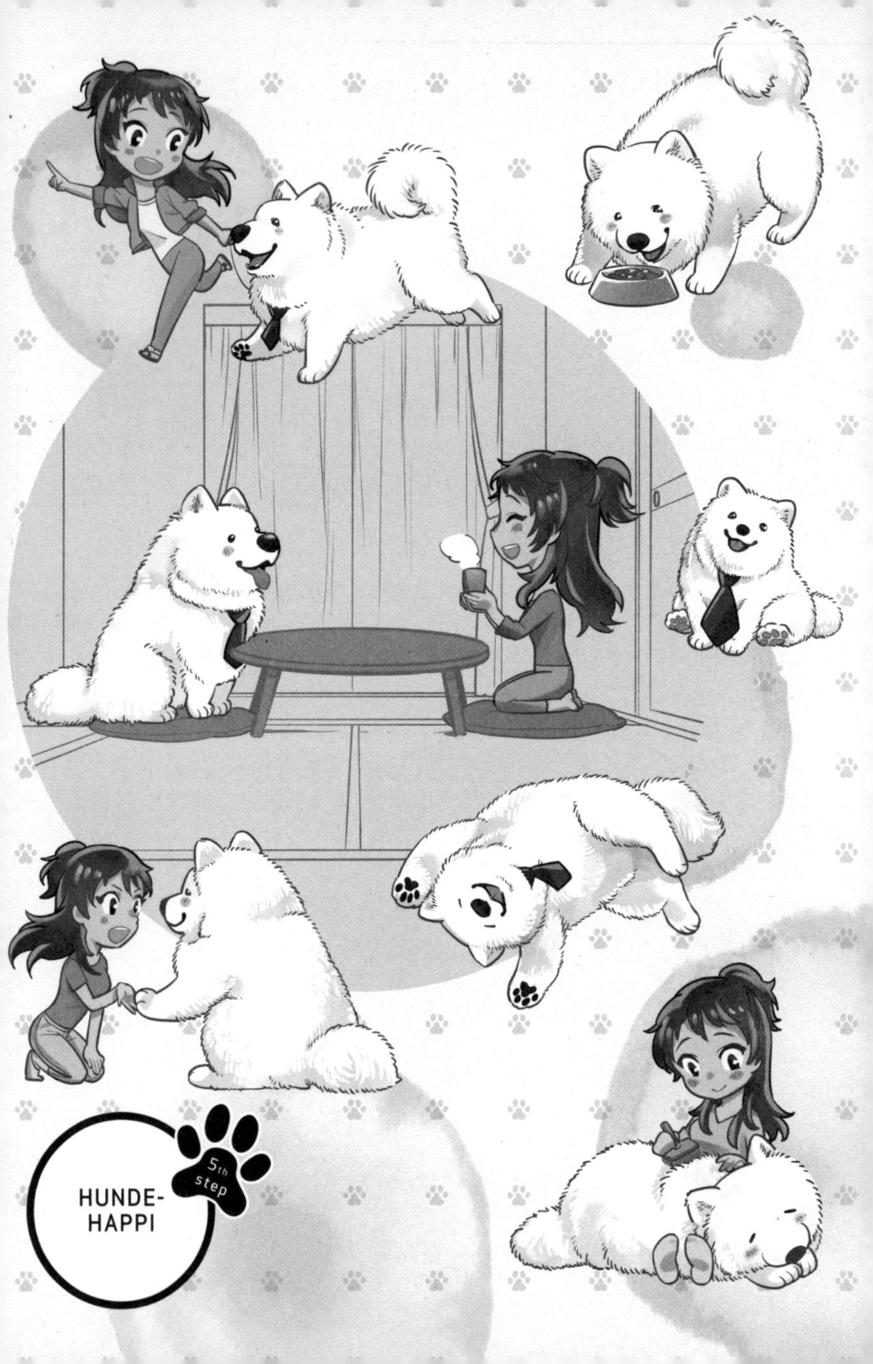
HUNDE-
HAPPI
5th
step

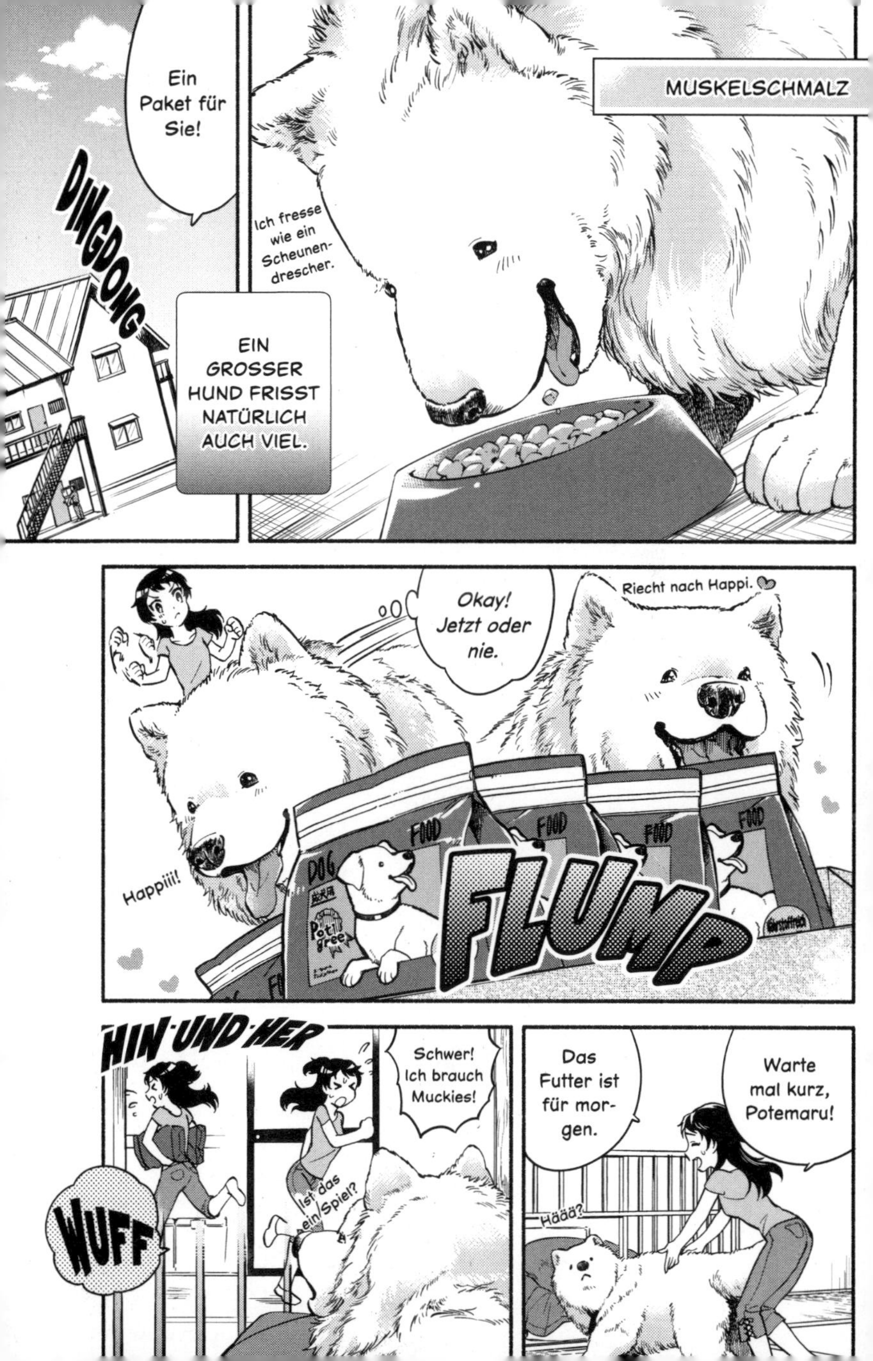

MUSKELSCHMALZ
Ein Paket für Sie!
DINGDONG
Ich fresse wie ein Scheunendrescher.
EIN GROSSER HUND FRISST NATÜRLICH AUCH VIEL.
Okay! Jetzt oder nie.
Riecht nach Happi.
Happiii!
DOG
FOOD
FLUMP
HIN-UND-HER
Schwer! Ich brauch Muckies!
Ist das ein Spiel?
WUFF
Warte mal kurz, Potemaru!
Das Futter ist für morgen.
Hääá?

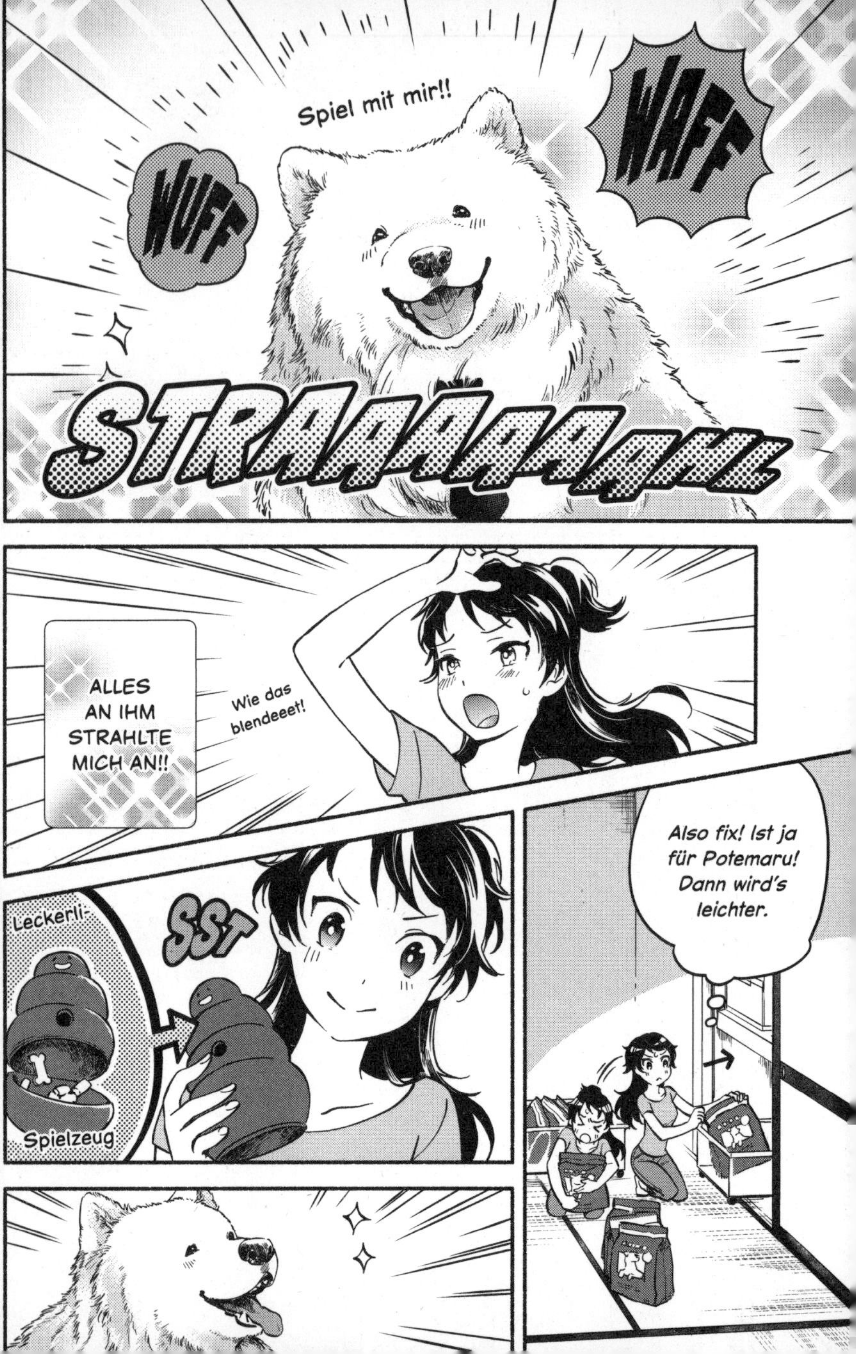

Spiel mit mir!!
WAFF
WUFF
STRAAAAAAHL
ALLES AN IHM STRAHLTE MICH AN!!
Wie das blendeeet!
Also fix! Ist ja für Potemaru! Dann wird's leichter.
SST
Leckerli-
Spielzeug

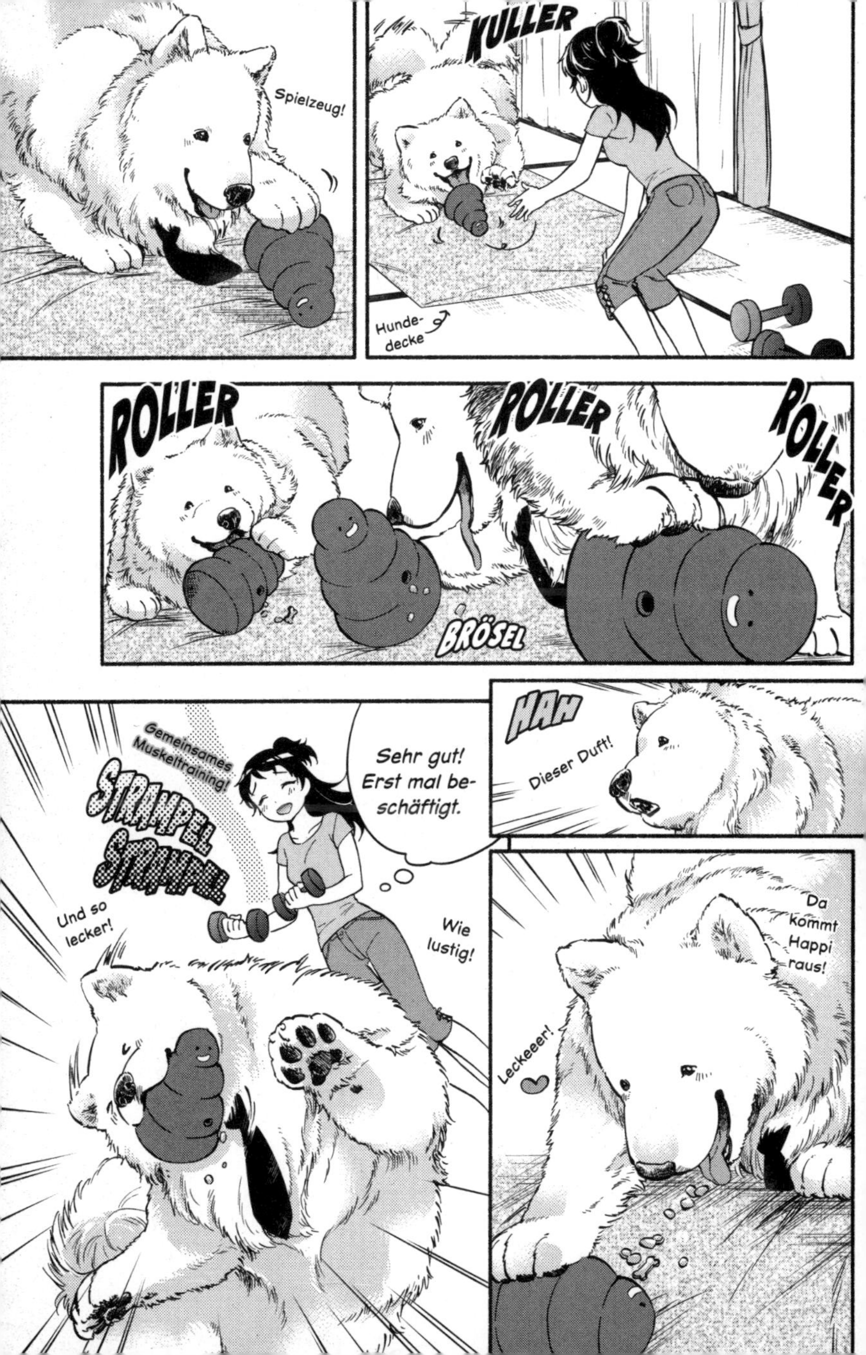

Spielzeug!
KULLER
Hunde-
decke
ROLLER
ROLLER
ROLLER
BRÖSEL
HAH
Dieser Duft!
Sehr gut!
Erst mal be-
schäftigt.
Gemeinsames
Muskeltraining!
STRAMPEL
STRAMPEL
Und so
lecker!
Wie
lustig!
Da
kommt
Happi
raus!
Leckeeer!

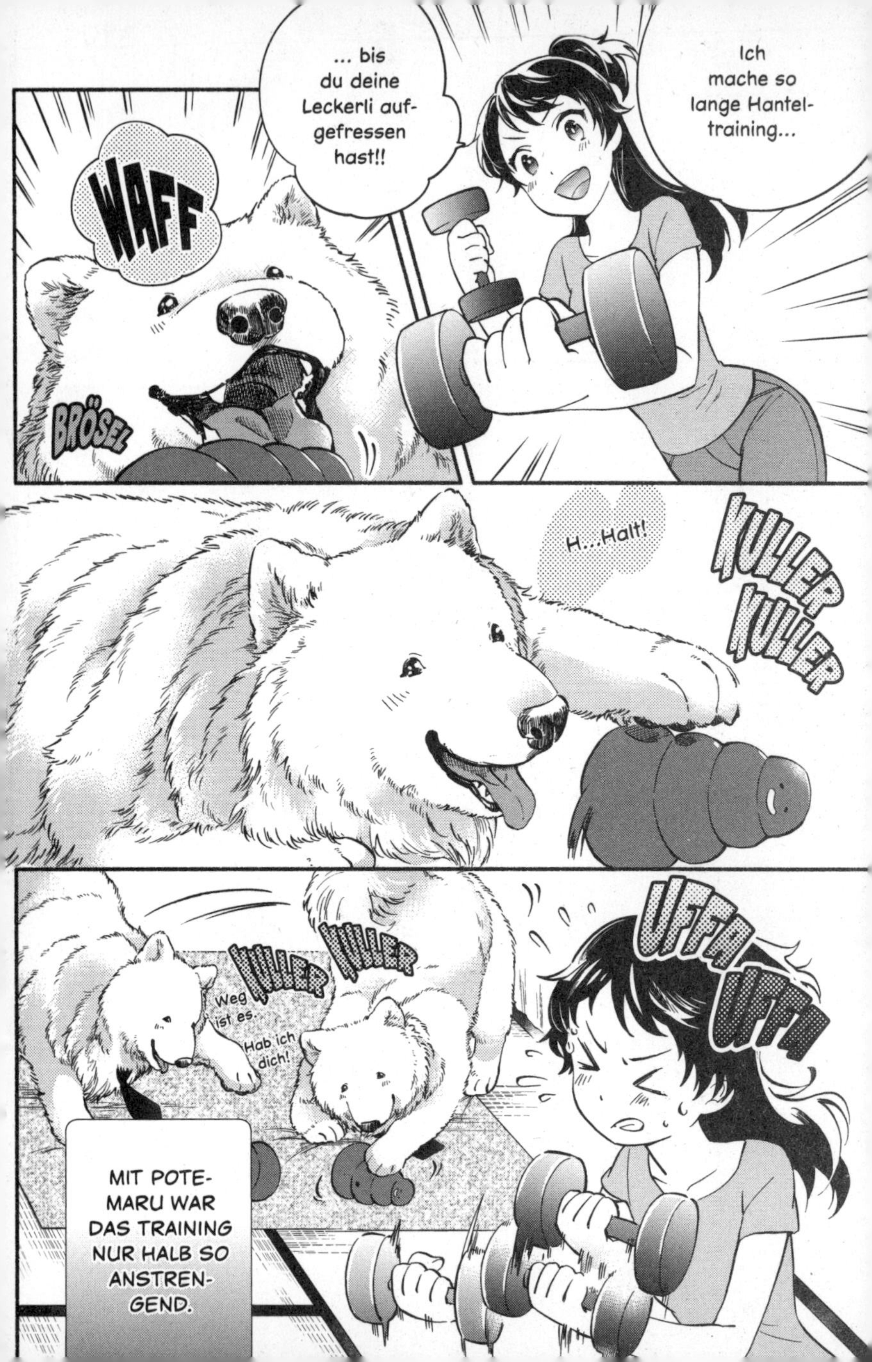
Ich mache so lange Hantel-training...
... bis du deine Leckerli auf-gefressen hast!!
WAFF
BRÖSEL
KULLER KULLER
H...Halt!
UFFA UFFA
KULLER KULLER
Weg ist es.
Hab ich dich!
MIT POTE-MARU WAR DAS TRAINING NUR HALB SO ANSTREN-GEND.

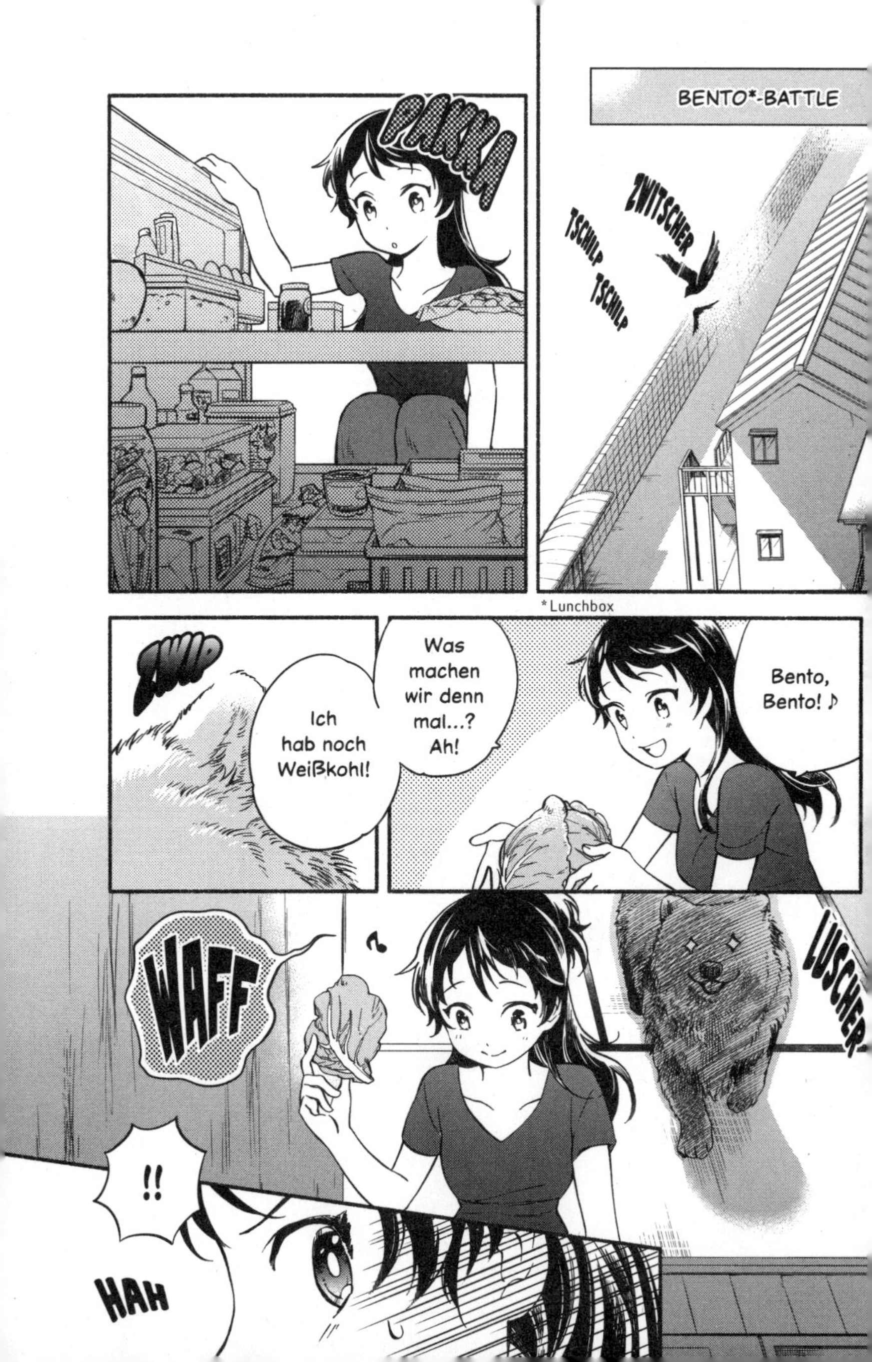
BENTO*-BATTLE
ZWITSCHER
TSCHILP TSCHILP
PAKA
Bento, Bento! ♪
Was machen wir denn mal...? Ah!
Ich hab noch Weißkohl!
ZWIP
LUSCHER
WAFF
!!
HAH

*Lunchbox

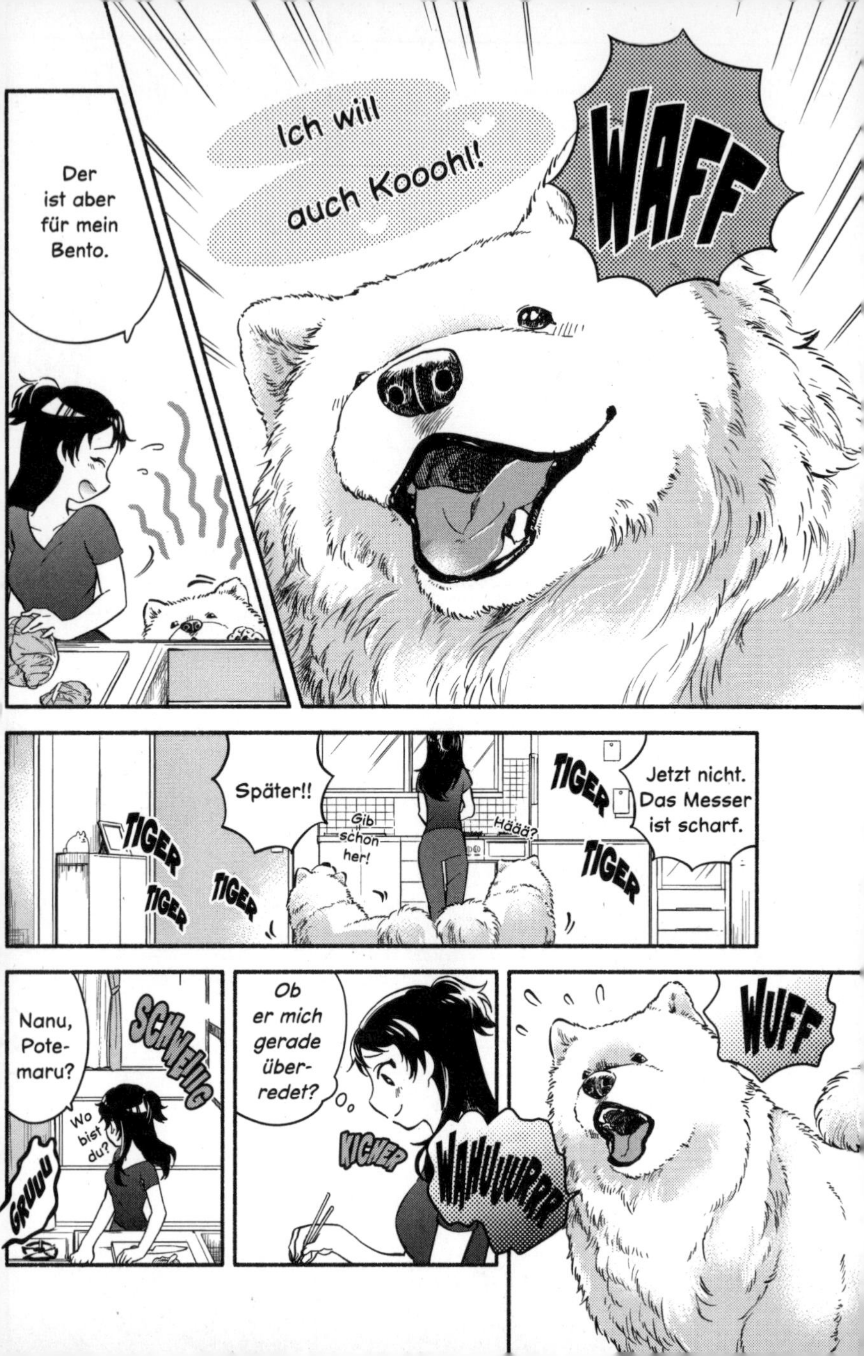
WAFF
Ich will auch Kooohl!
Der ist aber für mein Bento.
Jetzt nicht. Das Messer ist scharf.
TIGER
TIGER
Häää?
Gib schon her!
Später!!
TIGER
TIGER
TIGER
WUFF
WANUUURRR
Ob er mich gerade überredet?
KICHER
Nanu, Potemaru?
SCHWEIIG
Wo bist du?
GRUUU

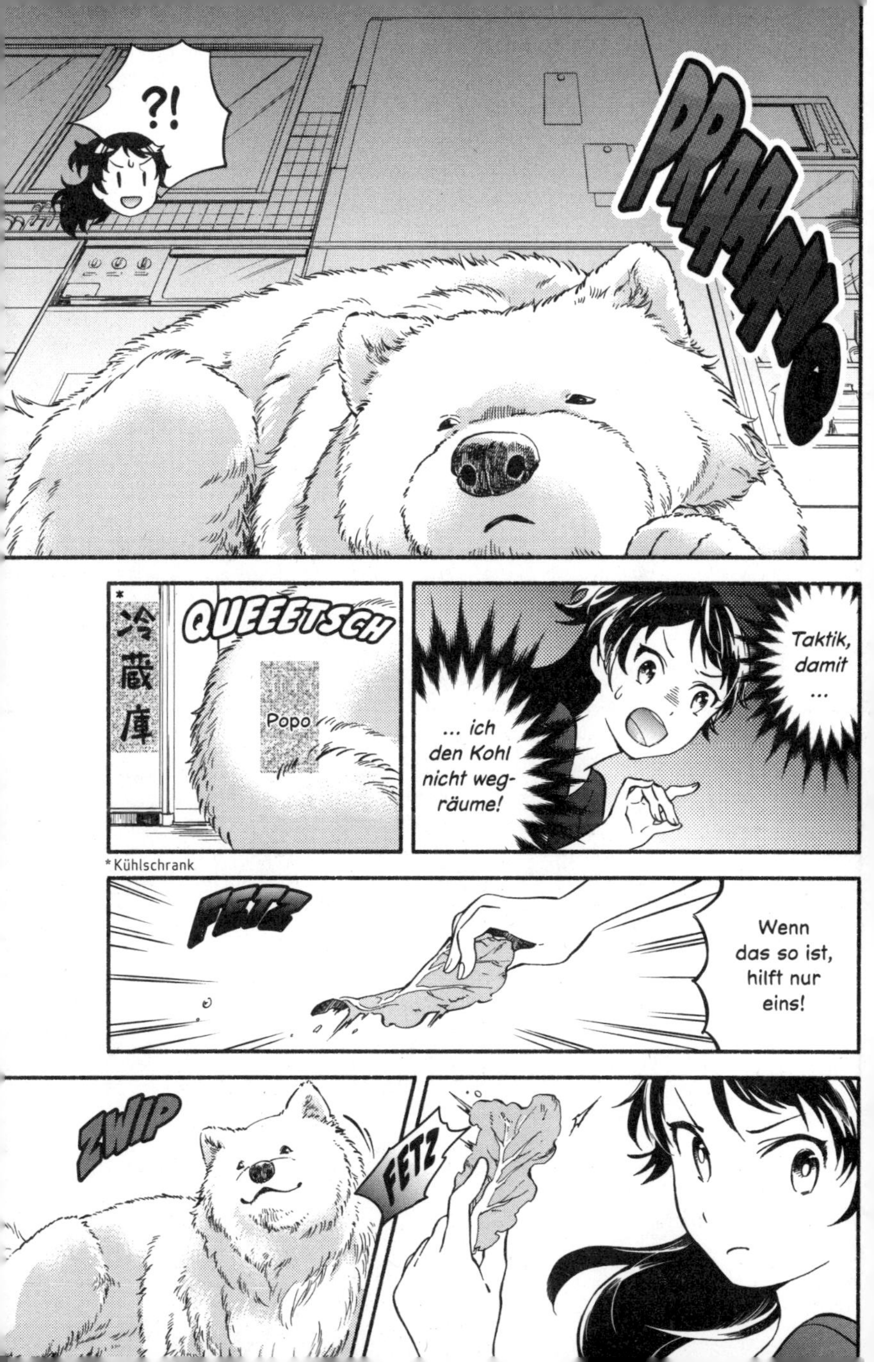

* Kühlschrank

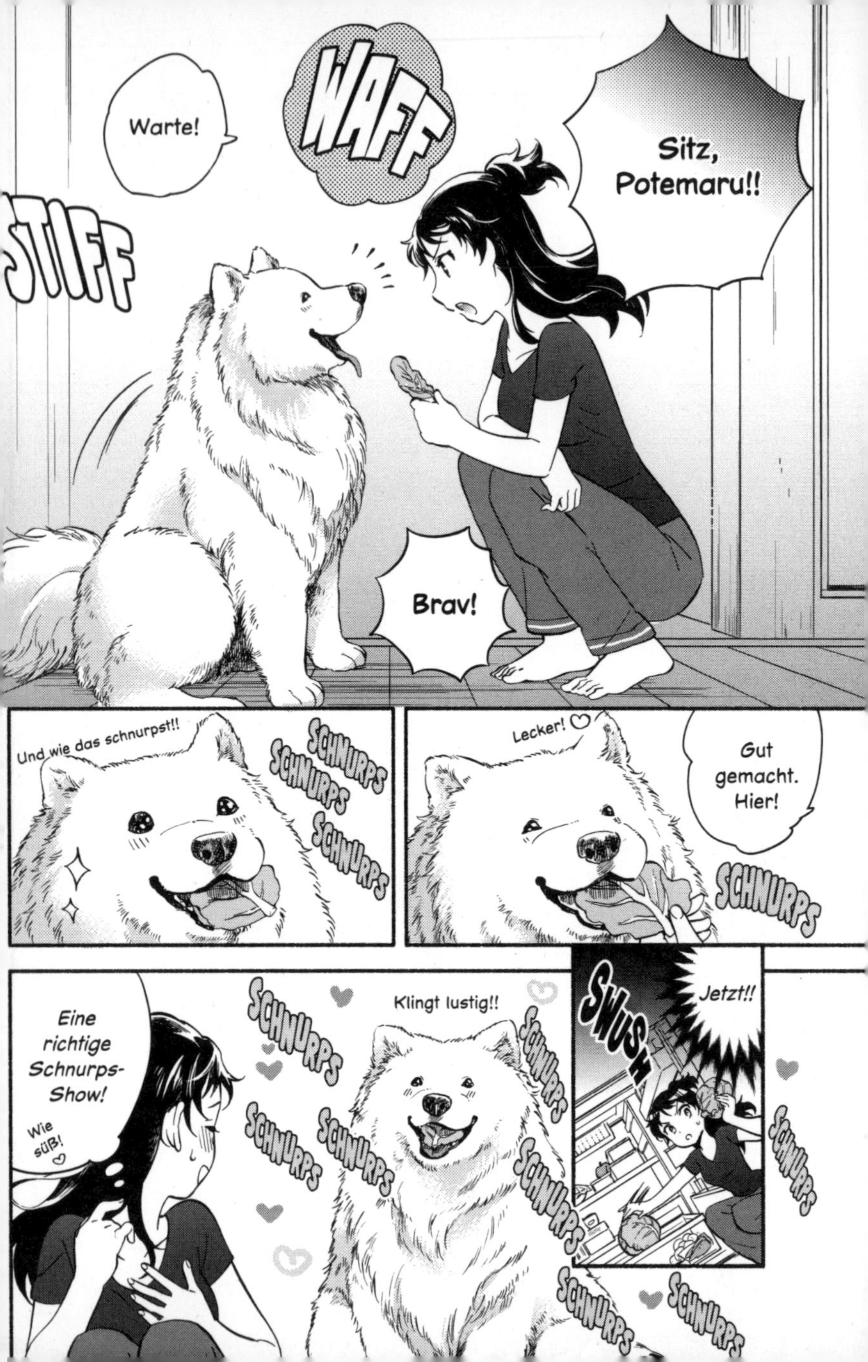
Sitz, Potemaru!!
WAFF
Warte!
STIFF
Brav!
Gut gemacht. Hier!
Lecker!
SCHNURPS
Und wie das schnurpst!!
SCHNURPS
SCHNURPS
SCHNURPS
Jetzt!!
SWUSH
SCHNURPS
Klingt lustig!!
SCHNURPS
SCHNURPS
SCHNURPS
SCHNURPS
SCHNURPS
SCHNURPS
SCHNURPS
Eine richtige Schnurps-Show!
Wie süß!

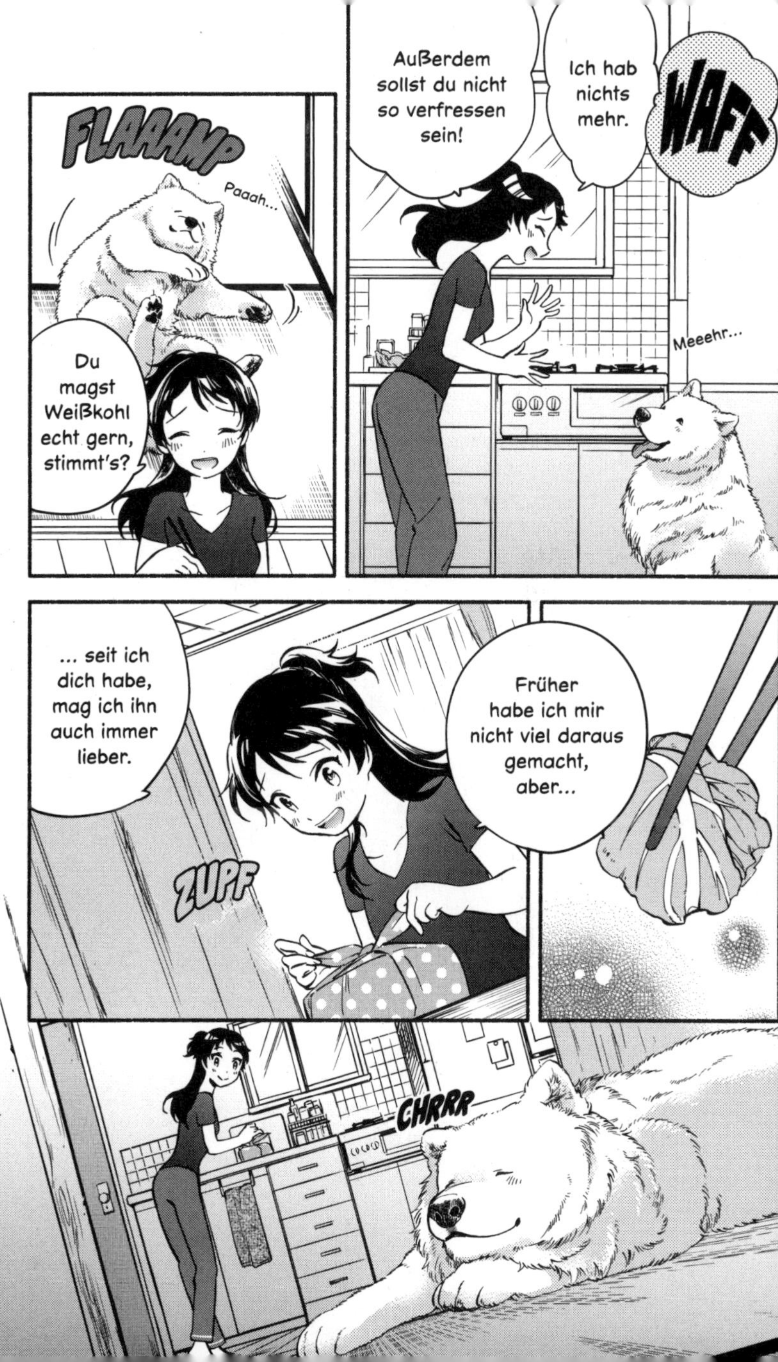
WAFF
Ich hab nichts mehr.
Außerdem sollst du nicht so verfressen sein!
Meeehr...
FLAAAMP
Paaah...
Du magst Weißkohl echt gern, stimmt's?
Früher habe ich mir nicht viel daraus gemacht, aber...
... seit ich dich habe, mag ich ihn auch immer lieber.
ZUPF
CHRRR

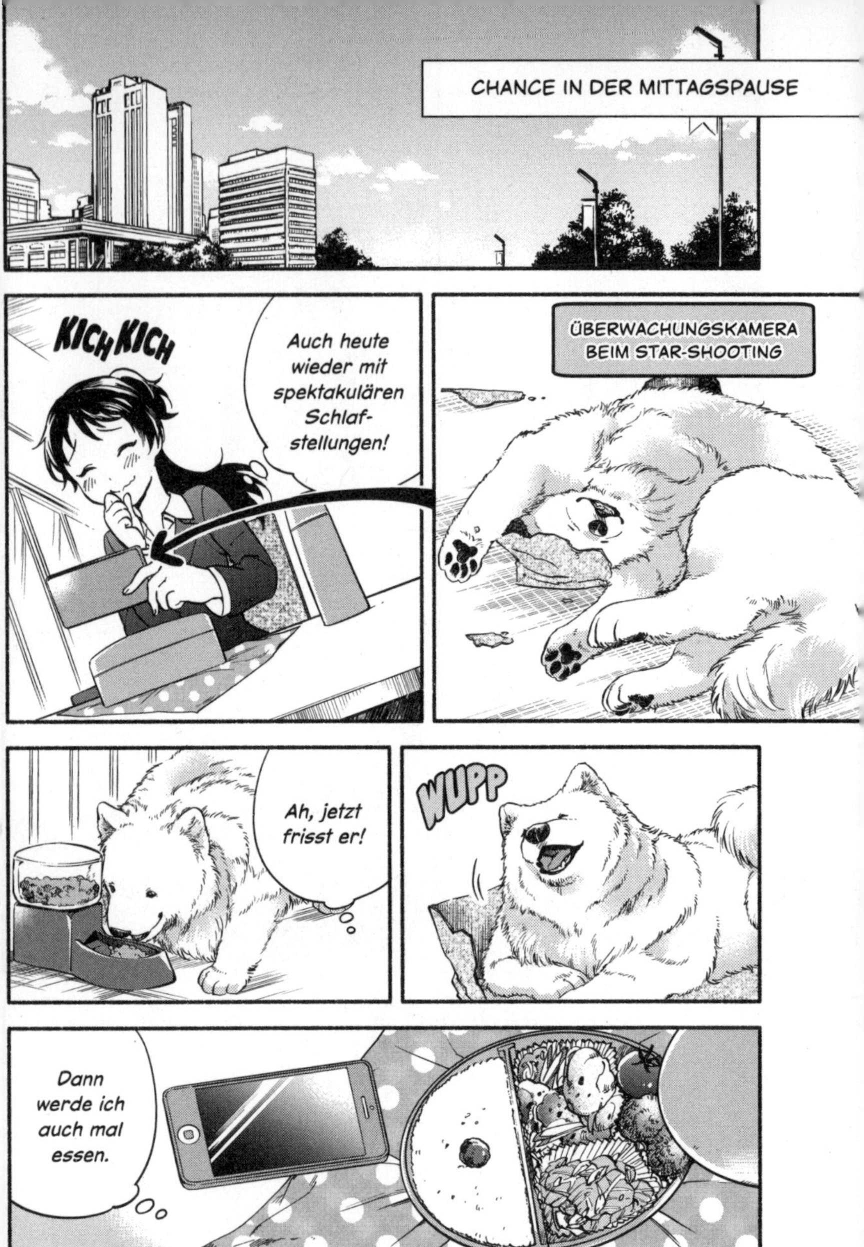
CHANCE IN DER MITTAGSPAUSE
KICH KICH
Auch heute wieder mit spektakulären Schlaf-stellungen!
ÜBERWACHUNGSKAMERA BEIM STAR-SHOOTING
Ah, jetzt frisst er!
WUPP
Dann werde ich auch mal essen.

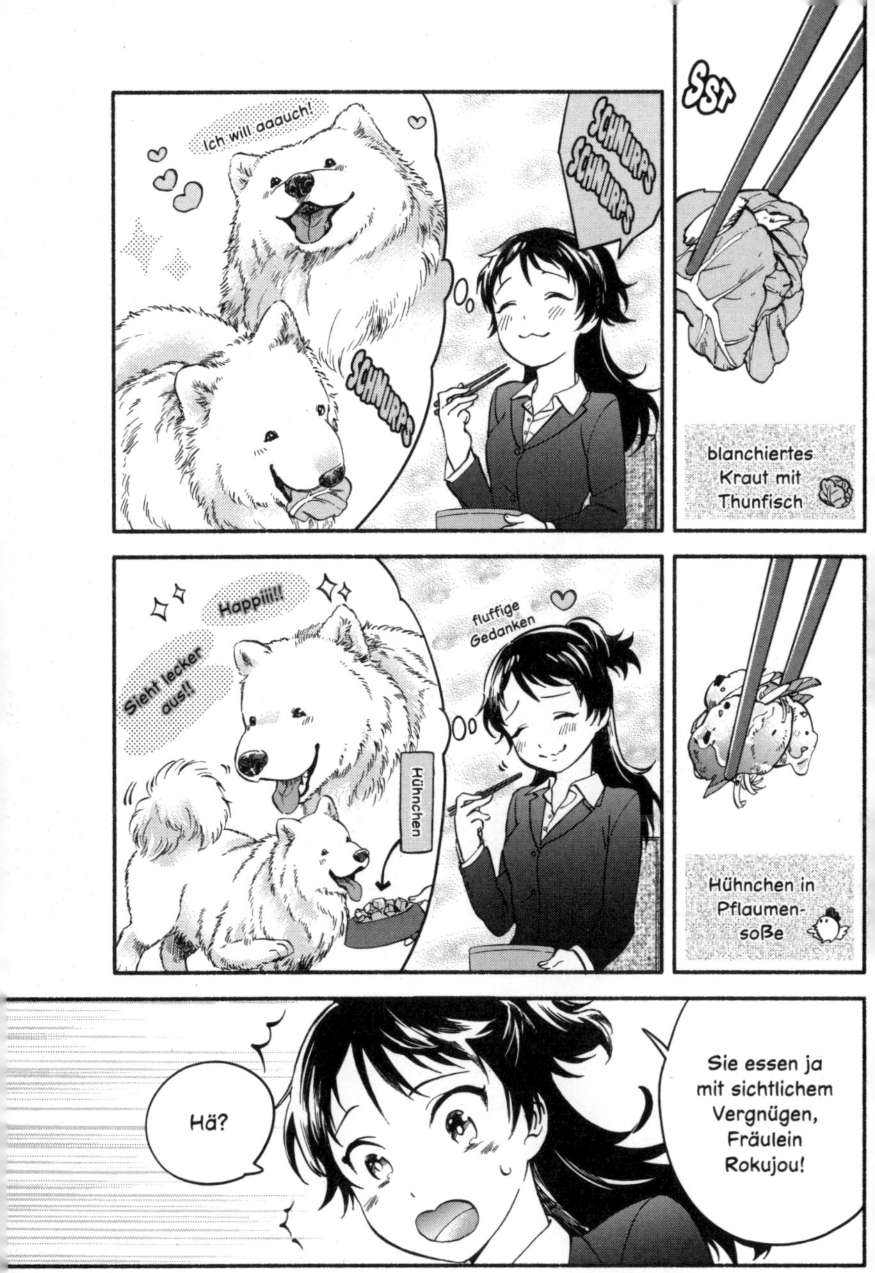
SST
blanchiertes Kraut mit Thunfisch
SCHNURPS SCHNURPS
Ich will aaauch!
SCHNURPS
Hühnchen in Pflaumen-soße
fluffige Gedanken
Happiii!!
Sieht lecker aus!!
Hühnchen
Sie essen ja mit sichtlichem Vergnügen, Fräulein Rokujou!
Hä?

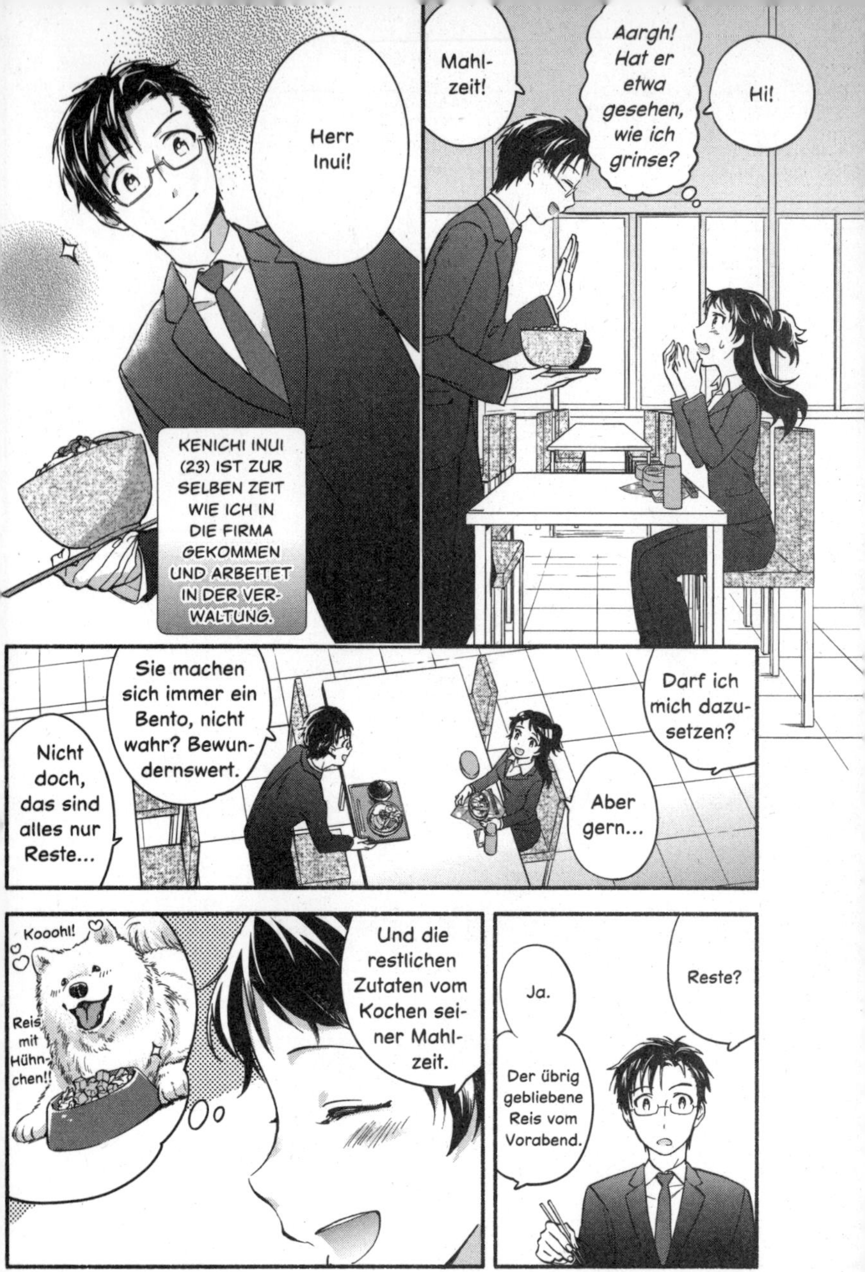
Hi!
Aargh! Hat er etwa gesehen, wie ich grinse?
Mahl-zeit!
Herr Inui!
KENICHI INUI (23) IST ZUR SELBEN ZEIT WIE ICH IN DIE FIRMA GEKOMMEN UND ARBEITET IN DER VER-WALTUNG.
Darf ich mich dazu-setzen?
Aber gern...
Sie machen sich immer ein Bento, nicht wahr? Bewun-dernswert.
Nicht doch, das sind alles nur Reste...
Reste?
Ja.
Der übrig gebliebene Reis vom Vorabend.
Und die restlichen Zutaten vom Kochen sei-ner Mahl-zeit.
Kooohl!
Reis mit Hühn-chen!!

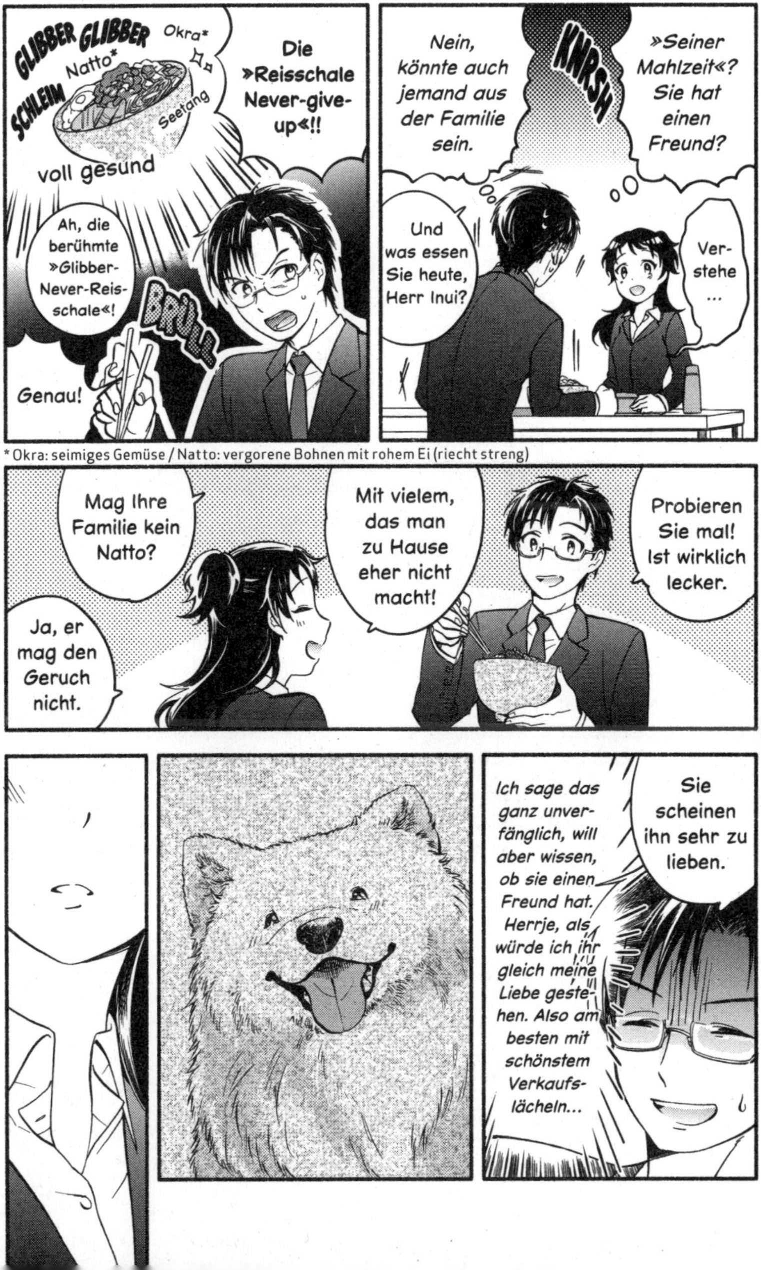

* Okra: seimiges Gemüse / Natto: vergorene Bohnen mit rohem Ei (riecht streng)

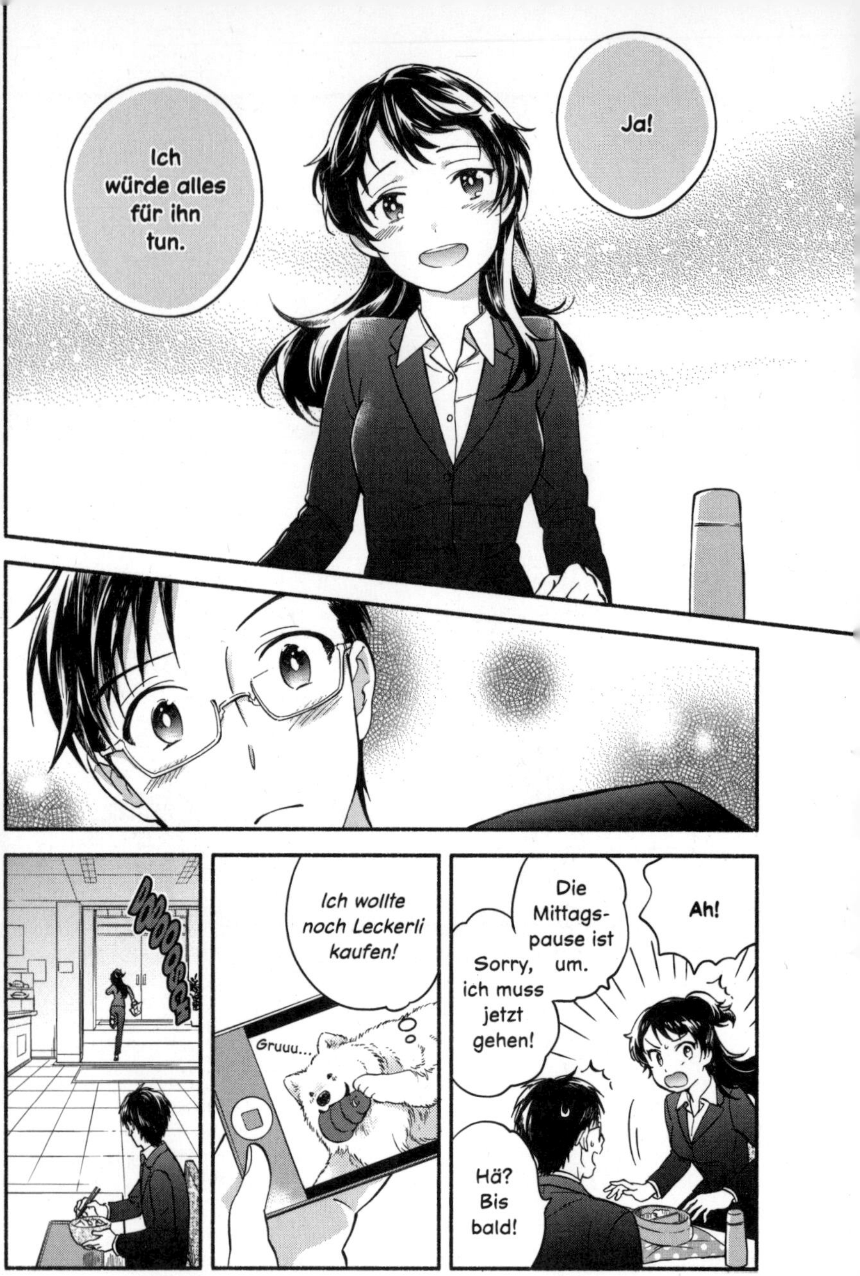
Ja!
Ich würde alles für ihn tun.
Ah!
Die Mittags-pause ist um.
Sorry, ich muss jetzt gehen!
Hä? Bis bald!
Ich wollte noch Leckerli kaufen!
Gruuu...

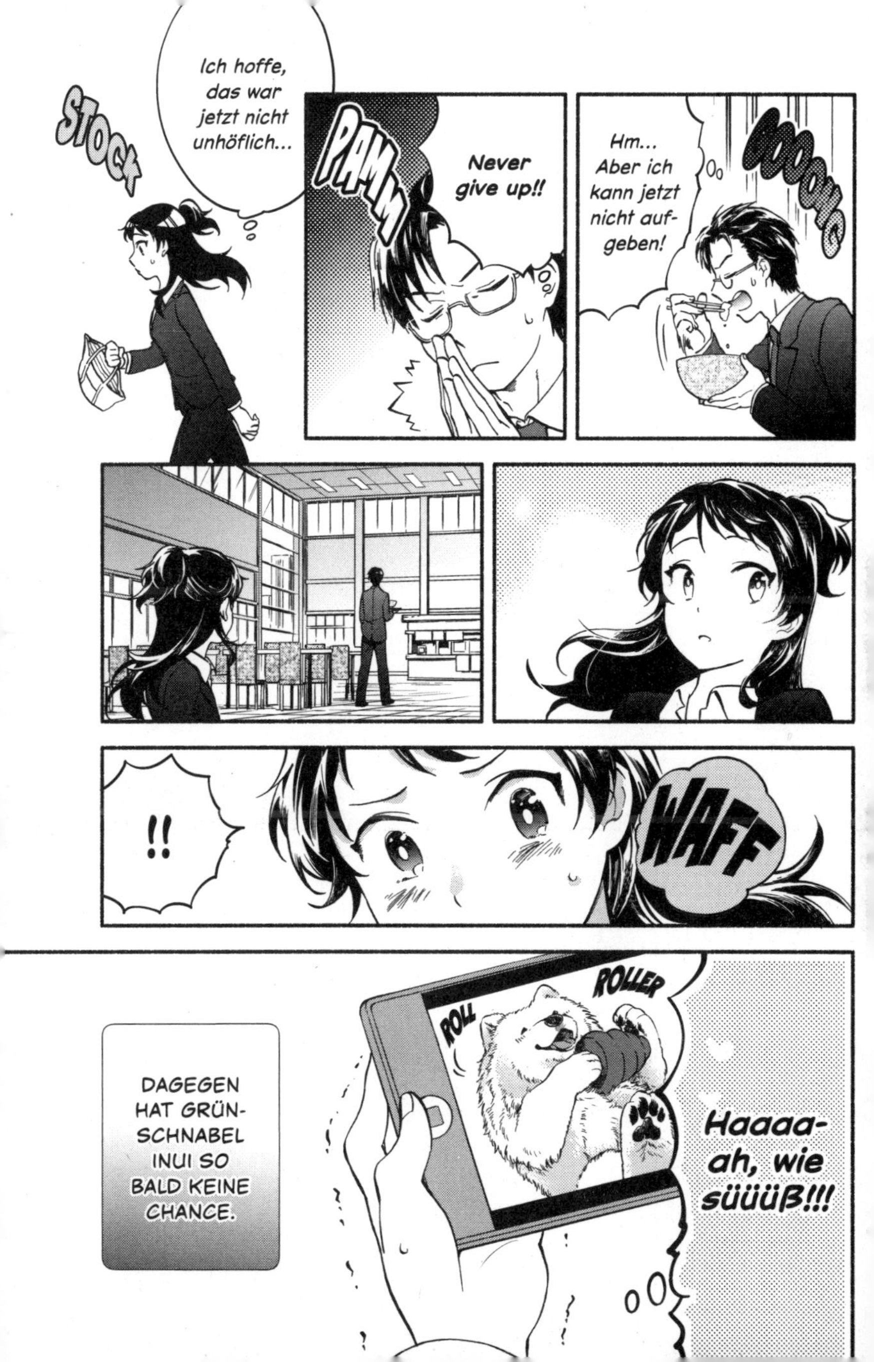
Ooooohhhh
Hm... Aber ich kann jetzt nicht aufgeben!
PAMM
Never give up!!
Ich hoffe, das war jetzt nicht unhöflich...
STOCK
WAFF
!!
ROLLER
ROLL
Haaaa-ah, wie süüüß!!!
DAGEGEN HAT GRÜN-SCHNABEL INUI SO BALD KEINE CHANCE.

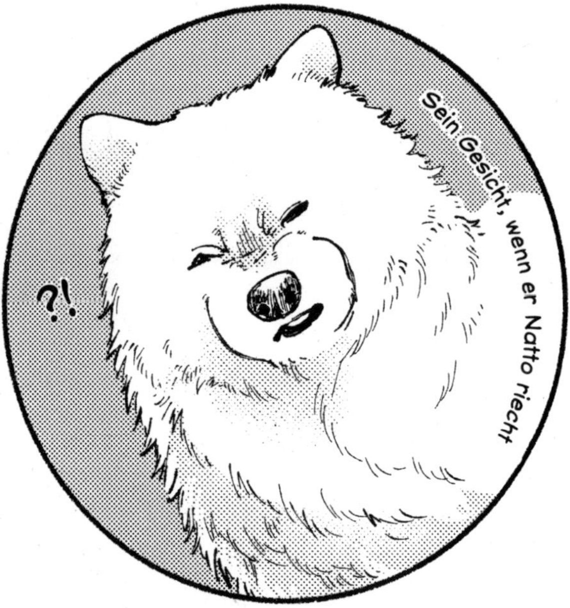
?!
Sein Gesicht, wenn er Natto riecht

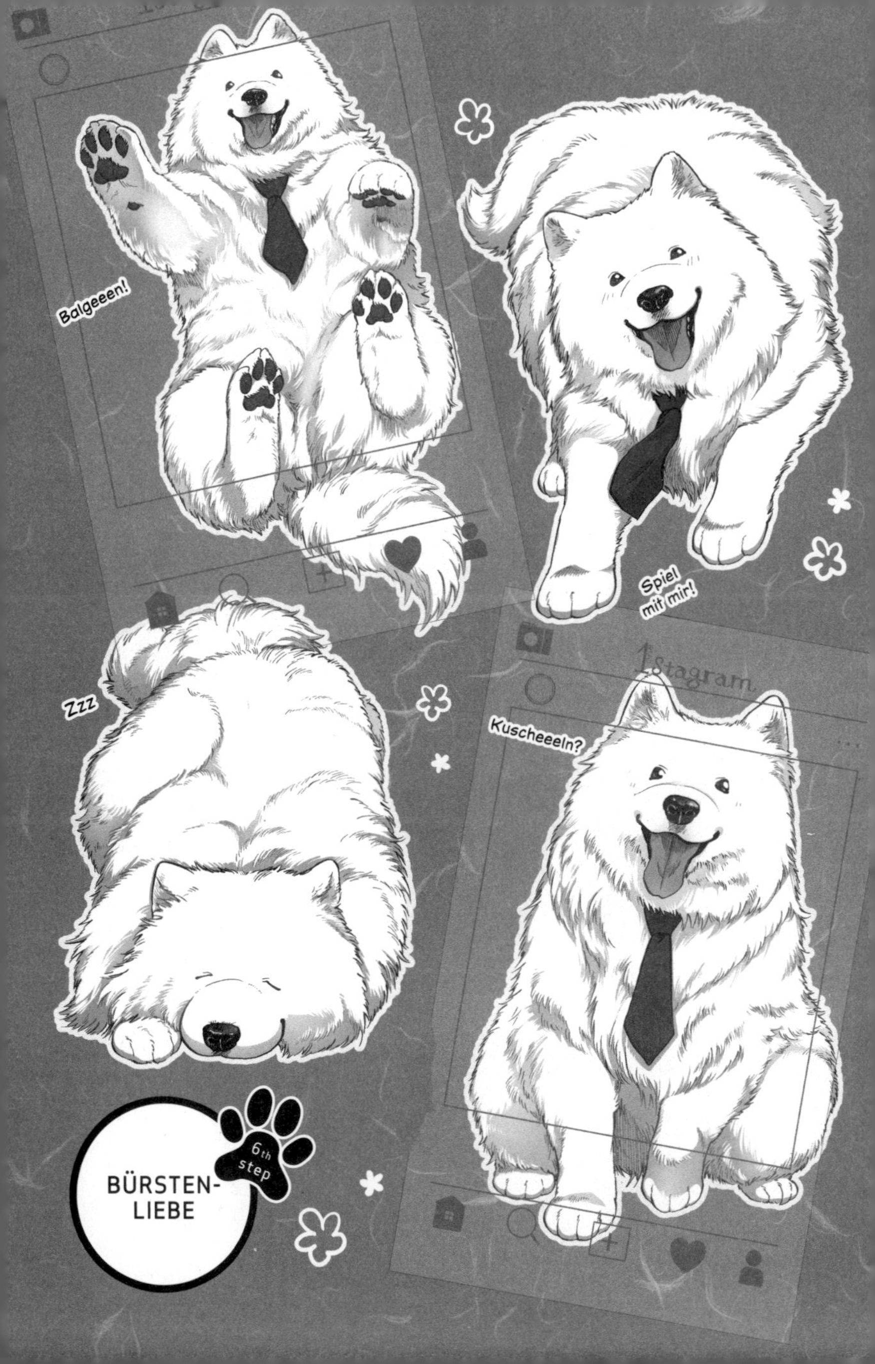
Balgeeen!
Spiel mit mir!
Zzz
1stagram
Kuscheeeln?
6th step
BÜRSTEN-
LIEBE

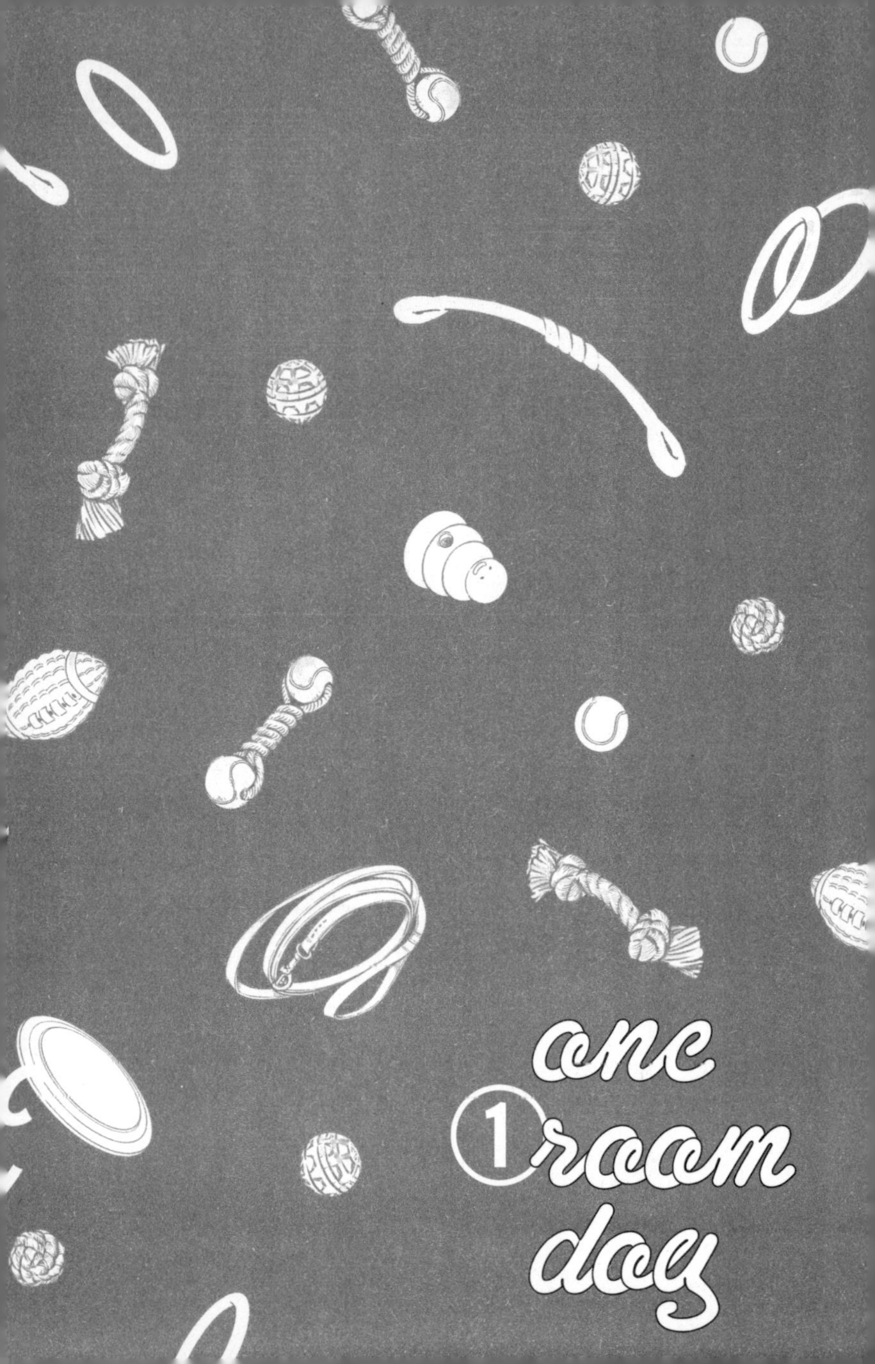
one
1 room
dog

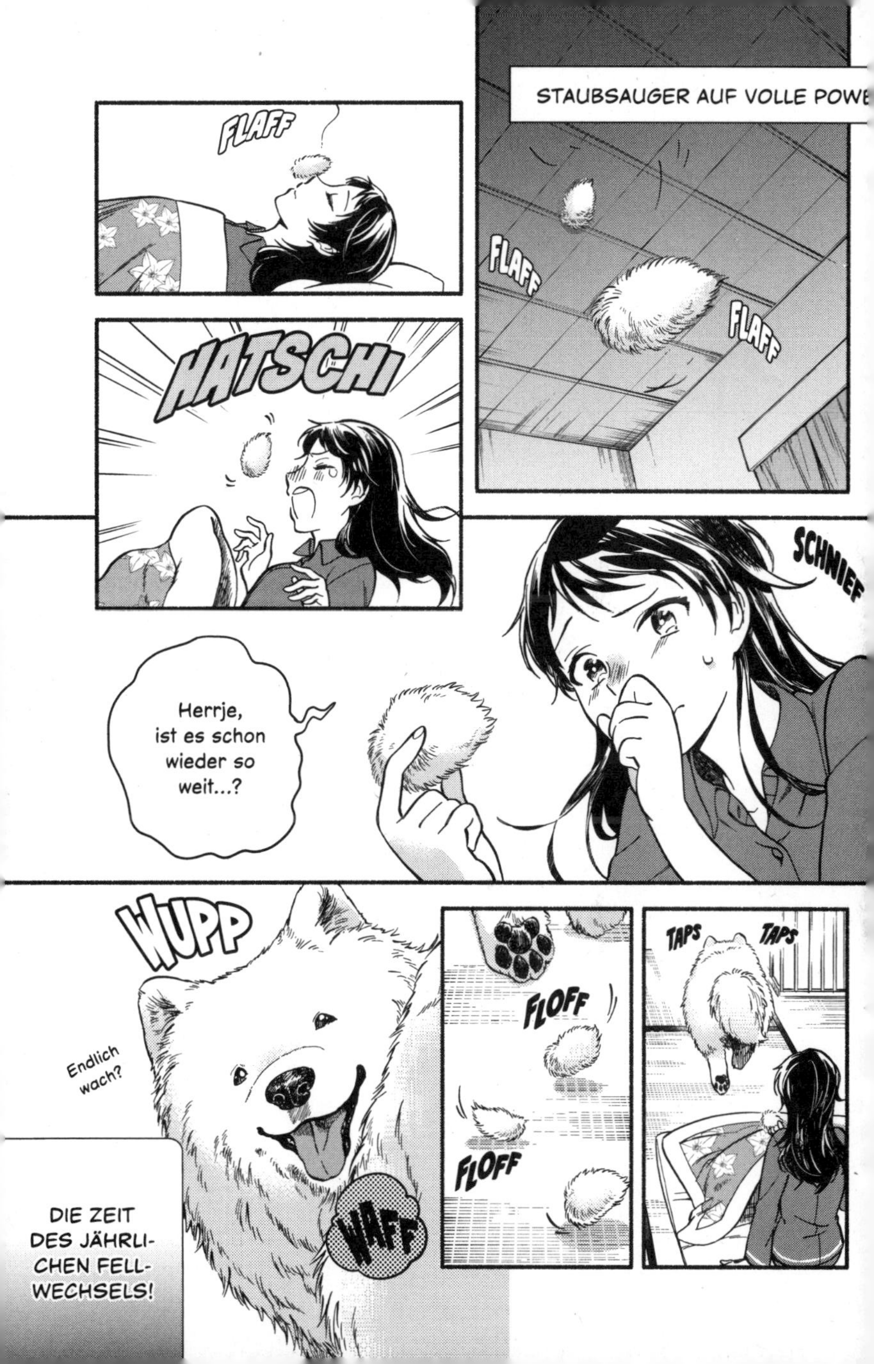
FLAFF
STAUBSAUGER AUF VOLLE POWE
FLAFF
FLAFF
HATSCHI
SCHNIEF
Herrje, ist es schon wieder so weit...?
WUPP
Endlich wach?
DIE ZEIT DES JÄHRLI- CHEN FELL- WECHSELS!
WAFF
FLOFF
FLOFF
TAPS
TAPS

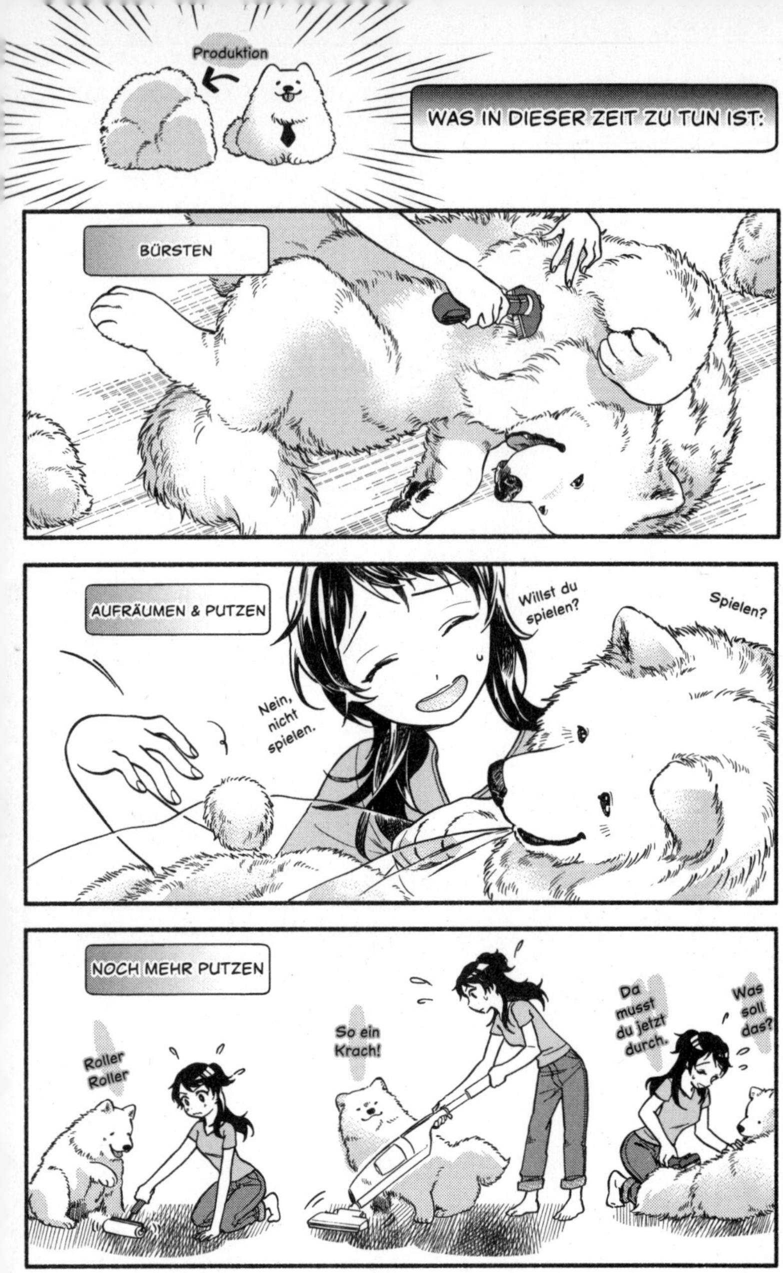
Produktion
WAS IN DIESER ZEIT ZU TUN IST:
BÜRSTEN
AUFRÄUMEN & PUTZEN
Willst du spielen?
Spielen?
Nein, nicht spielen.
NOCH MEHR PUTZEN
Roller Roller
So ein Krach!
Da musst du jetzt durch.
Was soll das?

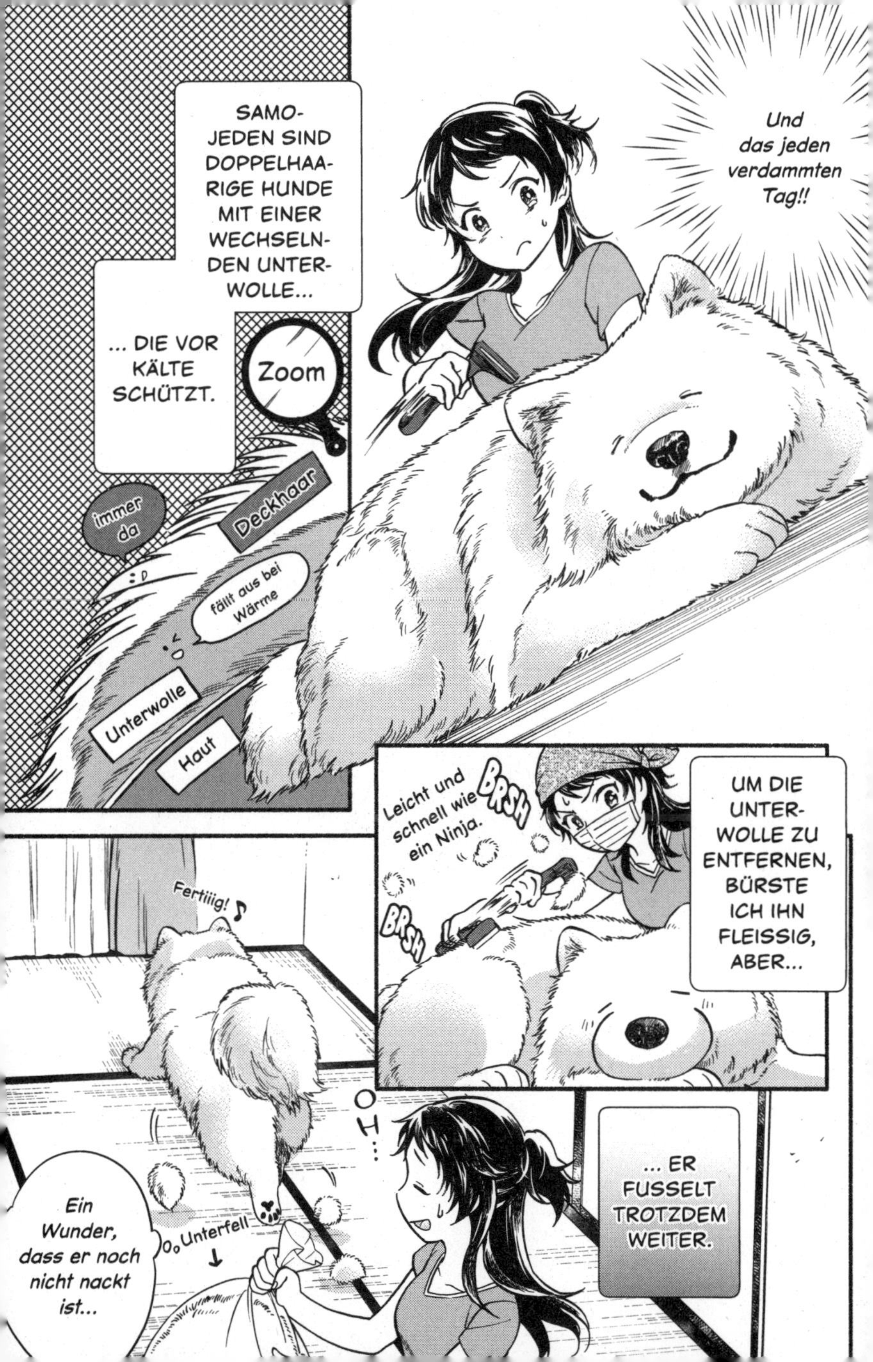
Und das jeden verdammten Tag!!
SAMOJEDEN SIND DOPPELHAARIGE HUNDE MIT EINER WECHSELNDEN UNTERWOLLE...
... DIE VOR KÄLTE SCHÜTZT.
Zoom
Deckhaar
immer da
fällt aus bei Wärme
Unterwolle
Haut
UM DIE UNTERWOLLE ZU ENTFERNEN, BÜRSTE ICH IHN FLEISSIG, ABER...
BRSH
Leicht und schnell wie ein Ninja.
BRSH
... ER FUSSELT TROTZDEM WEITER.
OH...
Fertiiig!
Unterfell
Ein Wunder, dass er noch nicht nackt ist...

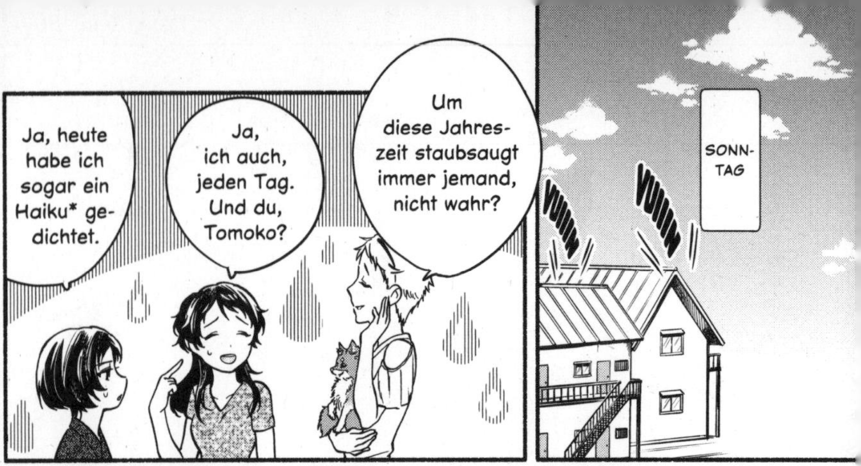

*Kurzgedicht mit Versen aus fünf, sieben und fünf Silben

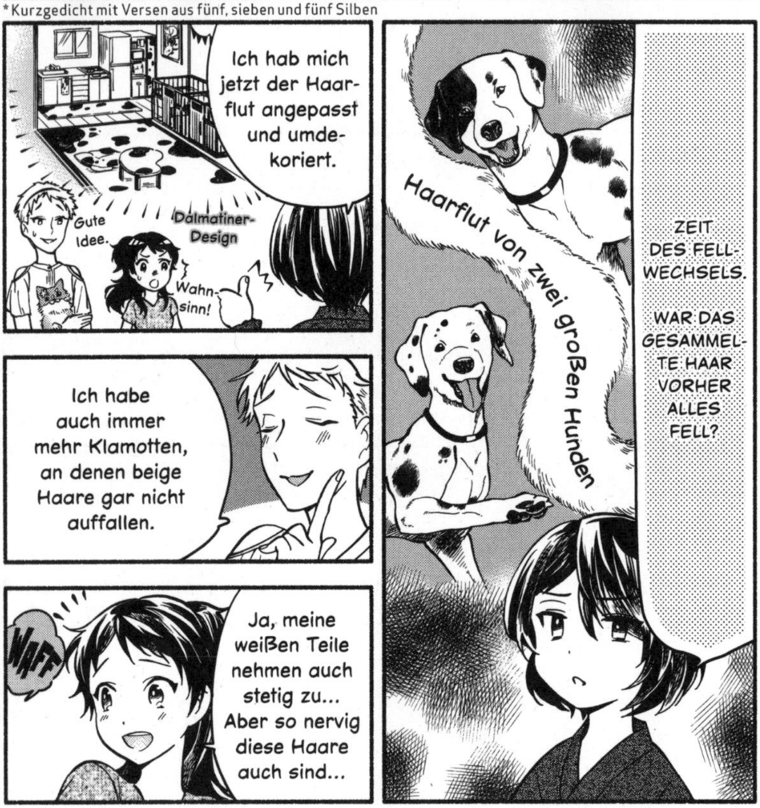

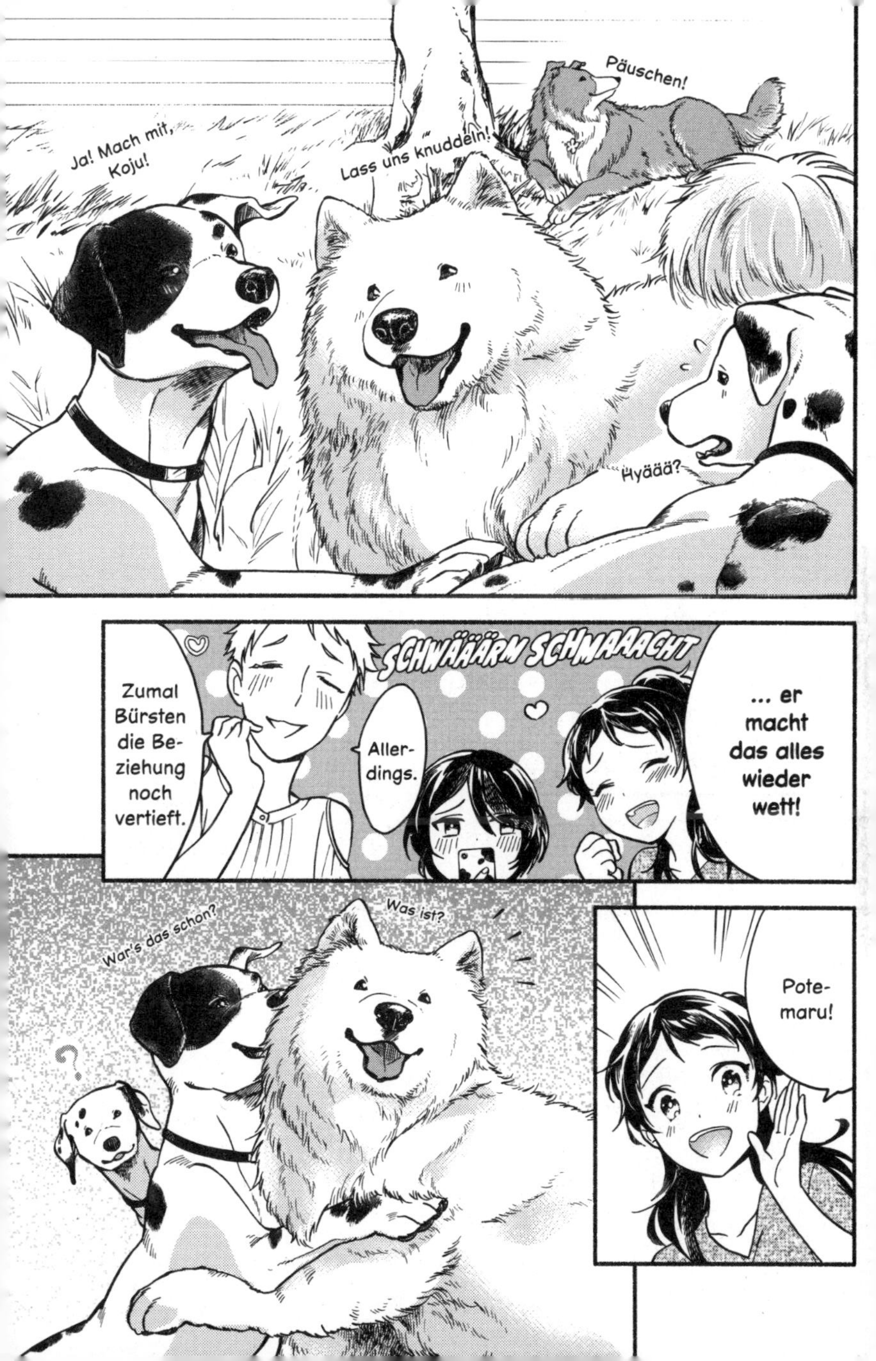

Päuschen!
Lass uns knuddeln!
Ja! Mach mit, Koju!
Hyääå?
SCHWÄÄÄRM SCHMAAACHT
... er macht das alles wieder wett!
Allerdings.
Zumal Bürsten die Beziehung noch vertieft.
Potemaru!
Was ist?
War's das schon?
?

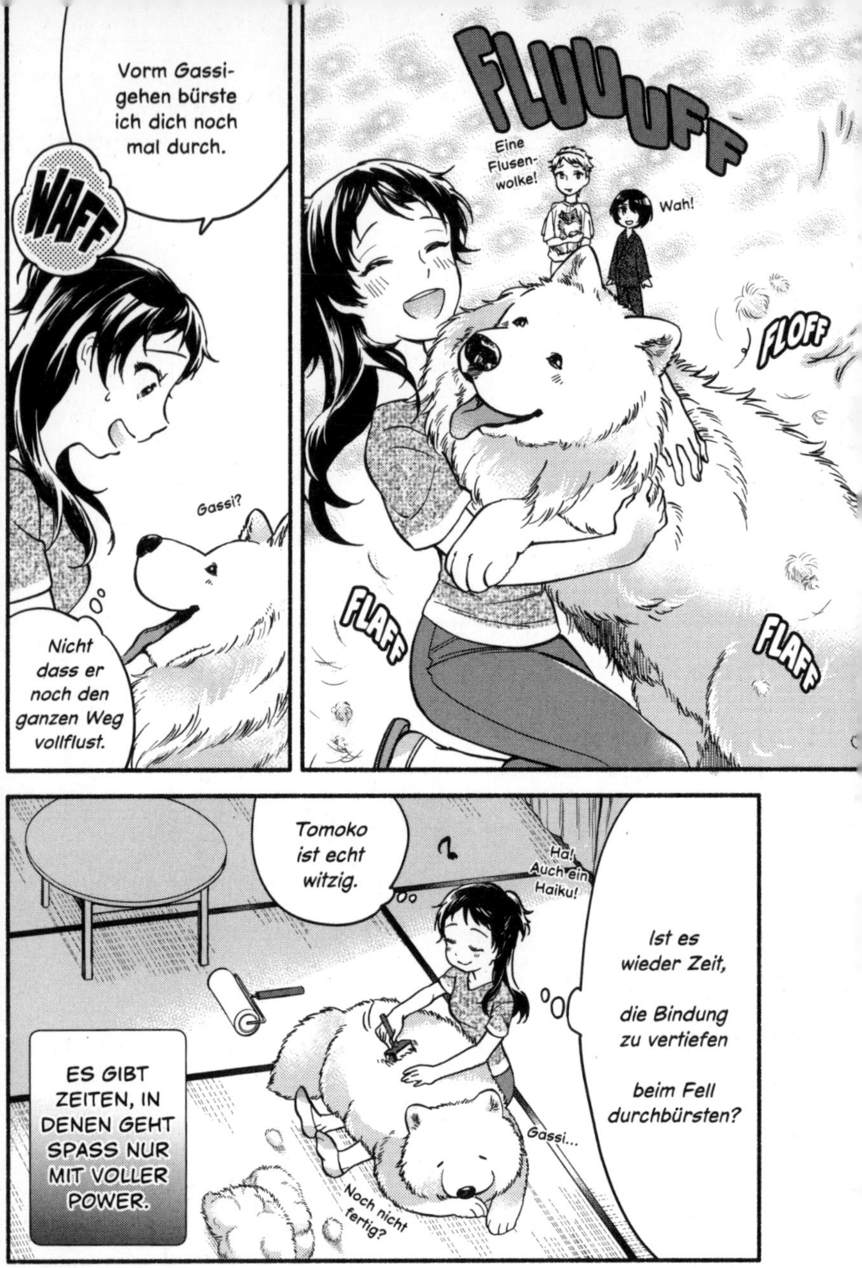
FLUUUFF
Eine Flusen-wolke!
Wah!
FLOFF
FLAFF
FLAFF
Vorm Gassi-gehen bürste ich dich noch mal durch.
WAFF
Gassi?
Nicht dass er noch den ganzen Weg vollflust.
Ist es wieder Zeit, die Bindung zu vertiefen beim Fell durchbürsten?
Ha! Auch ein Haiku!
Tomoko ist echt witzig.
Gassi...
Noch nicht fertig?
ES GIBT ZEITEN, IN DENEN GEHT SPASS NUR MIT VOLLER POWER.

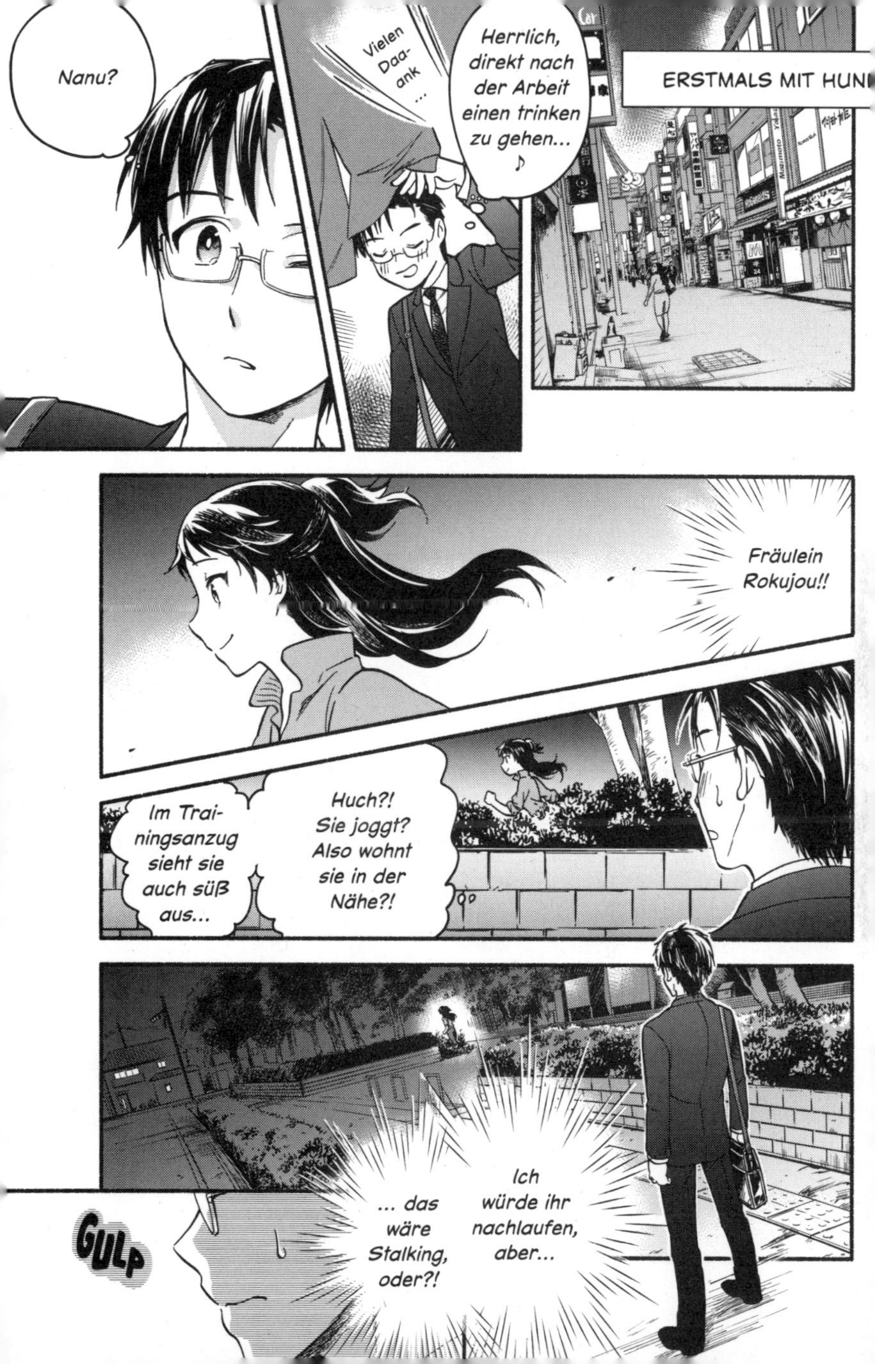
ERSTMALS MIT HUN
Herrlich, direkt nach der Arbeit einen trinken zu gehen... ♪
Vielen Daa-ank ...
Nanu?
Fräulein Rokujou!!
Huch?! Sie joggt? Also wohnt sie in der Nähe?!
Im Trainingsanzug sieht sie auch süß aus...
Ich würde ihr nachlaufen, aber...
... das wäre Stalking, oder?!
GULP

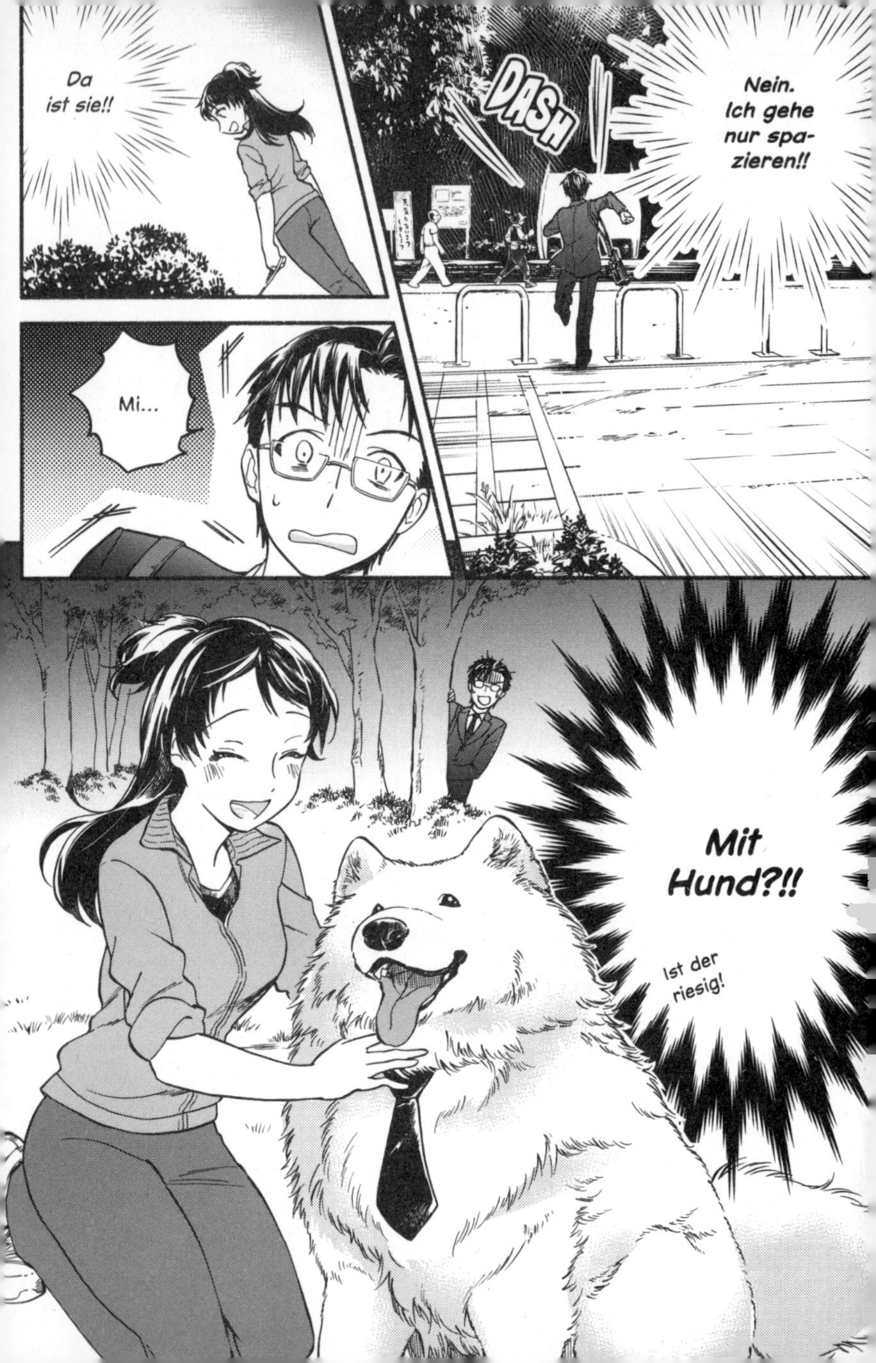
Nein. Ich gehe nur spa-zieren!!
DASH
Da ist sie!!
Mi...
Mit Hund?!!
Ist der riesig!

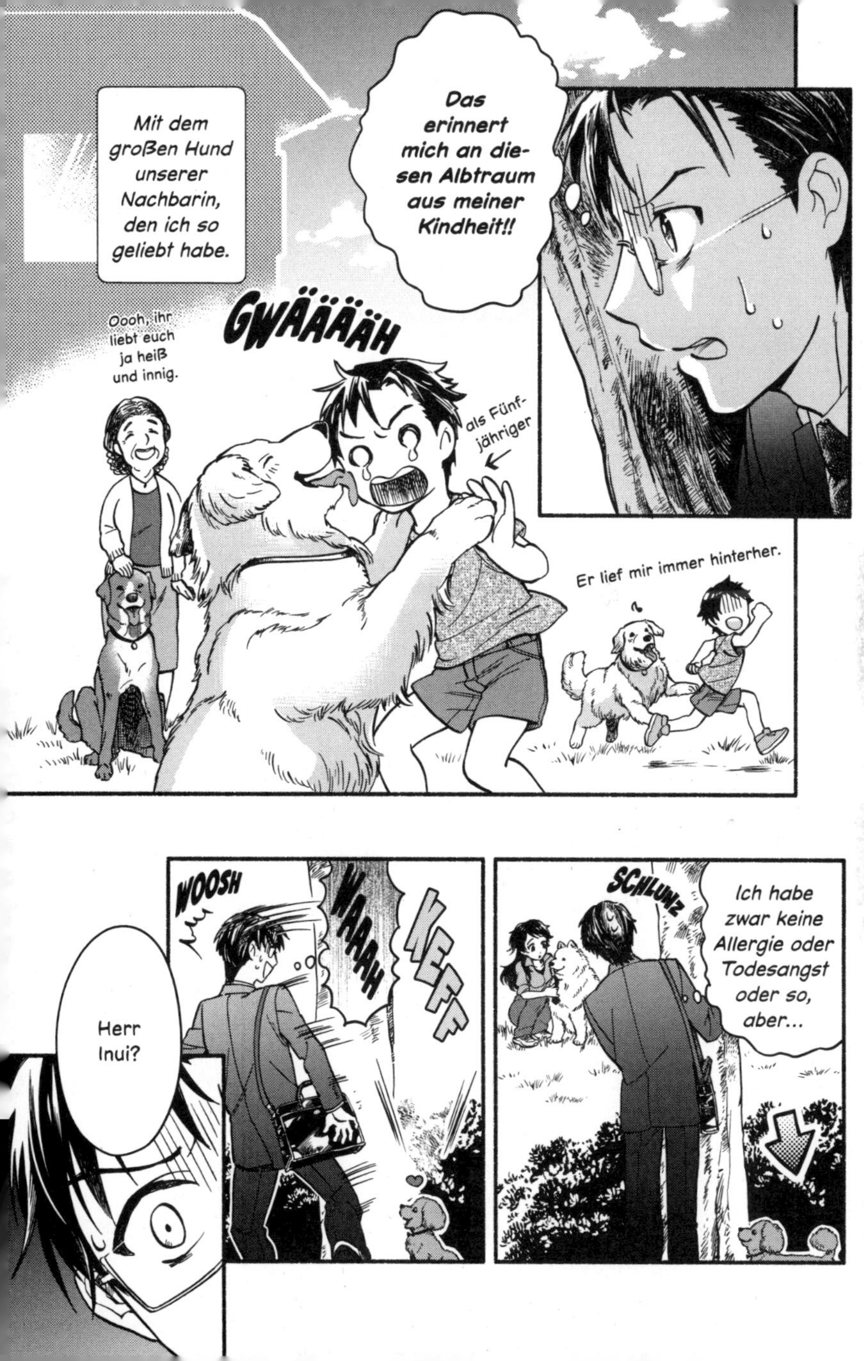
Das erinnert mich an diesen Albtraum aus meiner Kindheit!!
Mit dem großen Hund unserer Nachbarin, den ich so geliebt habe.
GWÄÄÄÄH
Oooh, ihr liebt euch ja heiß und innig.
als Fünfjähriger
Er lief mir immer hinterher.
SCHLUMZ
Ich habe zwar keine Allergie oder Todesangst oder so, aber...
WOOSH
WAAAAH
KEFF
Herr Inui?

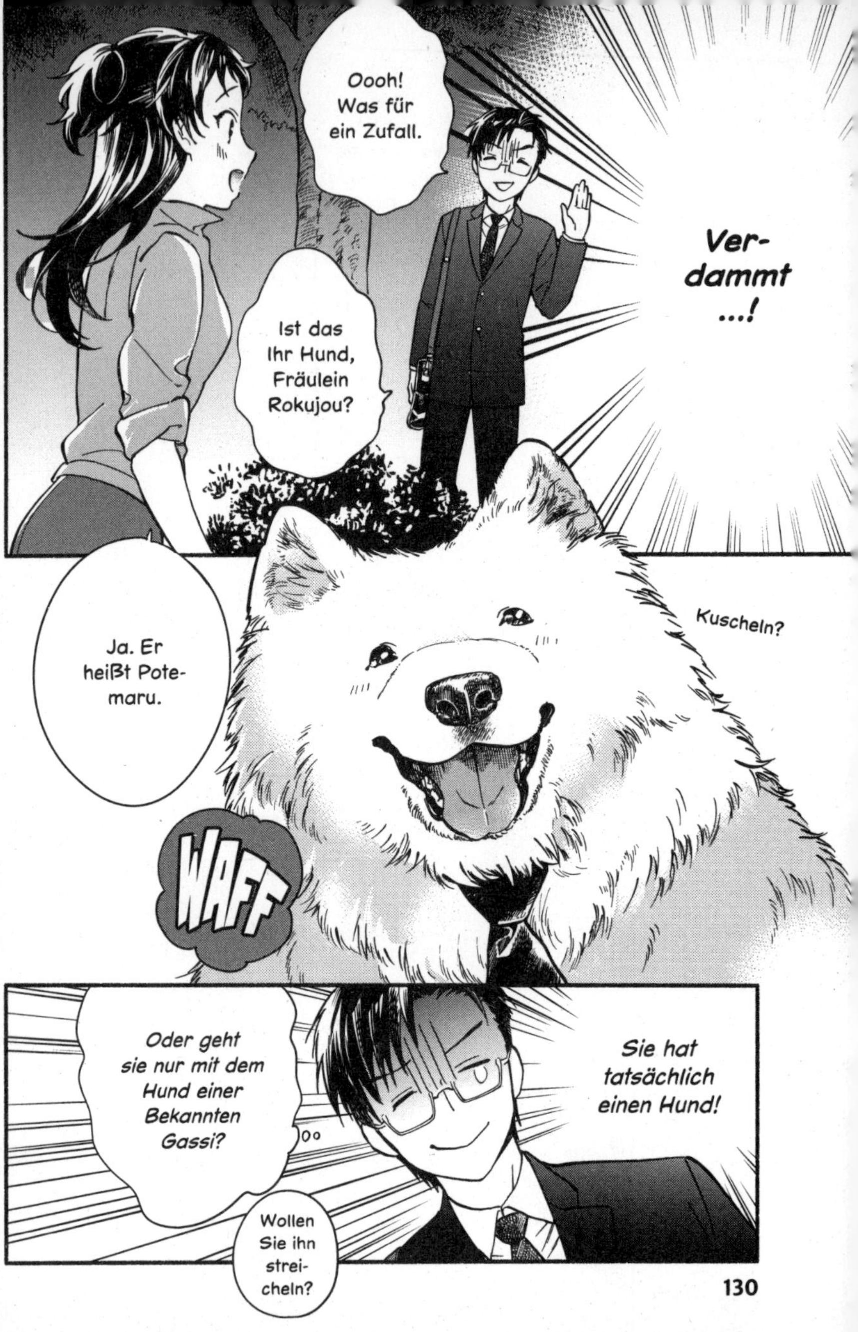
Verdammt ...!
Oooh! Was für ein Zufall.
Ist das Ihr Hund, Fräulein Rokujou?
Kuscheln?
Ja. Er heißt Potemaru.
WAFF
Sie hat tatsächlich einen Hund!
Oder geht sie nur mit dem Hund einer Bekannten Gassi?
Wollen Sie ihn streicheln?

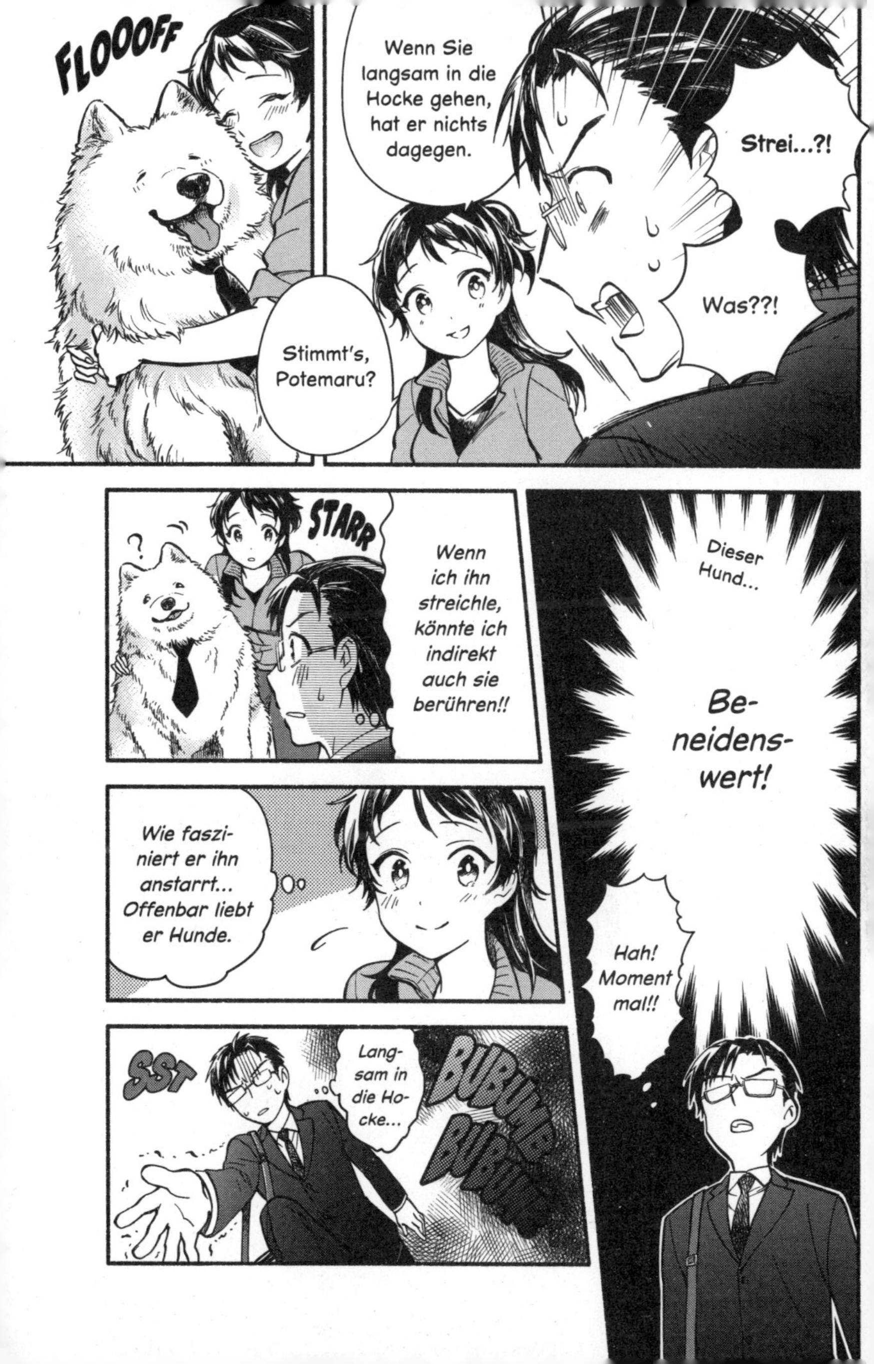
Wenn Sie langsam in die Hocke gehen, hat er nichts dagegen.
Strei...?!
Was??!
Stimmt's, Potemaru?
FLOOOFF
Dieser Hund...
Be-neidens-wert!
Hah! Moment mal!!
STARR
Wenn ich ihn streichle, könnte ich indirekt auch sie berühren!!
Wie faszi-niert er ihn anstarrt... Offenbar liebt er Hunde.
Lang-sam in die Ho-cke...
SST

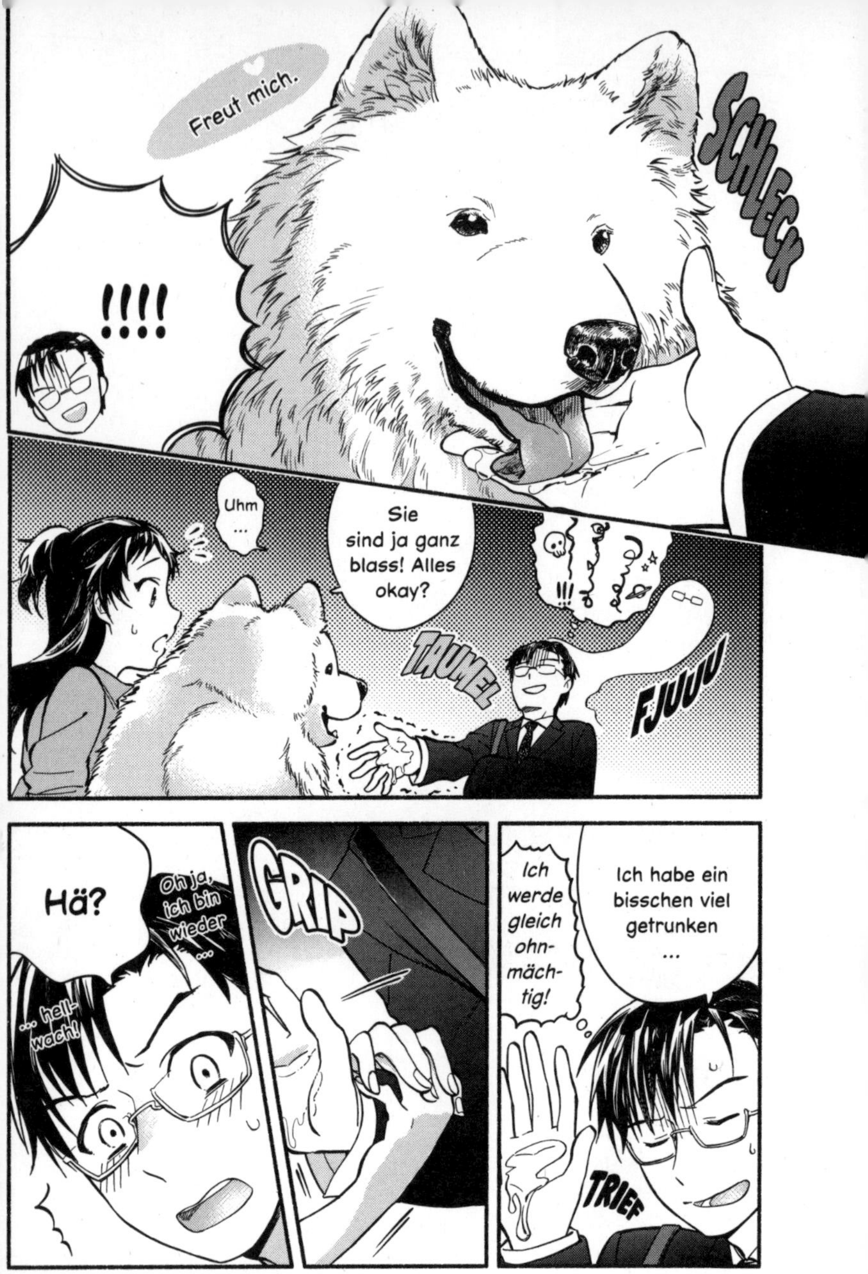
Freut mich.
SCHLECK
!!!!
Sie sind ja ganz blass! Alles okay?
Uhm ...
!!!
FJUUU
TAUMEL
Ich habe ein bisschen viel getrunken ...
Ich werde gleich ohnmächtig!
TRIEF
GRIP
Oh ja, ich bin wieder ...
... hellwach!
Hä?

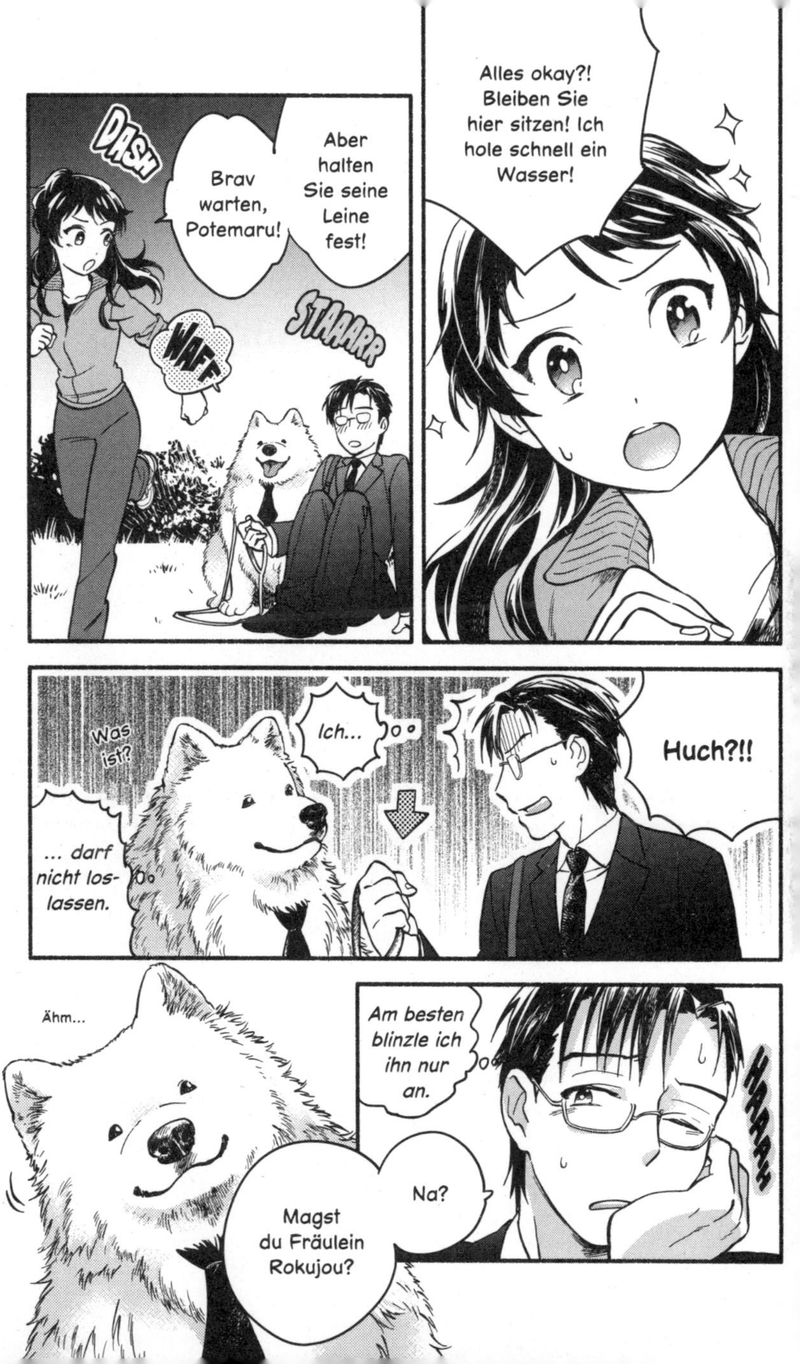
Alles okay?! Bleiben Sie hier sitzen! Ich hole schnell ein Wasser!
Aber halten Sie seine Leine fest!
Brav warten, Potemaru!
DASH
WAFF
STAAARR
Huch?!!
Ich...
Was ist?
... darf nicht los-lassen.
Am besten blinzle ich ihn nur an.
HAAAAH
Ähm...
Na?
Magst du Fräulein Rokujou?

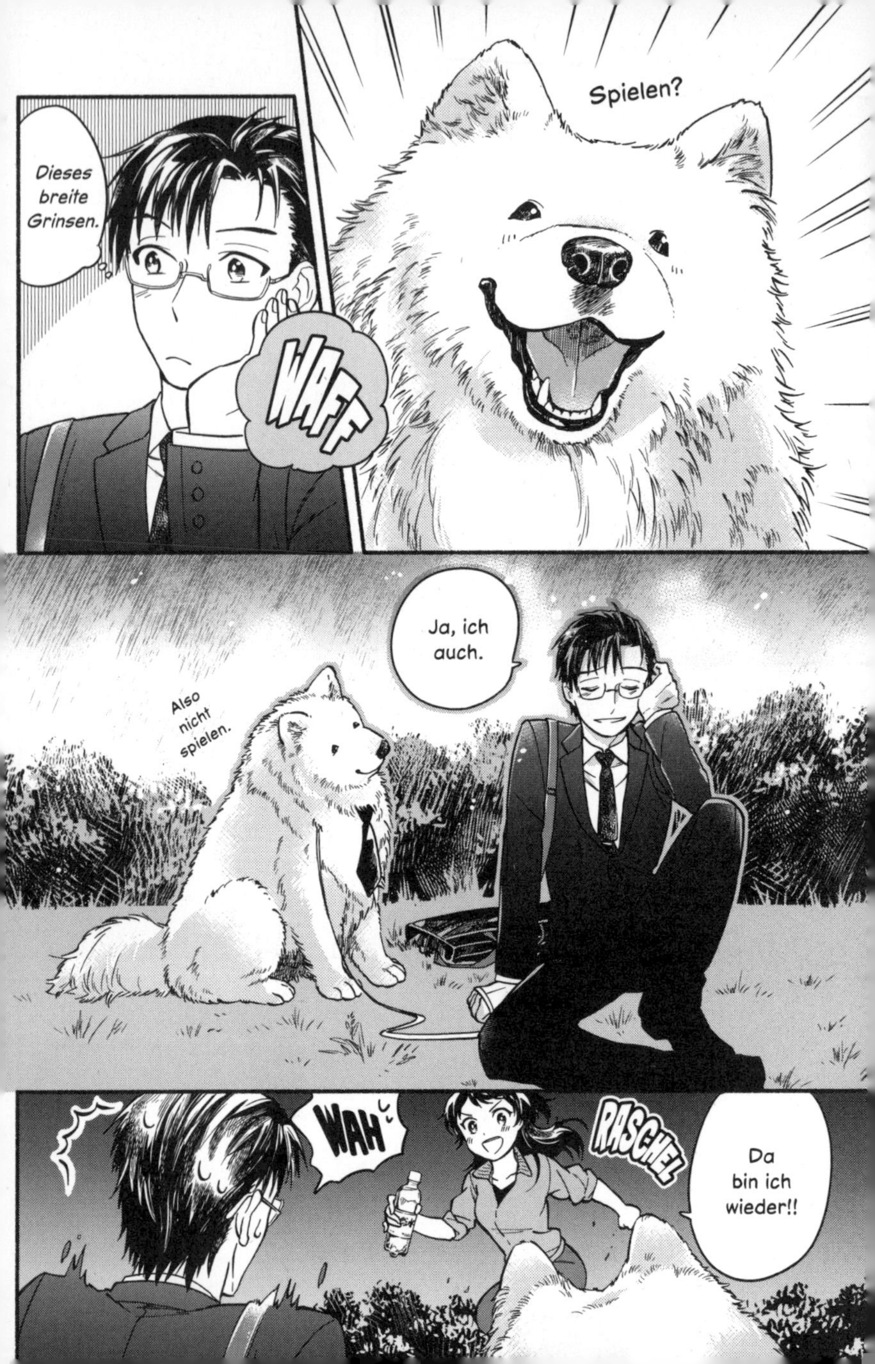

Spielen?
Dieses breite Grinsen.
WAFF
Ja, ich auch.
Also nicht spielen.
Da bin ich wieder!!
RASCHEL
WAH

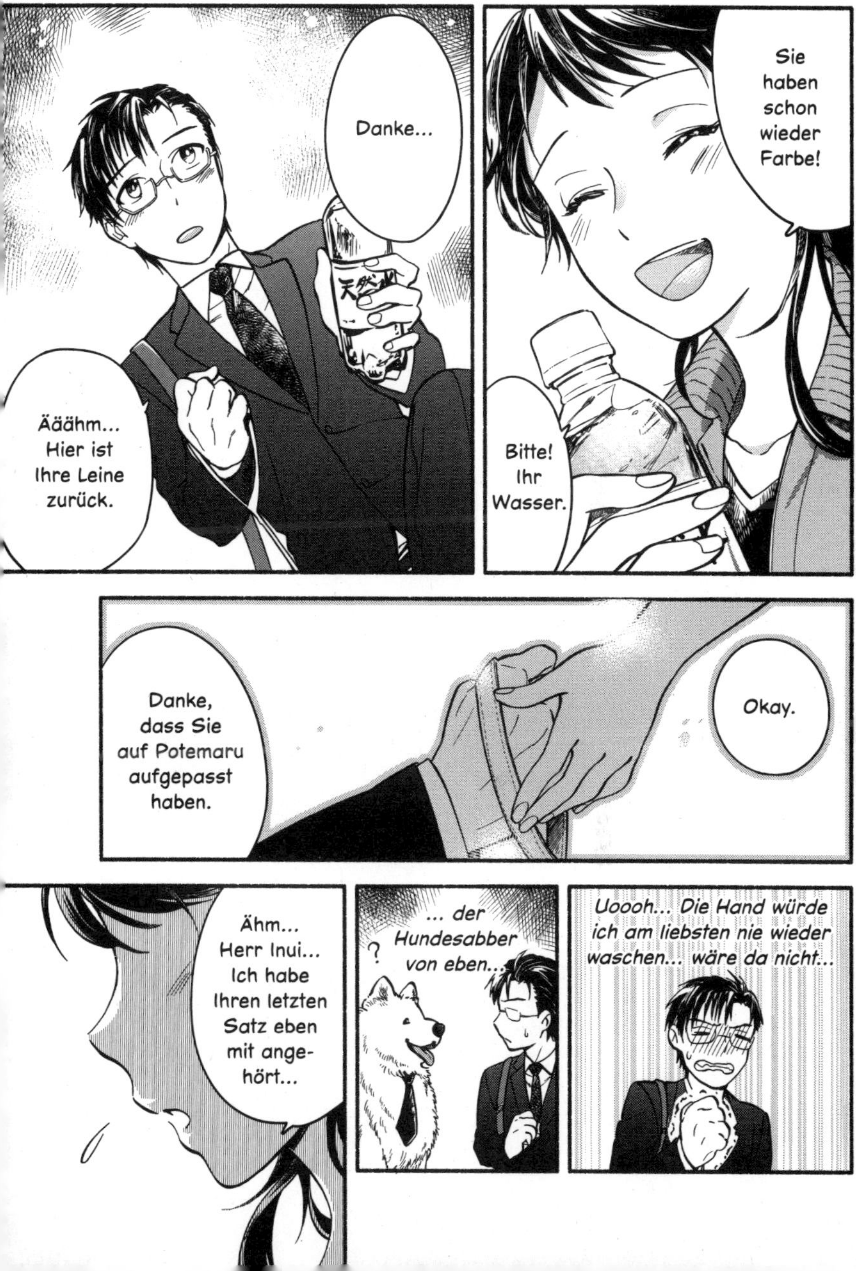
Sie haben schon wieder Farbe!
Bitte! Ihr Wasser.
Danke...
Ääähm... Hier ist Ihre Leine zurück.
Okay.
Danke, dass Sie auf Potemaru aufgepasst haben.
Uoooh... Die Hand würde ich am liebsten nie wieder waschen... wäre da nicht...
... der Hundesabber von eben...
?
Ähm... Herr Inui... Ich habe Ihren letzten Satz eben mit angehört...

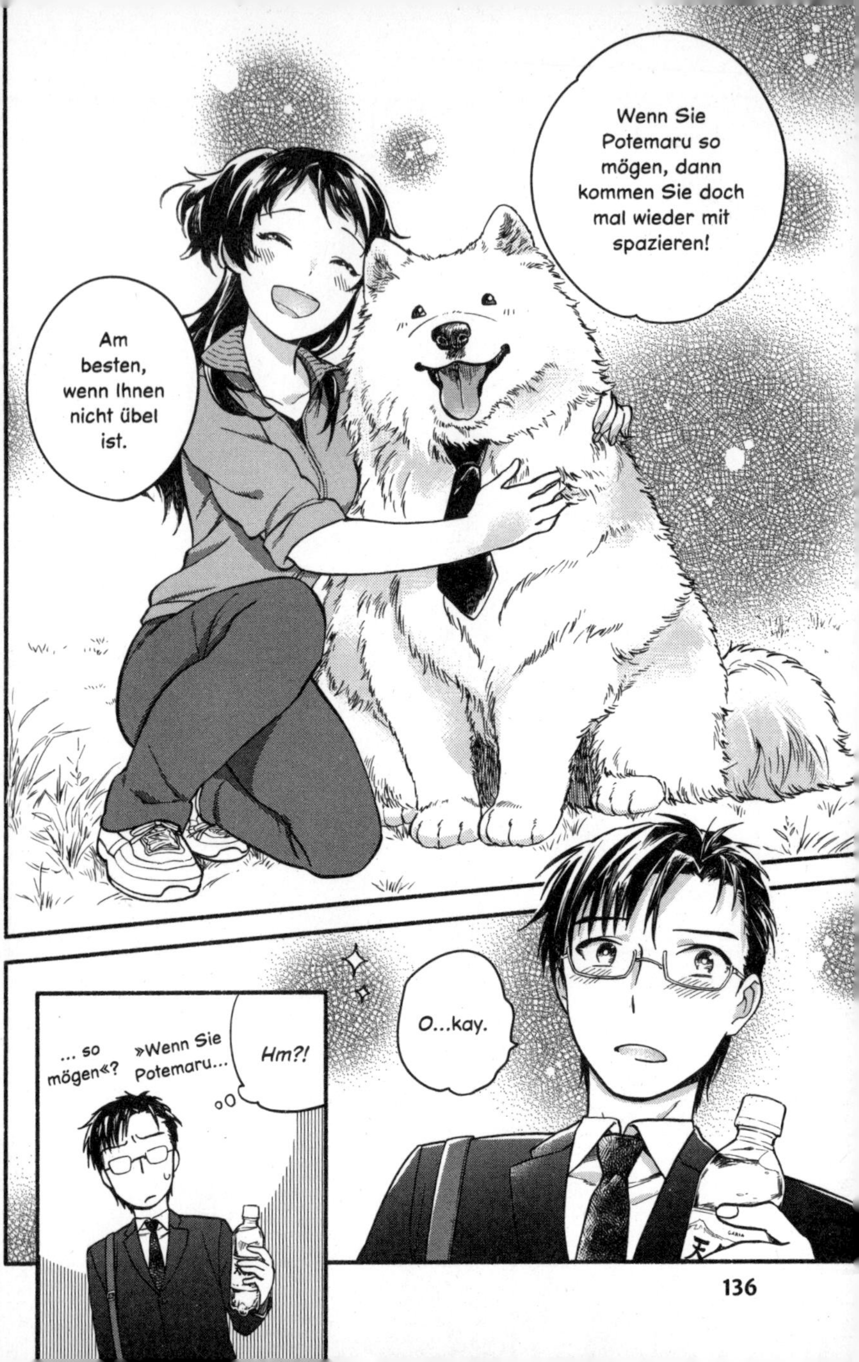
Wenn Sie Potemaru so mögen, dann kommen Sie doch mal wieder mit spazieren!
Am besten, wenn Ihnen nicht übel ist.
O...kay.
Hm?!
»Wenn Sie Potemaru...
... so mögen«?

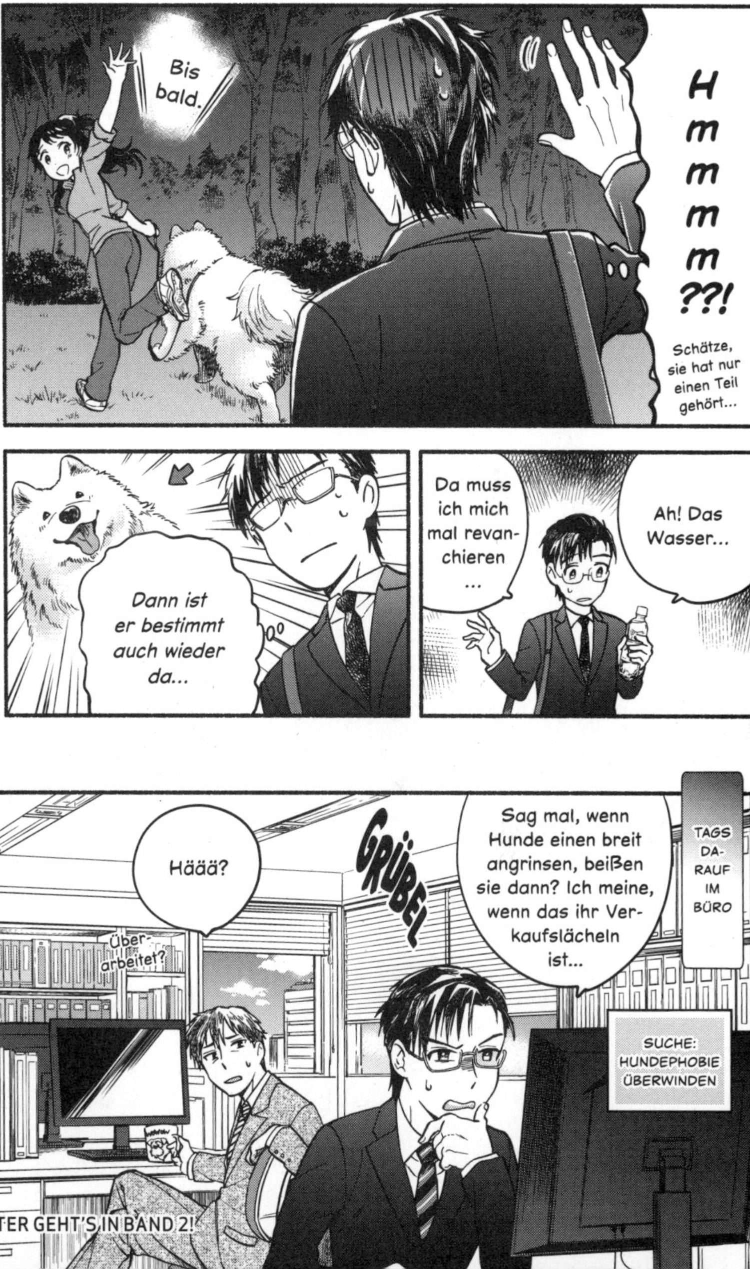
Hmmmmm??!
Schätze, sie hat nur einen Teil gehört...
Bis bald.
Ah! Das Wasser...
Da muss ich mich mal revanchieren ...
Dann ist er bestimmt auch wieder da...
TAGS DARAUF IM BÜRO
Sag mal, wenn Hunde einen breit angrinsen, beißen sie dann? Ich meine, wenn das ihr Verkaufslächeln ist...
GRÜBEL
Häää?
Über-arbeitet?
SUCHE: HUNDEPHOBIE ÜBERWINDEN
WEITER GEHT'S IN BAND 2!

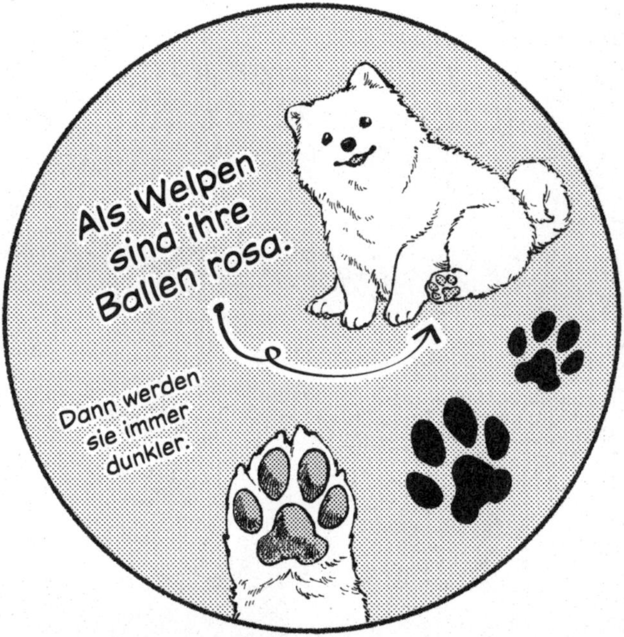
Als Welpen sind ihre Ballen rosa.
Dann werden sie immer dunkler.

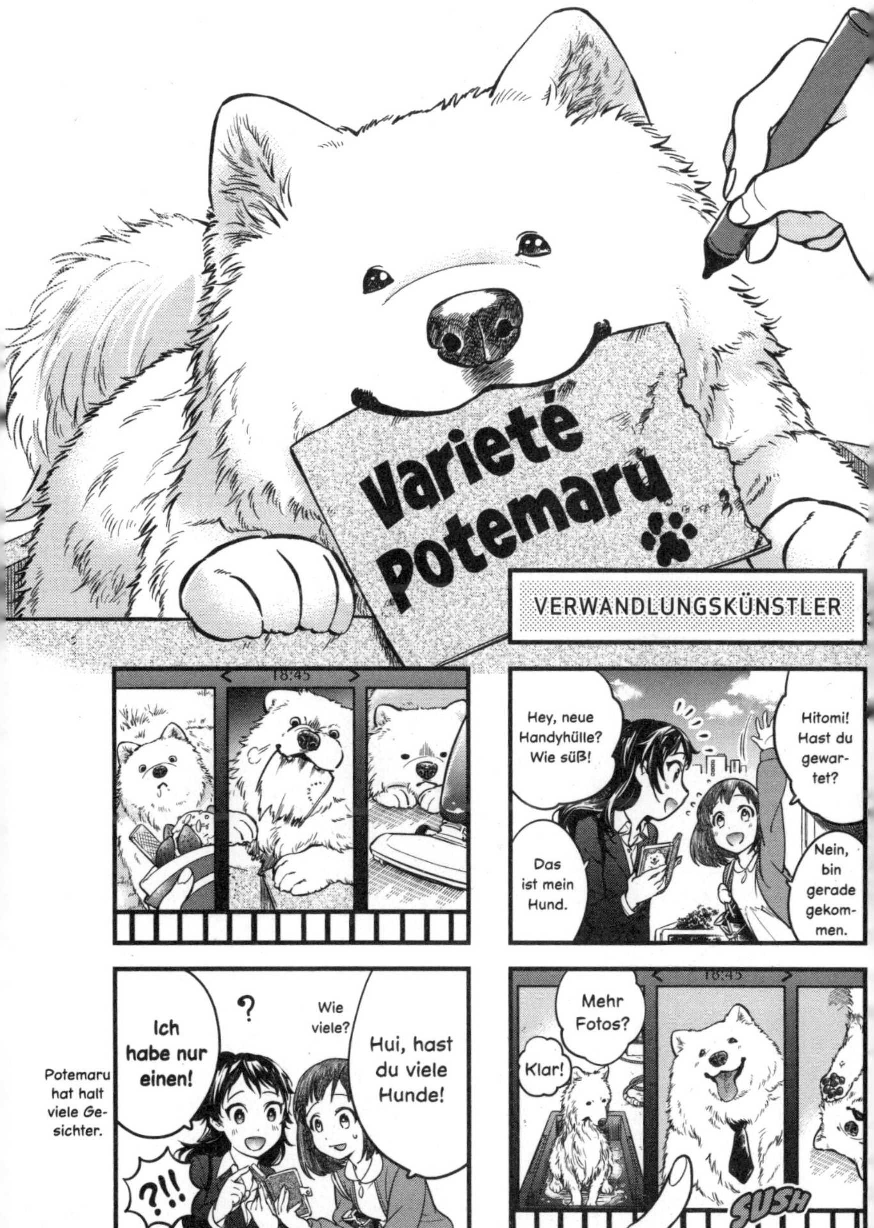

Potemaru hat halt viele Gesichter.

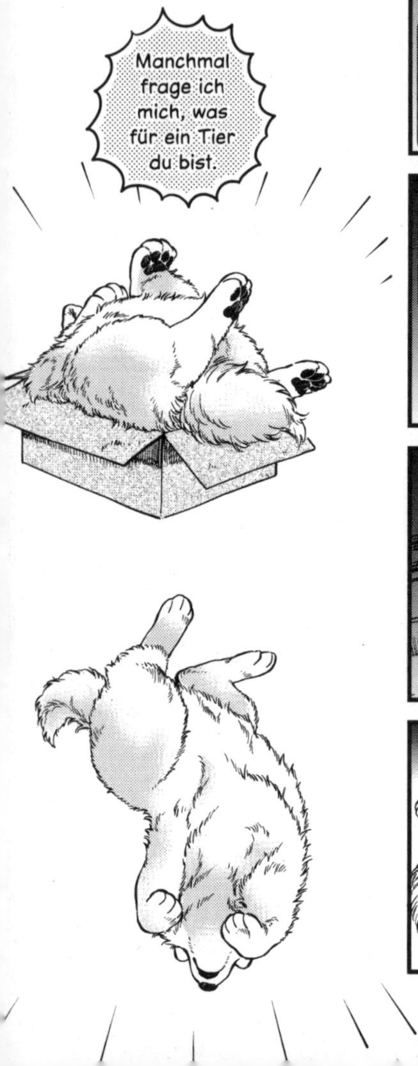

FLÄZEN GEHT ÜBERALL

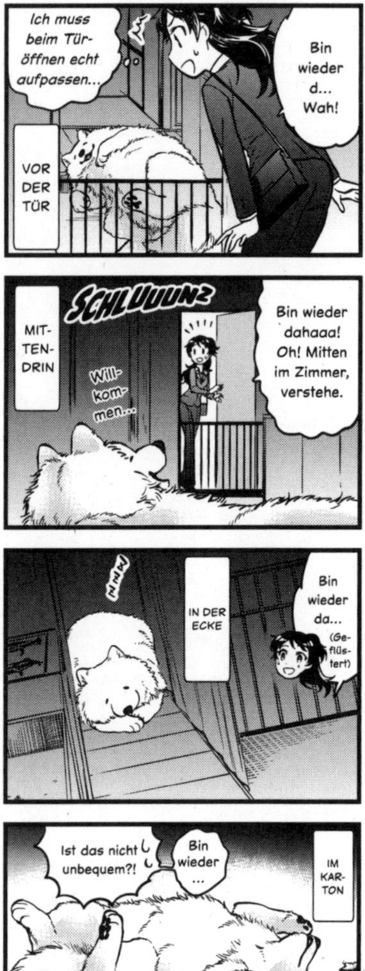

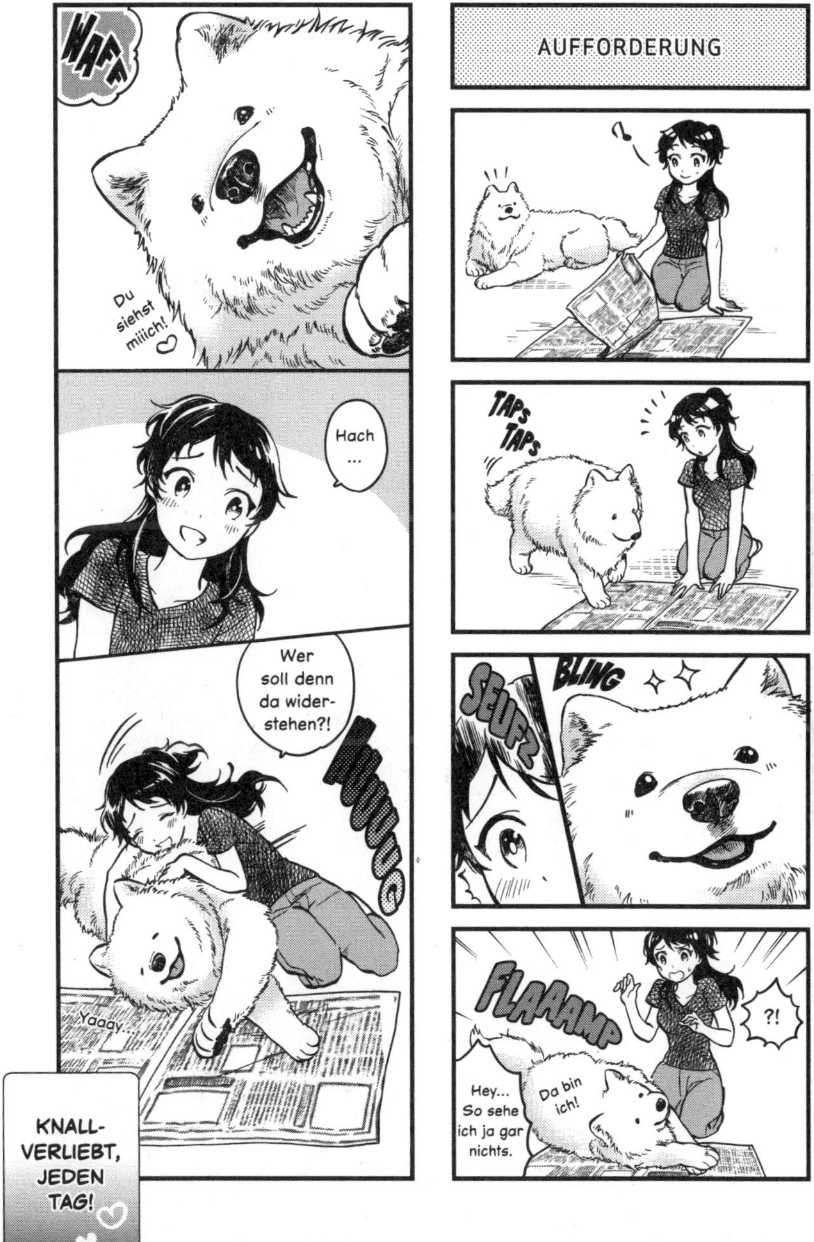

WAFF
Du siehst miiich!
Hach ...
Wer soll denn da widerstehen?!
KNUUUUG
Yaaay...
KNALL-VERLIEBT, JEDEN TAG!
AUFFORDERUNG
TAPS TAPS
SEUFZ
BLING
FLAAAMP
?!
Da bin ich!
Hey... So sehe ich ja gar nichts.

MEISTER DES SCHLUMMER-BLOCKS

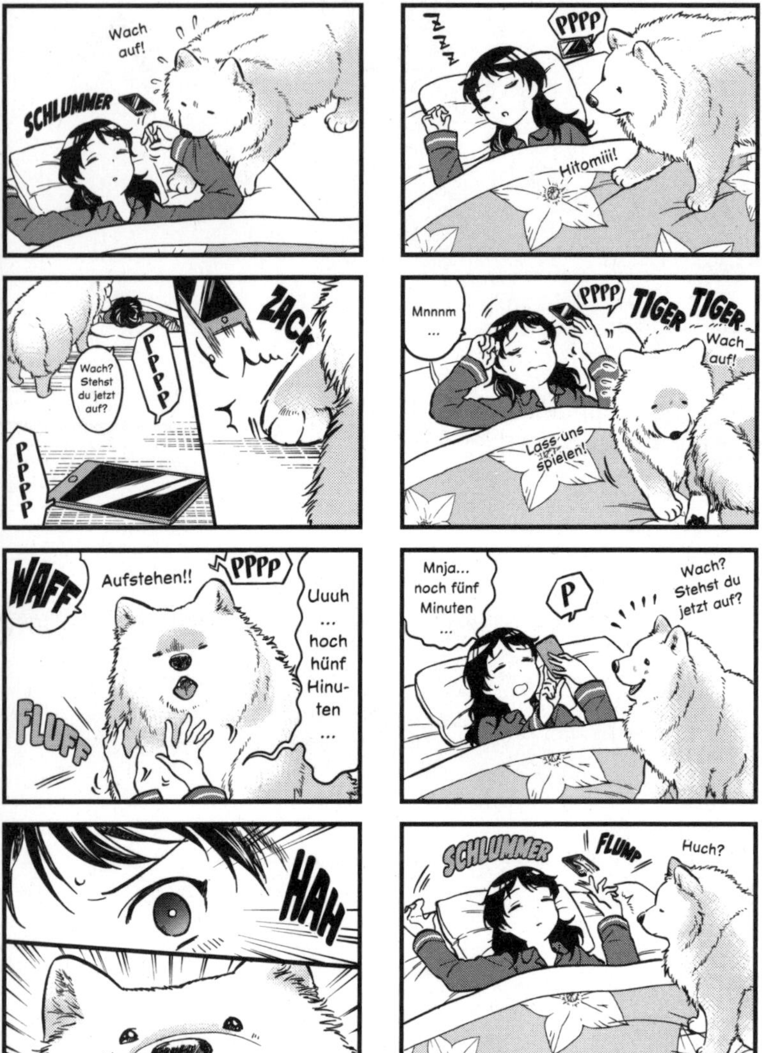

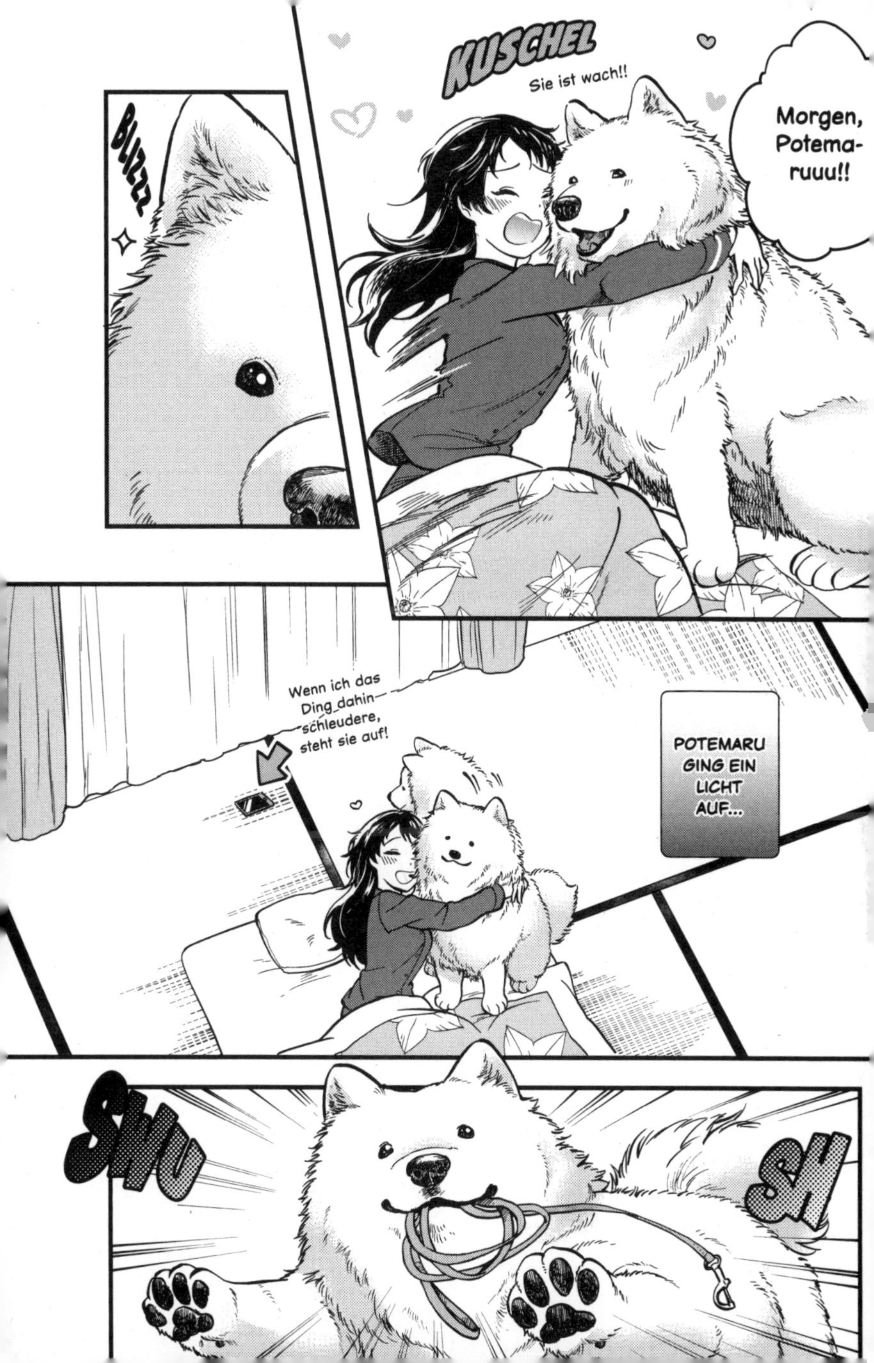
Morgen, Potema-ruuu!!
KUSCHEL
Sie ist wach!!
BLIZZZ
POTEMARU GING EIN LICHT AUF...
Wenn ich das Ding dahin-schleudere, steht sie auf!
SH
SHU

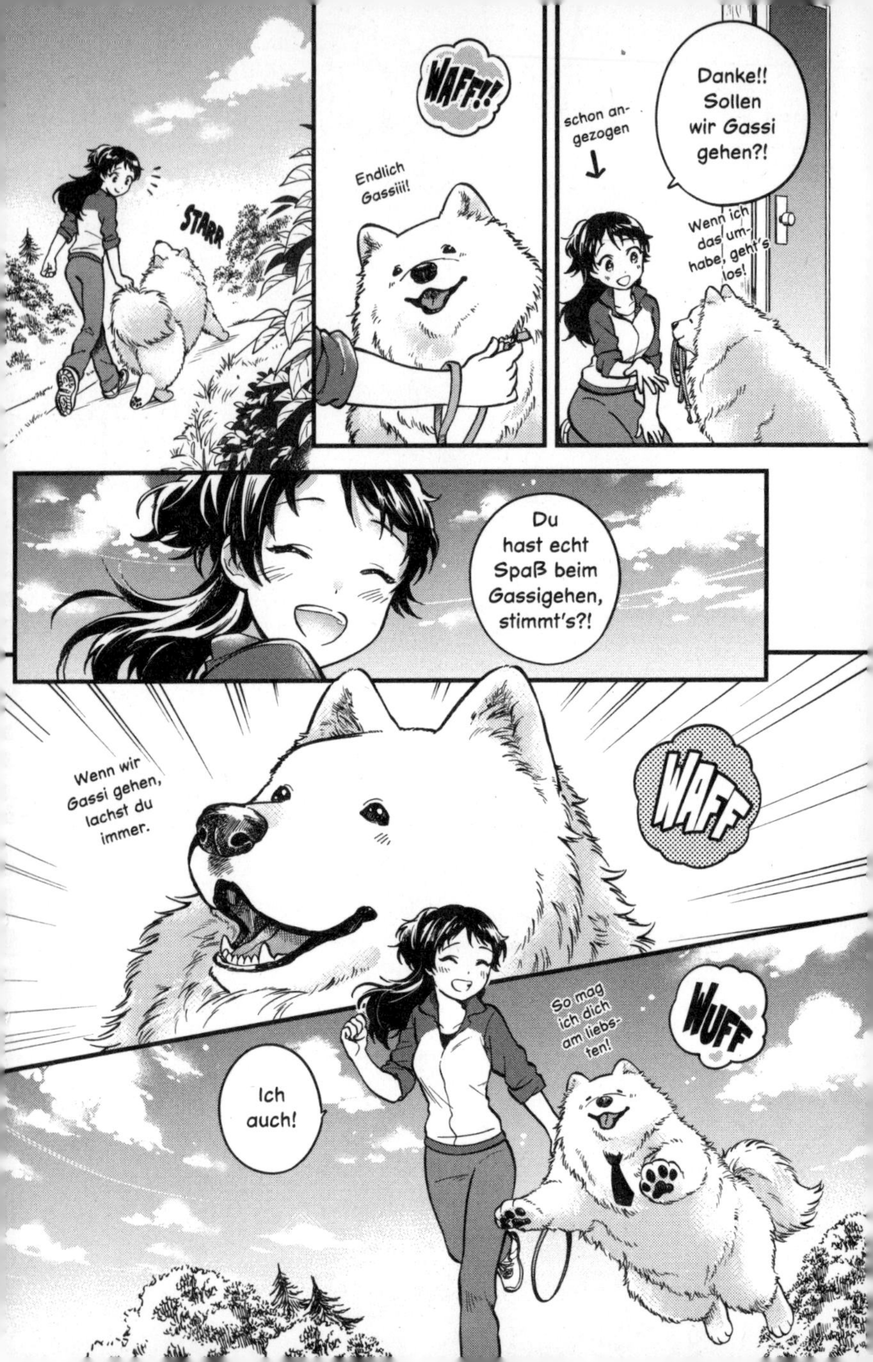
Danke!! Sollen wir Gassi gehen?!
schon angezogen
Wenn ich das umhabe, geht's los!
WAFF!!
Endlich Gassiii!
STARR
Du hast echt Spaß beim Gassigehen, stimmt's?!
WAFF
Wenn wir Gassi gehen, lachst du immer.
WUFF
So mag ich dich am liebsten!
Ich auch!

VORSCHAU

One Room Dog 2

Im Handel erhältlich

MEIN ALLTAG MIT HUND!

SPASS ZU ZWEIT!

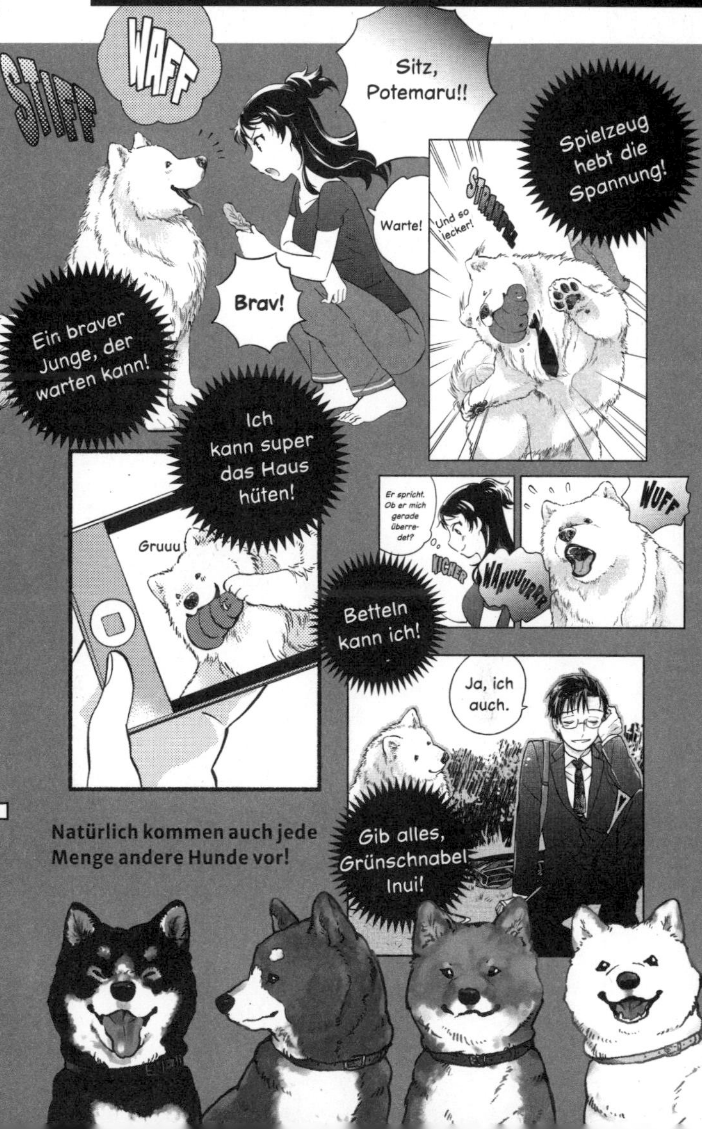

Natürlich kommen auch jede Menge andere Hunde vor!

HALT!

ONE ROOM DOG ist eine japanische Serie, und in Japan wird von hinten nach vorn umgeblättert und von rechts oben nach links unten gelesen.

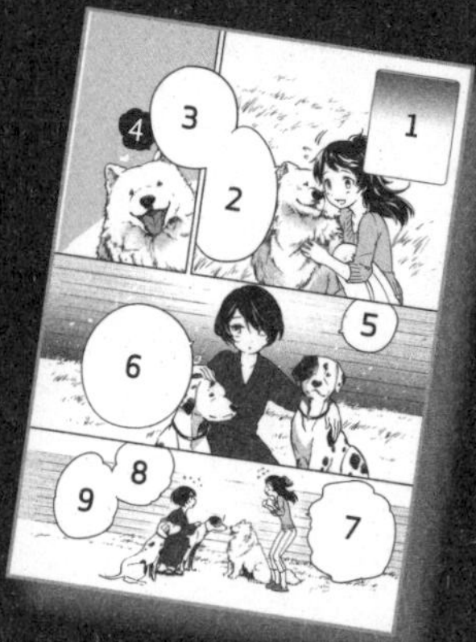

Wir wünschen gute Unterhaltung mit Menschen & Hunden!

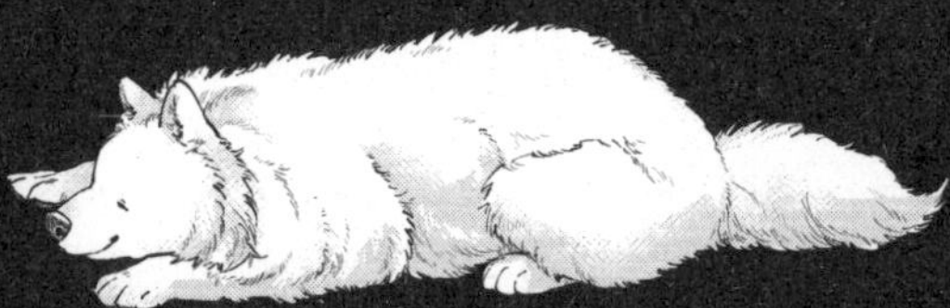

Carlsen Manga! News – jeden Monat neu per E-Mail!
www.carlsenmanga.de | www.carlsen.de

CARLSEN MANGA
© 2023 Carlsen Verlag GmbH,
Völckersstraße 14-20, 22765 Hamburg
Aus dem Japanischen von Claudia Peter
ONE-ROOM WANCO
© Sirokuma Shota 2017
First published in Japan in 2017 by Flex Comix Inc.
German translation rights arranged with BookLive Co., Ltd.
through Tuttle-Mori Agency, Inc., Tokyo
Redaktion: Petra Lohmann
Produktionsmanagement: Wiebke Düsedau
Alle deutschen Rechte vorbehalten
ISBN: 978-3-551-71391-9
Bei Fragen zum Produkt: carlsen.de/kontakt